ÉPREUVE ÉCRITE

Objectif CRPE

NOUVEAU CONCOURS

Sciences et technologie

100 fiches efficaces pour BIEN réviser

Sébastien Dessaint
Professeur certifié de Physique-Chimie
Formateur en Physique-Chimie de l'académie d'Amiens

Sophie Iseler
Professeure en Sciences de la Vie et de la Terre
Formatrice à l'INSPE de Créteil

Sébastien Turpin
Professeur en Sciences de la Vie et de la Terre
Formateur à l'INSPE de Créteil

hachette
ÉDUCATION

Crédits photographiques :

Couverture et p. 1 : Shutterstock/Luckyrizki ; Intérieur ©Shutterstock : p. 13 Julia Ardaran ; p. 15 SkyPics Studio ; p. 16 Jaitham ; p. 17 Tetiana Zhabska ; p. 21 Designua ; p. 22 Dr. Norbert Lange ; p. 23 Kateryna Kon ; p. 25 (h) Zuzule, (b) tienduc1103 ; p. 26 (hg) VectorMine, (hd) Yuliya Stasevich, (bg) Jubal Harshaw, (bd) Eric Isselee ; p.27 graphixmania, skys.co.jp, Unastely ; p. 30 D. Kucharski K. Kucharska ; p. 31 Pasotteo ; p. 37 (de h en b) Eric Isselee, Roberto 33, clarst5, Maximillian cabinet, olga_sova, Eric Isselee, imageBROKER.com, irin-k ; p. 39-40 Sunnydream ; p. 43 Esteban De Armas ; p. 47 (m de g à d) VikiVector, Light-Dew, Black Creator 24, (m) VectorPot, (b de g à d) Spreadthesign, ecco, (d de h en b) VectorPot ; p. 48 Massimiliano Paolino ; p. 55 (de h en b) Rich Carey, InsectWorld, AlenaLitvin, 24Novembers ; p. 56 VAN VIEITO GARCIA ; p. 57 Mike Orlov ; p. 59 Barou abdennaser ; p. 65 Stihii ; p. 67 okili77 ; p. 69 Barou abdennaser ; p. 70 first vector trend ; p. 71 Difught ; p. 81 Alila Medical Media ; p. 82 (g) BlueRingMedia, (d) Zoia Latysheva ; p. 87 metamorworks ; p. 95 Aphelleon ; p. 97 (h) M. Aurelius, (b) banderlog ; p. 99 Alka5051 ; p. 100 Siberian Art ; p. 103 Jorge Alejandro Gonzalez ; p. 108 EreborMountain ; p. 109 VectorMine ; p. 113 BlueRingMedia ; p. 119 Rudmer Zwerver ; p. 122 Ziablik ; p. 125 Rich Carey ; p. 129 Sanest_Photo ; p. 158 Migren art ; p. 159 EpicStockMedia ; p. 161 (h) stickerama ; p. 167 (de h en b et g à d) Africa Studio, Africa Studio, BORODIN DENIS, BORODIN DENIS, I'm Friday, revers, Solodovnik, AJancso ; p. 168 (de g à d) revers, Jasmina Andonova, Asier Romero k/Solodovnik ; p. 169 AlexLMX ; p. 170 (h) Prostock-studio, (bg) Akaberka, (bd) Lio putra ; p. 171 grayjay ; p. 174 foxaon1987 ; p. 175 urbans ; p. 177 (de h en b et de g à d) yanikap, Gianfranco Vivi, Rainer Fuhrman, Varnak, WindVector, small smiles, Irina Gutyryak, ssuaphotos, Evgeny_V, joern Wylezich, BeAvPhoto ; p. Ozant ; p. 180 (de g à d) Golden Sikorka, Peteri, Jasmin64 ; p. 193 Nsit ; p. 211 (hg) Eshma, (hd) Billion Photos, (m) Skink, (b) Kikujiarm ; p. 216 (de h en b) /chaitavat kongchatree, benjaminec, Paolo De Gasperis ; p. 219 goodcat ; p. 220 DR ; © John Cancalosi/Biosphoto : p. 41 ; © Alamy banque d'image : p. 19 Universal Images GroupNotrh America LLC ; p. 29 (b) buccaneer ; © C. Vilaro et D. Fritz, Sciences et technologie, CM2 cycle 3, coll. Les cahiers ISTRA : p. 33 ; © hautes-alpes.gouv.fr « Informations sur les risques majeurs, risque sismique » : p. 111 ; p. 218-220 scratch.mit.edu/

Couverture : Stéphanie Benoit
Maquette intérieure : Manon Guérin
Mise en pages et schémas : Grafatom
Édition : Adeline Pécout

Achevé d'imprimer en juin 2023 en Pologne par Dimograf
Dépôt légal : juillet 2023 - Édition 01

ISBN : 978-2-01-722669-7

Sommaire

Système circulatoire

Système nerveux

Reproduction humaine

Microorganismes et santé

Produire et conserver les aliments

L'Univers, la planète Terre et l'environnement

Organisation de la matière dans l'Univers

Histoire de la Terre

Géodynamique interne

Phénomènes météorologiques et climatiques

Énergie transfert et conversion – Signaux, matériaux et objets techniques

Sources et formes d'énergie

Description du circuit électrique

Lois du circuit électrique

Types de signaux

Matériaux et objets techniques

Programmation

Annexe

Se préparer à l'épreuve écrite d'application

Le concours de recrutement de professeurs des écoles en application depuis le 1er septembre 2021 se compose de trois épreuves écrites d'admissibilité et de deux épreuves orales d'admission.

1 Les modalités de l'épreuve d'application

Durée	Note
3 h	sur 20 (coeff. 1)

▶ Cette épreuve a pour objectif d'apprécier la capacité des candidats à proposer une démarche d'apprentissage progressive et cohérente.
▶ Vous aurez le choix, au début de l'épreuve, entre trois sujets portant respectivement sur : les Sciences et la Technologie ; l'Histoire, la Géographie, et l'Enseignement moral et civique ; les Arts.
▶ Pour cette épreuve, vous disposerez d'un dossier comportant notamment des documents pédagogiques et/ou des travaux issus de la recherche.
▶ Par les questions posées sur ce dossier, le jury évaluera votre maîtrise disciplinaire et vos compétences pour construire ou analyser des démarches d'apprentissage à l'école primaire (cycles 1 à 3).
▶ Cette épreuve peut comporter des questions visant à vérifier vos connaissances disciplinaires.

2 Quelques conseils pour l'épreuve

En amont de l'épreuve :

Lire et s'approprier les programmes scolaires de l'école primaire (cycles 1, 2 et 3)

• En lisant les programmes, demandez-vous : quels sont les objectifs de connaissances de chaque partie ? Comment pourriez-vous aborder tel objectif avec les élèves ?...

Retrouvez les programmes sur :
eduscol.education.fr, onglet « J'enseigne ».

Réviser les contenus pour en avoir une bonne maîtrise scientifique

• Les fiches de cet ouvrage sont là pour vous y aider.

ATTENTION

Vous pouvez être interrogé sur des notions allant jusqu'à la fin du cycle 4.

Savoir mettre en œuvre et rendre compte d'une démarche scientifique

S'intéresser à la didactique des sciences et la pédagogie

- La didactique est la science qui s'intéresse à l'enseignement et à l'apprentissage. Dans cette épreuve du concours, l'une des questions les plus récurrentes en didactique concerne les conceptions des élèves pour un sujet (par exemple, pour la digestion). L'enjeu est d'indiquer le mode de pensée des élèves sur cette notion et d'identifier les éventuels obstacles qui en découlent.

S'entraîner à rédiger des réponses

- Pensez à employer un vocabulaire précis et rigoureux. Un soin sur la qualité d'expression, la structuration de votre propos et sur l'orthographe est attendu du jury.

Lors de l'épreuve :

Lire attentivement chacune des questions du sujet

- Ne vous précipitez pas, évitez les hors-sujet.

Bien répondre sur le fond et la forme, en évitant la paraphrase et le hors-sujet

- Lors de la rédaction de vos réponses, soyez vigilant. S'il vous est demandé de faire un schéma, il est indispensable de produire un schéma et non pas un texte.
- Lorsqu'un schéma vous est demandé, réalisez-le avec attention en pensant à ajouter un titre, des couleurs, une légende…

Structurer son écrit

- Pour certaines questions (type exploitation de documents, par exemple), il peut être judicieux de présenter votre réponse sous la forme de tableaux ou de listes.

Être attentif au niveau des élèves défini dans le sujet

- Il faudra également développer précisément le descriptif et la mise en œuvre des activités pédagogiques proposées.

Soigner la présentation de la copie ainsi que la graphie

Conserver un peu de temps à la fin de l'épreuve

- Relisez-vous, pour corriger d'éventuelles erreurs orthographiques ou de syntaxe (la maîtrise de la langue est prise en compte dans l'évaluation).

Comprendre les enjeux de l'enseignement des Sciences et Technologie

Enseigner, c'est s'acculturer aux méthodes mais aussi comprendre les principaux enjeux d'enseignement des différents champs disciplinaires. Les différents objectifs affectés à l'École sont d'apprendre aux élèves à :

- faire preuve d'adaptabilité dans la vie quotidienne ;
- maîtriser de nouveaux objets (nouvelles technologies, réseaux sociaux...) ;
- adopter des comportements adaptés (en termes de santé ou de développement durable...).

Dans ce cadre, les enseignements scolaires doivent s'orienter vers le raisonnement, la prise de décisions, l'action tout en tenant compte d'enjeux personnels, sociaux et professionnels.

Les Sciences et Technologie participent tout particulièrement à cette formation en contribuant à l'éducation des élèves à la santé, aux médias, au développement durable, à la citoyenneté, à l'environnement, à la sexualité…

1 La construction du savoir par la démarche d'investigation

▶ La démarche d'investigation vise à susciter une réflexion chez les élèves afin de résoudre un problème. Pour mener ce questionnement, ceux-ci formulent des hypothèses, réfléchissent à la manière de le résoudre, imaginent et/ou réalisent des expériences ou des recherches afin de pouvoir conclure. Dans ce type de démarche, le savoir est construit par les élèves, accompagnés par l'enseignant.

▶ Une démarche d'investigation est caractérisée par trois grandes phases :

Phase de problématisation	• Partir d'une situation-problème vécue par les élèves. • Faire émerger des questionnements. • Relever les hypothèses émises par les élèves et en sélectionner quelques-unes à tester après discussions.
Phase d'investigation	• **Se questionner sur la manière de répondre à la question :** livres, documents et expériences. • **Quelle(s) expérience(s) ?** Recentrer la question pour avoir des expériences réalisables en classe. Ces dernières doivent permettre de faire des comparaisons (observations dans une condition 1, puis dans une condition 2…). • Penser à faire **plusieurs observations** pour chaque condition et **généraliser** (réplicas, reproductibilité).
Phase de structuration	• Synthèse des résultats. • Interprétations (repartir de la question), discussions et réponse à la question. • Éventuellement formulation de nouvelles questions (retour à la première étape).

2 Focus sur l'enseignement des Sciences et Technologie en cycle 1 (domaine : Explorer le monde)

En maternelle, l'âge des élèves nécessite une adaptation de cette démarche d'investigation, voici une proposition concrète :

Le parcours des élèves peut être envisagé sur une période d'une à plusieurs semaines	
Phases	**Caractéristiques**
Phase de découverte et/ou d'exploration libre	• Pour l'élève : découverte d'un objet (vivant ou non) ou d'un phénomène (coin jeu ou regroupement, atelier) pour déployer son imagination et se familiariser avec le matériel et les phénomènes rencontrés, susciter des questionnements. • L'enseignant aménage, observe sans chercher systématiquement à orienter l'activité des élèves. • Individuel / collectif.
Phase de focalisation	• Reprise des découvertes, échanges (moments de langage). • Collectif.
Phase de focalisation guidée	• Exploration guidée par l'enseignant avec des objectifs d'apprentissage précisés. • Individuel / petits groupes. • Ateliers autonomes, dirigés, semi-dirigés (choix du matériel et anticipation des activités possibles avec ce matériel).
Phase de mise en commun et de structuration	• Passage de l'action à la formulation. • Verbalisation, comparaison, reprise des questionnements. • Structuration des connaissances, des apprentissages. • Collectif.
Phase de réinvestissement	• Vérification des acquis. • Consolidation des acquis et/ou transfert des connaissances et des compétences associées. • Ateliers (autonomes ou dirigés) / individuel / petits groupes.
Phase d'évaluation	Évaluation individuelle des apprentissages à partir de critères et d'indicateurs. Exemples : dessin, dictée à l'adulte, échange.

3 Former les citoyens de demain

L'enseignement des Sciences et Technologie vise à préparer les élèves aux choix qu'ils devront faire en tant que citoyens. Chaque discipline doit contribuer à élargir leur point de vue et améliorer la compréhension des différents sujets abordés en classe.

Pour atteindre ces objectifs, l'école traite notamment des « éducations à » (éducation à la sexualité, à l'environnement et au développement durable (EDD), aux médias).

L'objectif est de traiter des **savoirs** mais également des **valeurs** afin de permettre aux élèves de construire une **opinion raisonnée** tout en développant leur **capacité à agir**. Ainsi, ces jeunes citoyens armés intellectuellement pourront participer à des débats sociétaux.

L'enjeu principal des « éducations à » est donc de former les élèves à la citoyenneté, c'est-à-dire tendre vers la prise en charge collective et éclairée des affaires publiques.

Rédiger en Sciences physiques

1 La méthode de rédaction d'un exercice

Pour répondre à un exercice ou à un problème, on peut utiliser une méthode de rédaction. Celle présentée ci-dessous comporte cinq étapes :

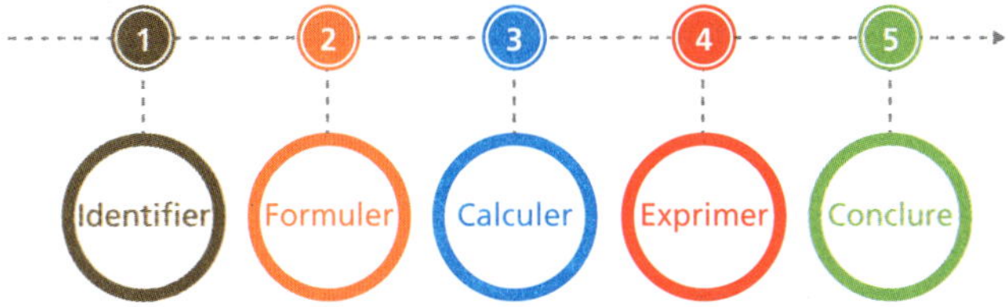

1 Rechercher la consigne dans l'énoncé et la souligner. Identifier la grandeur à calculer. **Écrire une phrase simple identifiant ce que l'on recherche.**

2 **Énoncer la loi** ou **la formule littérale** que l'on va utiliser. Si cela est nécessaire, manipuler la formule littérale pour faire apparaître ce que l'on cherche.

3 Vérifier que les données sont dans les bonnes unités. Au besoin, effectuer les conversions nécessaires. **Poser le calcul.**

4 **Exprimer le résultat** et faire figurer l'unité de la grandeur (respecter les arrondis et les chiffres significatifs).

5 **Rédiger une phrase de conclusion**. Vérifier si elle répond bien à la consigne identifiée à l'étape 1.

2 Le protocole expérimental

Un protocole expérimental est un guide permettant de réaliser une expérience. Il peut être comparé à une recette de cuisine.
Il contient :

L'objectif de l'expérience → La liste du matériel nécessaire → Un schéma annoté de l'expérience → La liste chronologique des actions à réaliser sous forme de phrase à l'infinitif

3 L'hypothèse scientifique

Une hypothèse est une réponse possible à un problème scientifique. Elle n'est pas forcément vraie et sera validée ou infirmée par une expérience scientifique. Elle est rédigée sous la forme d'une phrase à l'affirmative.

4 La démarche scientifique et le compte-rendu d'expérience

Mettre en œuvre une démarche scientifique permet de répondre à une question scientifique.

Le compte-rendu d'expérience présente les différentes étapes mises en œuvre pour répondre à un problème scientifique. Il peut se décomposer en plusieurs parties :

- étape 1 Formuler le problème scientifique, la problématique.
- étape 2 Émettre une hypothèse de travail.
- étape 3 Présenter le protocole expérimental.
- étape 4 Réaliser l'expérience.
- étape 5 Présenter les résultats d'expérience.
- étape 6 Exploiter les résultats : valider ou infirmer l'hypothèse.
- étape 7 Conclure en répondant à la question du problème.

LE VIVANT, SA DIVERSITÉ ET SON ÉVOLUTION

- Caractérisation du vivant
- Relations de parenté et évolution
- Enjeux liés à l'environnement

NOTES

Définir le vivant

Je retiens

1 Qu'est-ce que le vivant ?

- Il existe de très nombreuses définitions selon les disciplines scientifiques.
- Le **vivant** désigne **tous les êtres vivants** (animaux, végétaux, micro-organismes…).
- On identifie des caractéristiques communes à l'ensemble des êtres vivants :
  - composition commune riche en matières organiques (lipides, protéines, glucides) et minérales ;
  - aptitude à posséder de l'information génétique (voir Fiche 3) ;
  - capacité à élaborer de la matière organique pour répondre à ses besoins ;
  - nécessité d'utiliser de l'énergie pour produire de la matière organique mais également pour maintenir fonctionnel l'organisme ;
  - aptitude à se reproduire ou à se multiplier ;
  - interactions avec d'autres êtres vivants et le milieu ;
  - capacité à évoluer.
- Le fait de posséder une cellule (voir Fiche 2) matérialise, pour de nombreux scientifiques, la limite entre vivant et non-vivant.

2 Les virus

- Les **virus** ont longtemps été considérés comme non vivants mais la découverte progressive de la très grande diversité du monde viral amène les scientifiques à se questionner.

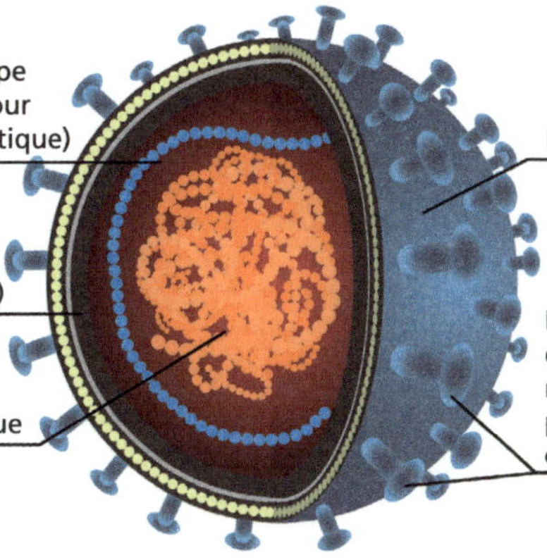

Schéma de l'organisation d'un virus

- Les virus possèdent de l'information génétique mais ne possèdent pas la machinerie nécessaire pour traduire cette information en protéines. Pour exprimer leur matériel génétique, **les virus parasitent des cellules hôtes**.

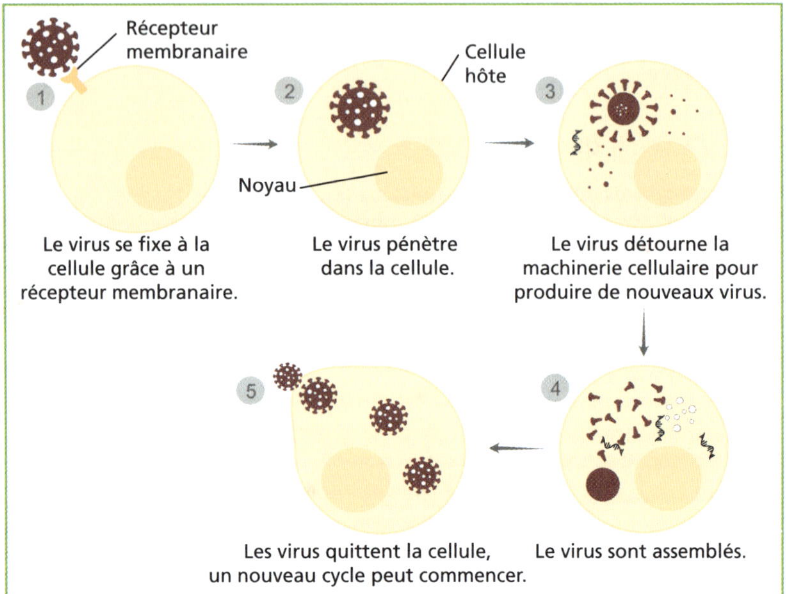

Schéma de l'infection d'une cellule par un virus

▶ Des chercheurs font l'hypothèse que les virus pourraient être d'anciennes cellules eucaryotes ayant évolué vers le parasitisme.

POUR INFO !

On dénombrerait dans le corps humain 100 fois plus de virus que de cellules humaines !

Je révise

Parmi les propositions suivantes, choisissez la (ou les) bonne(s) réponse(s).

1 Le vivant désigne :

A. seulement les animaux.
B. tous les êtres vivants.
C. seulement les humains.
D. seulement les plantes.

2 Quelles sont les caractéristiques communes à tout le monde vivant ?

A. Posséder du matériel génétique.
B. Être capable de se déplacer.
C. Être capable de se reproduire.
D. Avoir la capacité de produire de l'énergie.

3 Les virus ne sont pas considérés comme vivants car :

A. ils sont composés de cellules.
B. ils sont dépourvus de cellules.
C. ils ne peuvent pas se reproduire de manière autonome.
D. ils sont très petits.

4 Pour se multiplier, les virus :

A. sont autonomes.
B. parasitent une cellule.
C. ont besoin de l'information génétique de la cellule.
D. ont leur propre information génétique.

Réponses : 1. B ; 2. A et C ; 3. B et C ; 4. B et D.

La cellule, une structure commune à tous les êtres vivants

Fiche 2

Je retiens

1 La cellule : élément de base des êtres vivants

▶ La **cellule** est l'unité fondamentale de tous les organismes vivants. C'est la plus petite unité vivante capable de se reproduire de manière autonome.
▶ Il existe une grande variété de formes et de tailles de cellules. Une cellule animale mesure en moyenne 20 micromètres (0,02 mm), une cellule végétale 100 micromètres (0,1 mm) et une bactérie 10 micromètres (0,01 mm).
▶ Une cellule est délimitée par la **membrane plasmique** et peut contenir plusieurs **organites** (structures intracellulaires délimitées et spécialisées). Parmi ces organites, on trouve le **noyau** (contenant le matériel génétique), les **mitochondries** (qui produisent de l'énergie) ou le **réticulum endoplasmique** (ayant un rôle dans la production de protéines).

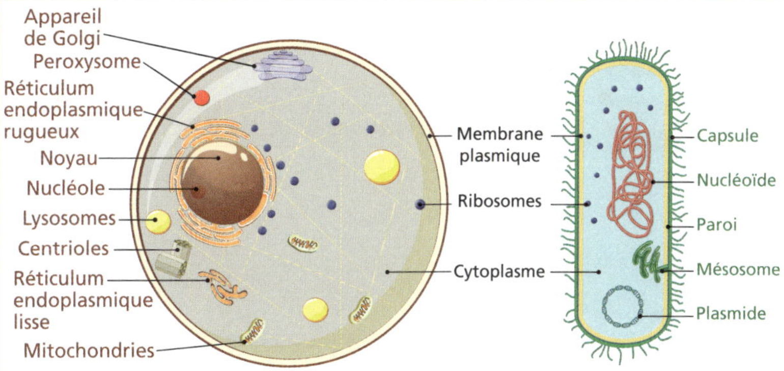

Schéma d'une cellule animale eucaryote et d'une cellule procaryote

2 Des organismes unicellulaires

▶ Certains organismes ne possèdent qu'une seule cellule, ils sont **unicellulaires** comme les bactéries, certains animaux (la paramécie) et végétaux (les euglènes).
▶ Chez les unicellulaires, **la cellule unique assure toutes les fonctions** : mouvement, nutrition, reproduction…

3 Des organismes pluricellulaires

▶ D'autres organismes possèdent plusieurs cellules (parfois des milliards), ils sont **pluricellulaires**.
▶ Les cellules de ces organismes sont spécialisées (neurones, spermatozoïdes…).

POUR INFO !

L'homme possède environ 30 000 milliards de cellules constituant son organisme.

4 Des organismes eucaryotes et procaryotes

▶ Selon les organismes, les cellules ne sont pas organisées de la même manière. Il y a, par exemple, des différences entre des cellules animales et végétales.

▶ Chez les animaux et les végétaux, les cellules sont dites **eucaryotes** car elles possèdent un noyau contenant le matériel génétique.

▶ À l'inverse, les bactéries ne possèdent pas de noyau (le matériel génétique est libre dans la cellule), ce sont des **cellules procaryotes**.

4 Les niveaux d'organisation au sein d'un organisme

La cellule (en micromètres)	C'est la plus petite unité du vivant.
Le tissu (en millimètres)	Le tissu est composé de cellules ayant la même fonction.
L'organe (en centimètres)	L'organe est un ensemble de tissus.
L'appareil (ou système) (en centimètres à mètres)	C'est un ensemble d'organes qui assurent une même fonction.
L'organisme (en mètres)	L'organisme est composé d'un ensemble d'appareils qui assurent différentes fonctions (reproduction, nutrition…).

Je révise

Parmi les propositions suivantes, choisissez la (ou les) bonne(s) réponse(s).

1 La taille d'une cellule animale est d'environ :

A. 2 mm.
B. 0,2 mm.
C. 0,02 mm.
D. 0,002 mm.

2 Les bactéries sont :

A. procaryotes.
B. eucaryotes.
C. unicellulaires.
D. pluricellulaires.

3 Les humains sont :

A. procaryotes.
B. eucaryotes.
C. unicellulaires.
D. pluricellulaires.

4 Un tissu est un ensemble :

A. d'organes.
B. de cellules similaires.
C. de cellules avec des fonctions différentes.
D. d'appareils.

Réponses : 1. C ; 2. A et C ; 3. B et D ; 4. B.

L'ADN, une molécule universelle

Je retiens

1 L'ADN

▶ L'**ADN (acide désoxyribonucléique)** est une molécule porteuse d'informations génétiques. Les **chromosomes** sont constitués d'ADN.

▶ L'ADN a une structure universelle chez tous les êtres vivants, il est constitué de deux brins enroulés en **hélice**.

▶ Chaque brin d'ADN est une suite de **nucléotides**. Chaque nucléotide est un assemblage d'un sucre (le désoxyribose), d'un acide phosphorique et d'une base azotée.

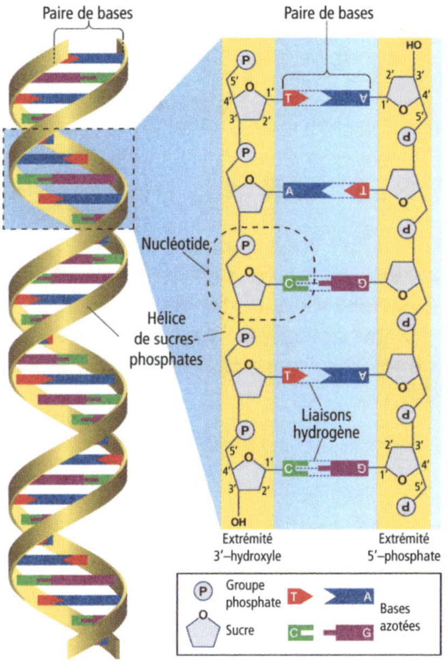

Molécule d'ADN

▶ On trouve **quatre bases azotées différentes** dans l'ADN :

adénine (A) — thymine (T) — guanine (G) — cytosine (C)

Elles sont complémentaires deux à deux :

- l'adénine (A) est complémentaire de la thymine (T) ;
- la guanine (G) de la cytosine (C).

Exemple :

Si un brin d'ADN a cette séquence :	TAGCCGAT
L'autre brin aura la séquence complémentaire suivante :	ATCGGCTA

2 L'ADN porte des informations génétiques

▶ Chaque molécule d'ADN peut être découpée en plusieurs portions que l'on nomme **gène**. Un gène porte des informations génétiques (une suite de nucléotides) permettant la fabrication d'une protéine précise.
▶ L'ensemble des gènes d'une espèce constitue son **génome**.
▶ Il peut exister plusieurs versions d'un même gène, on parle alors d'**allèle**.

Exemple : pour le gène déterminant le groupe sanguin, il existe les trois allèles A, B et O.

▶ L'ensemble des allèles de chaque gène possédé par une personne est son **génotype**.
▶ Le résultat de l'expression des gènes chez un individu (la couleur des yeux, des cheveux…) est appelé son **phénotype**.

Ensemble des gènes d'une espèce : génome → Ensemble des allèles possédés par un individu : génotype → Résultat de l'expression des allèles d'un individu : phénotype

3 L'universalité de l'ADN et la transgénèse

▶ L'ADN a la même structure chez tous les êtres vivants ce qui est un indice pour une **origine commune** pour tous les êtres vivants.
▶ Cette universalité permet d'implanter des gènes d'une espèce chez une autre espèce pour lui faire acquérir de nouvelles caractéristiques. Cette technique, la **transgénèse**, permet de produire **des organismes génétiquement modifiés (OGM)**.

Je révise

Parmi les propositions suivantes, choisissez la (ou les) bonne(s) réponse(s).

1 La base azotée complémentaire de la guanine est :
A. l'adénine.
B. la thymine.
C. l'uracile.
D. la cytosine.

2 Le génome est :
A. une portion d'ADN codant pour une protéine.
B. une version d'un gène.
C. l'ensemble des gènes d'une espèce.
D. le résultat de l'expression des gènes chez un individu.

3 La base azotée complémentaire de l'adénine est :
A. la guanine.
B. la thymine.
C. l'uracile.
D. la cytosine.

4 Un allèle est :
A. une portion d'ADN codant pour une protéine.
B. une version d'un gène.
C. l'ensemble des gènes d'une espèce.
D. le résultat de l'expression des gènes chez un individu.

Réponses : 1. D ; 2. C ; 3. B ; 4. B.

La conservation de l'information génétique

Fiche 4

Je retiens

1 L'information génétique lors de la division cellulaire

▶ Après la fécondation, la cellule-œuf se divise de nombreuses fois jusqu'à former un individu adulte. Pour que les cellules soient fonctionnelles, il est nécessaire que **l'information génétique soit dupliquée au cours des divisions**.

▶ La **mitose** est le processus qui permet aux cellules de se diviser en deux tout en conservant la totalité de l'information génétique.

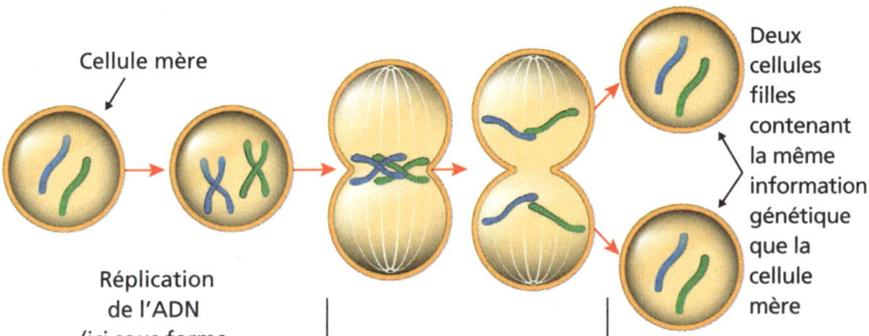

Schéma du processus de mitose

2 Les chromosomes : une structure composée d'ADN et de protéines

▶ La plupart du temps, l'ADN des cellules n'est pas condensé et occupe tout le volume du noyau de la cellule.

▶ Pendant ces phases de division cellulaire, les molécules d'ADN se condensent pour former des **chromosomes**.

▶ Les chromosomes sont constitués d'ADN mais également de protéines, les **histones** qui permettent de condenser l'ADN.

▶ En fonction du stade de division cellulaire, les chromosomes possèdent une ou deux **chromatides**. Les informations génétiques portées par les deux chromatides d'un chromosome sont identiques.

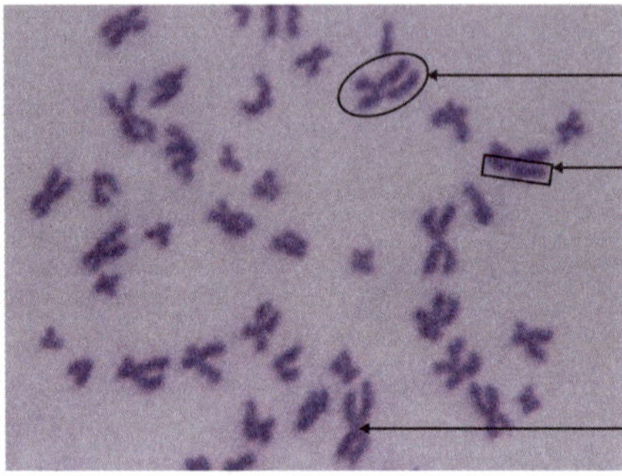

Chromosomes humains au microscope

❸ Les mutations : moteurs d'innovations

▶ Au cours de la réplication de l'ADN, des erreurs de copies sont parfois commises. Ces erreurs aléatoires sont appelées **mutations**.

▶ Ces mutations peuvent changer la séquence de nucléotides d'un gène, créant ainsi une nouvelle version de ce gène (un nouvel allèle).

▶ Si la mutation touche une **cellule somatique** (cellule qui ne donnera pas une cellule reproductrice), elle sera transmise à toutes les cellules filles mais ne sera pas transmise à la descendance de l'individu.

▶ À l'inverse, si la mutation affecte une **cellule germinale** (cellule à l'origine des cellules reproductrices), elle peut être transmise à la descendance de l'individu.

▶ Les mutations peuvent avoir des effets variés selon leur nature et leur localisation : certaines sont neutres et n'ont pas d'impact, d'autres permettent l'apparition de nouvelles versions d'un caractère.

Je révise

Parmi les propositions suivantes, choisissez la (ou les) bonne(s) réponse(s)

❶ Une mutation touchant une cellule germinale affectera :

A. toutes les cellules filles.
B. uniquement cette cellule.
C. la descendance de l'individu.
D. rien.

❷ Le processus permettant le maintien de l'information génétique lors de la division cellulaire est :

A. la mitose.
B. la méiose.
C. la fécondation.
D. la naissance.

❸ Les chromosomes sont composés :

A. d'ADN.
B. de protéines.
C. de glucides.
D. de lipides.

❹ Une mutation :

A. a lieu lors d'une réplication d'ADN.
B. est la duplication de chromosomes.
C. peut avoir un effet neutre.
D. peut donner de nouveaux caractères.

Réponses : 1. A et C ; **2.** A ; **3.** A et B ; **4.** A, C et D.

La transmission du patrimoine génétique

Fiche 5

Je retiens

1 La transmission du patrimoine génétique au cours des générations

▶ Bien qu'issus de la rencontre de deux cellules reproductrices, **tous les individus d'une espèce ont le même nombre de chromosomes**.

▶ Un nombre anormal de chromosomes entraîne des conséquences pour l'individu.

Exemple : chez l'Humain, les individus porteurs de la trisomie 21 possèdent un chromosome 21 supplémentaire.

▶ La représentation ordonnée de tous les chromosomes d'une cellule s'appelle le **caryotype**.

▶ L'être humain possède **23 paires de chromosomes**, l'une des paires détermine le sexe de l'individu :

- deux chromosomes XX pour les femmes ;
- deux chromosomes XY pour les hommes.

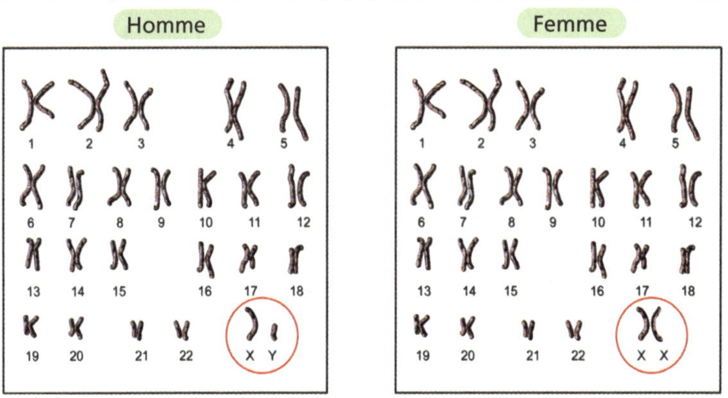

Caryotypes des 23 paires de chromosomes humains

▶ Deux mécanismes, la **méiose** et la **fécondation**, permettent de maintenir la quantité d'information génétique d'une génération à l'autre.

2 La méiose

▶ La **méiose** est une série de deux divisions cellulaires qui conduit à former quatre cellules ne contenant chacune qu'un seul chromosome de chaque paire de la **cellule mère**.

▶ La méiose ne se déroule que dans les **cellules germinales** (cellules à l'origine des cellules reproductrices).

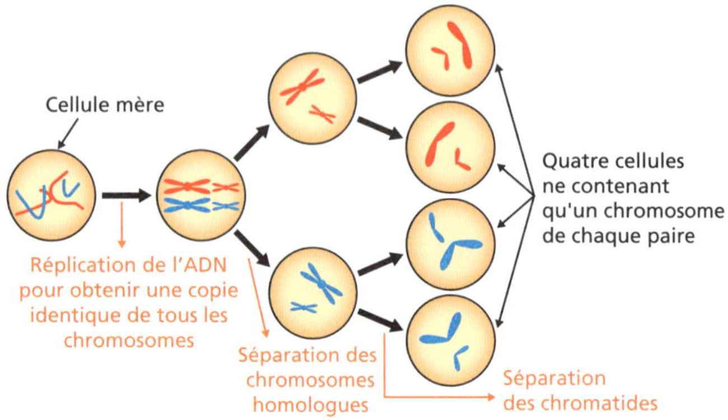

Schéma du processus de méiose

3 La fécondation

▶ La **reproduction sexuée** permet à deux individus de partager du matériel génétique pour obtenir des descendants.
▶ La **fécondation** est la rencontre entre deux cellules reproductrices mâle (le **spermatozoïde**) et femelle (l'**ovule**), elle permet de rétablir le nombre de chromosomes (et donc la quantité d'information génétique).
▶ Le nouvel individu issu de la fécondation résulte d'une combinaison aléatoire de deux matériels génétiques. La méiose et la fécondation sont donc à l'origine d'individus aux combinaisons d'allèles uniques, on nomme ce phénomène le **brassage génétique**.

Je révise

Parmi les propositions suivantes, choisissez la (ou les) bonne(s) réponse(s)

1 Le(s) mécanisme(s) permettant le maintien de la quantité d'information génétique d'une génération à l'autre est (sont) :
A. la mitose.
B. la méiose.
C. la fécondation.
D. le brassage génétique.

2 La méiose :
A. est une série de deux divisions cellulaires.
B. ne se déroule que dans les cellules germinales.
C. est la rencontre des gamètes mâle et femelle.
D. maintient la quantité d'information génétique.

3 Les cellules reproductrices possèdent :
A. des paires de chromosomes.
B. un exemplaire de chaque paire de chromosomes.
C. des chromosomes tirés aléatoirement.
D. des gènes.

4 Un caryotype est :
A. un gène.
B. une représentation des chromosomes d'une cellule.
C. un gamète mâle.
D. un gamète femelle.

Réponses : 1. B et C ; 2. A et B ; 3. B ; 4. B.

Les besoins des animaux

Fiche 6

Je retiens

1 La croissance chez les animaux

▶ Les animaux qui produisent leur propre matière en se nourrissant d'autres êtres vivants (végétaux, animaux...) sont des **hétérotrophes** en opposition aux **autotrophes** (qui produisent leur matière uniquement à partir d'éléments minéraux).

▶ Il existe plusieurs types de **régimes alimentaires** (voir Fiche 20). On peut déterminer le régime alimentaire à partir de traces laissées par les animaux (restes de nourriture, crottes...).

▶ À partir de la nourriture consommée, un animal produit sa propre matière organique.
L'**assimilation** de la nourriture se fait grâce à un système digestif (chez l'Humain, voir Fiche 22).

▶ Certaines espèces ont une **croissance continue** : leurs taille et poids augmentent progressivement jusqu'à l'âge adulte.

Exemples : les mammifères, les oiseaux...

Du poulain au cheval

▶ D'autres ont une **croissance discontinue** : par paliers. On dit qu'ils muent.

Exemples : les arthropodes (crabes, insectes...). Ces espèces possèdent une carapace externe rigide ; pour pouvoir grandir, ils doivent s'extraire de cette carapace.

Mue de la cigale

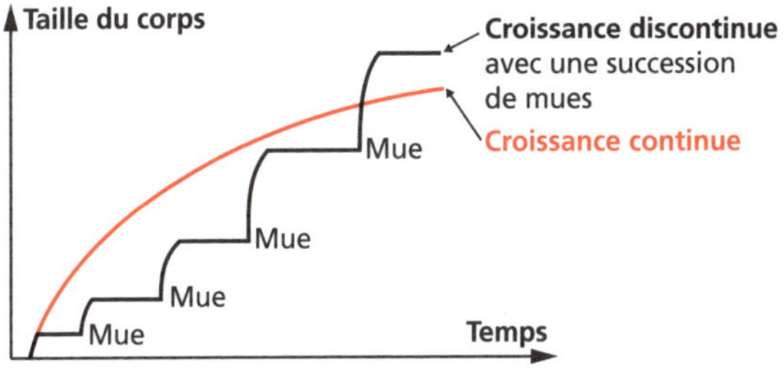

Graphique montrant l'évolution de la taille selon le type de croissance

LE VIVANT, SA DIVERSITÉ ET SON ÉVOLUTION

❷ La respiration chez les animaux

▶ Grâce à leurs organes respiratoires, **les êtres vivants prélèvent du dioxygène dans leur milieu** (aérien ou aquatique).

▶ Le dioxygène ainsi capté est transporté jusqu'aux organes par le sang (voir Fiche 25). Il sera utilisé dans les cellules avec du glucose pour produire de l'énergie : c'est la **respiration cellulaire**.

▶ Les mouvements respiratoires (expiration et inspiration chez l'humain) permettent d'acheminer le dioxygène (O_2) de l'extérieur (air ou eau) vers les cellules et d'éliminer le dioxyde de carbone (CO_2) produit durant la respiration cellulaire.

▶ En fonction du milieu de vie et des espèces, les organes respiratoires diffèrent :

Les branchies

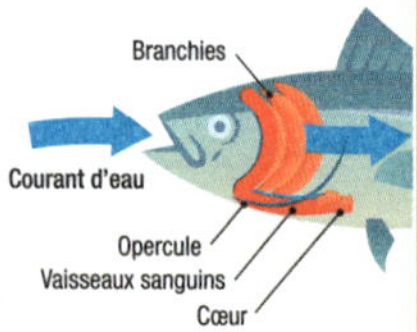

En milieu aquatique, certaines espèces possèdent des branchies qui assurent les échanges gazeux.

Les poumons

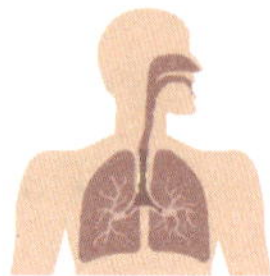

En milieu aérien, certaines espèces possèdent des poumons. Les mouvements respiratoires permettent de renouveler l'air contenu dans les poumons.

Les trachées

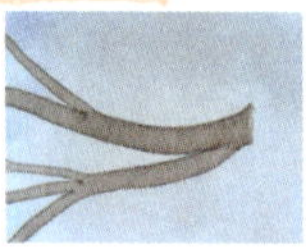

Trachée de ver à soie

En milieu aérien, certaines espèces (insectes…) possèdent des tubes très fins qui amènent le dioxygène jusqu'aux organes, ce sont des trachées.

La peau

Chez certaines espèces (vers de terre…), le dioxygène traverse la peau pour rejoindre le sang.

Je révise

Parmi les propositions suivantes, choisissez la (ou les) bonne(s) réponse(s).

❶ Qu'est-ce qu'un être vivant autotrophe ?

A. Un être qui ne consomme que de la matière minérale.
B. Un être qui consomme de la matière organique produite par d'autres êtres vivants.
C. Un être qui consomme de la matière organique et minérale.

❷ La croissance continue consiste à grandir :

A. progressivement.
B. par paliers.
C. en muant régulièrement.

❸ Pour respirer, les animaux peuvent utiliser :

A. des poumons.
B. leur peau.
C. des trachées.
D. leurs poils.

❹ La respiration consiste à :

A. prélever du dioxyde de carbone.
B. prélever du dioxygène.
C. produire de l'énergie.
D. rejeter du dioxygène.

Réponses : 1. A ; 2. A ; 3. A, B et C ; 4. B, C et D.

Le cycle de vie des animaux

Fiche 7

Je retiens

1 La reproduction sexuée et la fécondation

▶ La plupart des animaux se reproduisent de manière **sexuée**. Cela signifie que la reproduction nécessite la rencontre de **gamètes** (les cellules reproductrices) mâles et femelles.

▶ Cette rencontre aboutit à l'union d'un unique spermatozoïde et d'un ovule, c'est la **fécondation** (voir Fiche 5).

▶ La fécondation aboutit à la formation d'une **cellule-œuf**, première cellule du futur organisme. Elle se divisera de très nombreuses fois.

2 Les modes de reproduction en fonction du milieu

▶ En milieu aquatique :

- la fécondation est souvent **externe** : les gamètes sont expulsés dans l'eau, peu d'entre eux seront impliqués dans une fécondation ;
- les jeunes ne sont souvent pas protégés par leurs parents, le taux de survie est alors assez faible.

Pour compenser ces aspects, les espèces des milieux aquatiques produisent généralement un grand nombre de gamètes aboutissant à de nombreuses cellules-œufs (plusieurs millions pour des espèces comme l'oursin ou la moule).

▶ En milieu terrestre :

- la fécondation est **interne** : elle a lieu dans l'appareil génital de la femelle ;
- ce mode de fécondation permet un taux de survie plus important et induit une production plus faible de gamètes.

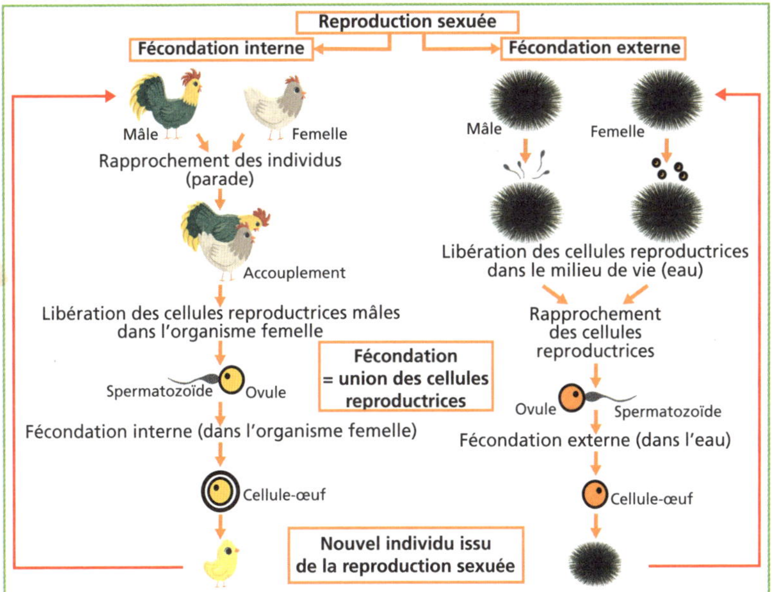

Cycle de vie d'animaux à fécondation interne ou externe

En milieu terrestre à l'issue de l'accouplement, on observe deux modes de gestation :

Les animaux ovipares (les oiseaux, les grenouilles, les poissons…)	Les animaux vivipares (les chiens…)
Ils pondent des œufs. La coquille des œufs protège l'embryon de la dessiccation et contient les réserves nutritives nécessaires au développement de l'embryon.	Leurs petits se développent dans l'utérus maternel où des échanges sanguins via le placenta permettent de combler tous les besoins de l'embryon. À la naissance, les petits seront allaités par la femelle.

3 Le développement des jeunes

▶ Certaines espèces ont des **développements directs** : le petit ressemble à l'adulte dès la naissance. Son développement se caractérisera par une augmentation de sa taille, de sa masse et par l'acquisition d'une maturité sexuelle.

▶ D'autres espèces (les insectes notamment) ont des **développements indirects** nécessitant une **métamorphose** : changements anatomiques et physiologiques brusques et irréversibles. Cette phase correspond au passage d'une forme larvaire à une forme adulte.

Je révise

Parmi les propositions suivantes, choisissez la (ou les) bonne(s) réponse(s)

1 La cellule-œuf est :
A. une cellule reproductrice.
B. la première cellule d'un individu.
C. la cellule que l'on trouve dans les œufs.
D. un gamète.

2 Un être vivant vivipare :
A. se développe dans l'utérus maternel.
B. pond des œufs.
C. a une croissance continue.
D. mue.

3 Un être vivant ovipare :
A. se développe dans l'utérus maternel.
B. pond des œufs.
C. a une croissance continue.
D. mue.

4 Une fécondation interne :
A. voit les gamètes expulsés dans le milieu de vie.
B. a lieu dans l'appareil génital de la femelle.
C. a plus souvent lieu en milieu terrestre.
D. a plus souvent lieu en milieu aquatique.

Réponses : 1. B ; 2. A et C ; 3. B ; 4. B et C.

L'organisation des végétaux

Je retiens

1 Les contraintes de la vie fixée

▶ **Les plantes vivent fixées au sol**, leur évolution a sélectionné des caractères (anatomiques et physiologiques) leur permettant de s'adapter à cette contrainte.
▶ Ces adaptations leur permettent de **trouver des ressources essentielles** à leur développement, de **résister aux périodes défavorables** (sécheresse, froidure...) et de se **disséminer** (voir Fiche 10).
▶ Une plante à fleur typique est constituée de **racines** et de **tiges portant des feuilles**. La surface d'échanges totale d'une plante (racines et feuilles) est beaucoup plus importante que chez les animaux, c'est une adaptation à la vie fixée.

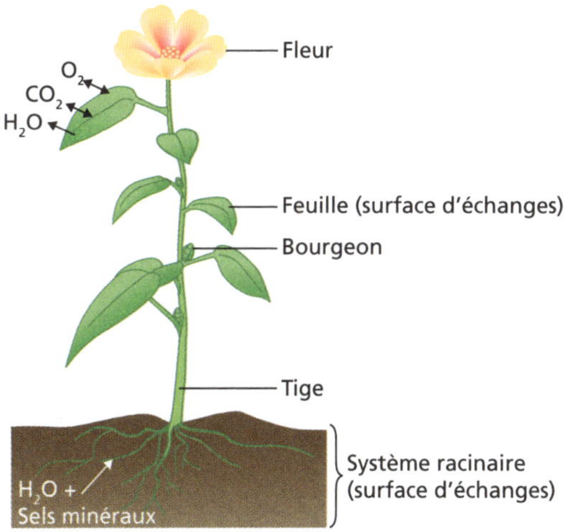

Organisation type d'une plante à fleur et de ces échanges avec l'extérieur

2 L'appareil racinaire des plantes

▶ L'**appareil racinaire** permet à la plante de s'ancrer dans le sol et d'absorber de l'eau et des sels minéraux.
▶ L'extrémité des racines est recouverte d'une multitude de **poils absorbants** qui augmentent la surface d'échanges avec le sol.
▶ De nombreux végétaux ont des associations symbiotiques avec des champignons au niveau des racines ; ce sont des **mycorhizes**. Ces derniers favorisent l'absorption par les racines des éléments minéraux et de l'eau.

Longueur de 1 à plusieurs mm.

Extrémité d'une racine
où l'on observe des poils absorbants

❸ L'importance des feuilles

▶ Les feuilles sont portées par les tiges et sont composées de **cellules chlorophylliennes**.
▶ Elles jouent un rôle capital dans la production de **matière organique** (voir Fiche 10).
▶ Les feuilles possèdent de petites ouvertures qui facilitent les échanges gazeux entre la plante et l'atmosphère, ce sont les **stomates**.

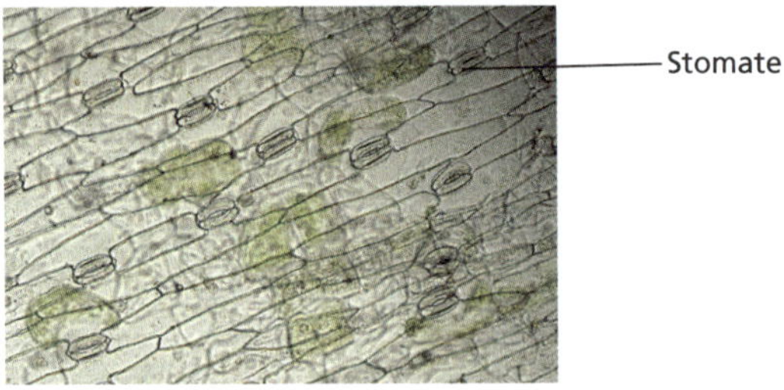

Épiderme d'une feuille où l'on observe des stomates (photographie au microscope)

❹ Le transport de matière dans la plante

Des **vaisseaux conducteurs** permettent des échanges entre les racines et la partie aérienne de la plante. Il existe deux types de vaisseaux :

- le **xylème** transporte la sève brute (composée d'eau et de sels minéraux) des racines vers le reste des organes ;
- le **phloème** conduit la sève élaborée (riche en sucre) des feuilles vers le reste de la plante.

Je révise

Parmi les propositions suivantes, choisissez la (ou les) bonne(s) réponse(s)

❶ Quelles sont les principales contraintes à la vie fixée pour les plantes ?

A. Trouver suffisamment de ressources dans un seul lieu.
B. Ne pas pouvoir se déplacer pendant les périodes défavorables.
C. Pouvoir se reproduire.
D. Être verte.

❷ Que sont les stomates ?

A. Un type de vaisseau conducteur de sève.
B. Une symbiose entre un champignon et la plante au niveau des racines.
C. Des ouvertures au niveau de l'épiderme des feuilles.
D. Des racines.

❸ Que sont les mycorhizes ?

A. Un type de vaisseau conducteur de sève.
B. Une symbiose entre un champignon et la plante au niveau des racines.
C. Des ouvertures au niveau de l'épiderme des feuilles.
D. Des feuilles.

❹ Le xylème est :

A. un type de vaisseau conducteur de sève brute.
B. un type de vaisseau conducteur de sève élaborée.
C. des ouvertures au niveau de l'épiderme des feuilles.
D. des racines.

Réponses : 1. A, B et C ; **2.** C ; **3.** B ; **4.** A.

La production de matière chez les végétaux

Fiche 9

Je retiens

1 Le rôle des feuilles dans la production de matière

▶ Les feuilles sont dites **chlorophylliennes** car elles sont riches en chlorophylle. Cette molécule est stockée dans des organites nommés **chloroplastes**.
▶ En présence de lumière, la chlorophylle produit une réaction chimique appelée **photosynthèse** qui permet à la plante d'utiliser de l'eau et du dioxyde de carbone pour **synthétiser de la matière organique**.

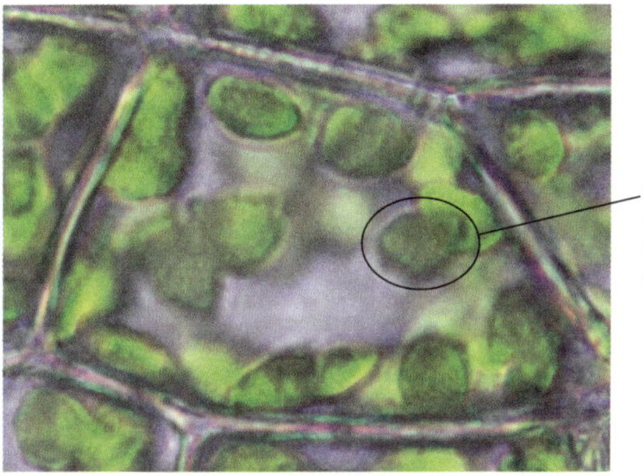

Cellule végétale montrant les chloroplastes (photographie au microscope)

2 La photosynthèse

▶ La **photosynthèse** peut se résumer en deux étapes :

1 L'excitation des pigments photosynthétiques (dont la chlorophylle) par la lumière provoque une réaction qui dégrade des molécules d'eau qui libère du dioxygène et produit de l'énergie.

2 L'énergie produite précédemment est utilisée dans une réaction chimique où le dioxyde de carbone est transformé pour produire un sucre : le glucose.

▶ L'équation-bilan de la photosynthèse est :

Lumière

$$6\ CO_2 + 6\ H_2O \xrightarrow{\text{Chlorophylle}} 6\ C_6H_{12}O_6\ (= \text{glucose}) + 6\ O_2$$

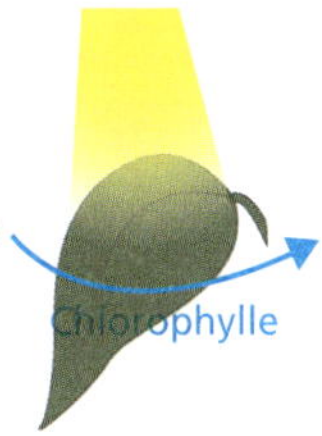

LE VIVANT, SA DIVERSITÉ ET SON ÉVOLUTION

3 L'utilisation de la matière produite par la photosynthèse

▶ Une partie du glucose produit est transformé en **saccharose** (un autre sucre) pour alimenter en matière organique les autres organes de la plante. Pour cela, ce sucre circulera dans la **sève élaborée** (voir Fiche 8).

▶ Une partie du glucose est stocké dans les chloroplastes sous forme d'**amidon**. La nuit, quand la plante ne fait pas de photosynthèse, cet amidon est transformé en saccharose avant de rejoindre la sève élaborée.

▶ Une part de cette matière organique est également stockée dans des **organes de réserve** comme les graines, les fruits mais aussi les bulbes ou les tubercules (tiges souterraines, comme celles de la pomme de terre).

▶ Enfin, la matière produite est également utilisée pour la **croissance de la plante**.

Je révise

Parmi les propositions suivantes, choisissez la (ou les) bonne(s) réponse(s)

1 Quels sont les produits de la photosynthèse ?

A. Du dioxygène.
B. Du dioxyde de carbone.
C. De l'eau.
D. Du glucose.

2 Quels sont les réactifs nécessaires à la photosynthèse ?

A. Du dioxygène.
B. Du dioxyde de carbone.
C. De l'eau.
D. De la lumière.

3 Que devient le glucose produit ?

A. Il est stocké.
B. Il est transformé puis envoyé dans la sève brute.
C. Il est envoyé dans la sève brute.
D. Il est transformé puis envoyé dans la sève élaborée.

4 On trouve les chloroplastes dans :

A. toutes les cellules animales et végétales.
B. certaines cellules végétales.
C. toutes les cellules végétales.
D. certaines cellules animales.

Réponses : 1. A et D ; **2.** B, C et D ; **3.** A et D ; **4.** B.

Le cycle de vie des végétaux

Je retiens

1 L'organe de la reproduction sexuée chez les plantes à fleurs

▶ Chez les plantes à fleurs, la reproduction sexuée est assurée par l'organe reproducteur qu'est la **fleur**.
▶ La fleur est composée d'organes stériles, les **sépales** et les **pétales**, ainsi que d'organes fertiles, les **étamines** et le **pistil**.
▶ Les étamines produisent les **grains de pollen** contenant les **gamètes mâles**.
▶ Le pistil renferme l'ovaire qui contient les **ovules** (les **gamètes femelles**).

Anatomie d'une fleur

2 De la pollinisation à une nouvelle plante

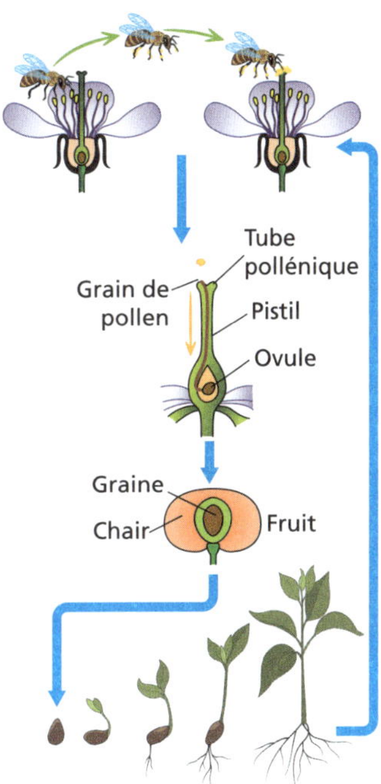

Cycle de vie d'une plante

▶ Certaines espèces peuvent **s'autoféconder** mais la plupart ont besoin de gamètes mâles et femelles provenant de deux individus différents (mais d'une même espèce).

▶ Les plantes étant fixées au sol, le pollen doit être transporté d'une plante à l'autre ; ce transport est appelé **pollinisation**. Il existe plusieurs modalités de pollinisation : par les animaux, le vent...

▶ Quand un grain de pollen est déposé sur le stigmate du pistil, il germe et forme un **tube pollinique** qui permet au gamète mâle d'accéder à l'ovule.

▶ Les ovules fécondés se transforment en **graines**, et la fleur se métamorphose en **fruit**.

▶ Les graines pourront **germer** et donner de nouvelles plantes, le **cycle** pouvant alors recommencer.

3 Toutes les plantes ne se reproduisent pas de manière sexuée

▶ Certaines plantes ne se reproduisent pas uniquement par reproduction sexuée. Il s'agit alors de **reproduction asexuée**.

Exemple : il peut s'agir de **bouturage**, une partie de la plante se sépare et reconstitue les parties manquantes.

▶ Ce type de reproduction produit des individus génétiquement identiques (des clones) à la plante mère.

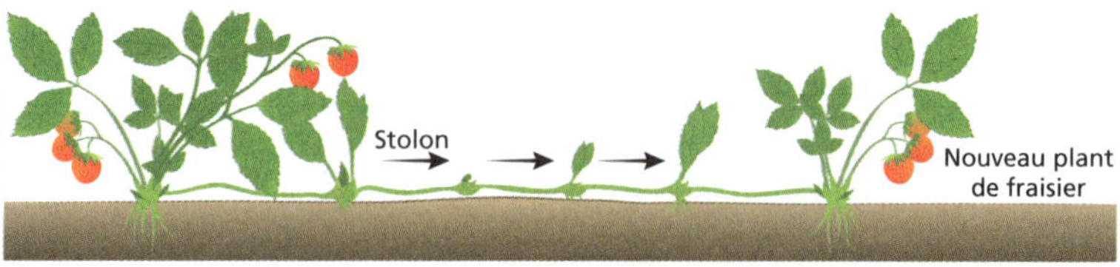

Reproduction asexuée du fraisier grâce aux stolons

Je révise

Parmi les propositions suivantes, choisissez la (ou les) bonne(s) réponse(s)

1 Les organes reproducteurs d'une fleur sont :
A. les sépales.
B. les pétales.
C. les étamines.
D. le pistil.

2 Le grain de pollen :
A. fusionne directement avec le stigmate.
B. fusionne avec l'ovule.
C. germe et produit un tube jusqu'à l'ovaire.
D. contient des gamètes mâles pouvant féconder l'ovule.

3 Les ovules sont produits par :
A. les sépales.
B. les pétales.
C. les étamines.
D. le pistil.

4 Les plantes se reproduisent :
A. uniquement par la rencontre de gamètes mâles et femelles.
B. uniquement entre individus différents.
C. uniquement par reproduction asexuée.
D. par reproduction sexuée et/ou asexuée.

Réponses : 1. C et D ; 2. D ; 3. C et D ; 4. D.

Les grands principes de la classification du vivant

Fiche 11

Je retiens

1 Pourquoi classer le vivant ?

▶ La **biodiversité** est riche de plusieurs millions d'espèces. Les scientifiques ont, depuis longtemps, tenté de l'**organiser** et de la **trier** pour mieux la comprendre.

▶ On part du constat que les individus transmettent leurs **caractères héréditaires** à leur descendance.

Exemple : posséder une coquille.

▶ Parmi ces caractères, certains vont subir une **transformation** (mutation génétique). L'acquisition de ce caractère nouveau est une **innovation évolutive**.

Exemple : posséder une coquille d'une nouvelle couleur.

▶ Appliqué à la **classification**, cela signifie qu'un caractère identique trouvé chez plusieurs espèces a probablement été légué par un ancêtre commun. Ces espèces seront alors regroupées ensemble dans la classification en fonction des **attributs** (ou caractéristiques) communs.

2 Comment classer ?

▶ Pour faciliter le raisonnement et guider l'observation des attributs d'une collection d'organismes, on peut réaliser un tableau listant des espèces et des attributs.

	Yeux, bouche	Squelette interne	4 membres	Nageoires
Rouge-gorge	X	X	X	
Chat	X	X	X	
Gardon	X	X		X
Carpe	X	X		X

Tableau d'attributs
(les attributs possédés par chaque être vivant sont indiqués par un X)

▶ Grâce à ce tableau, on réalise ensuite des **groupes emboîtés** en fonction des similitudes :

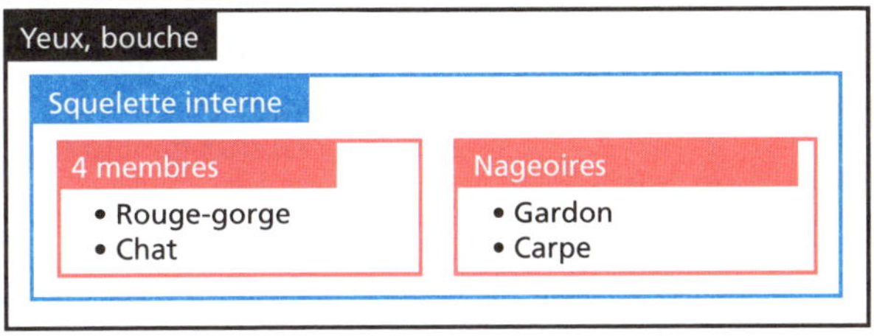

Classification par groupes emboîtés de notre collection d'êtres vivants

3 Ne pas confondre trier, ranger et classer

Autour de la question de la classification, plusieurs termes de vocabulaire peuvent sembler similaires mais ont des objectifs différents :

Trier

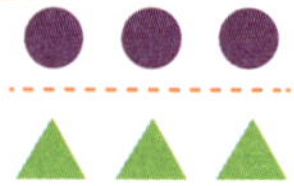

C'est faire une action qui consiste à séparer un ensemble d'objets en fonction d'arguments arbitraires.

Ranger

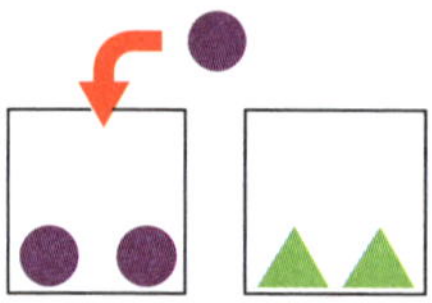

C'est placer un élément dans un ensemble en fonction des caractéristiques de cet ensemble.

Classer

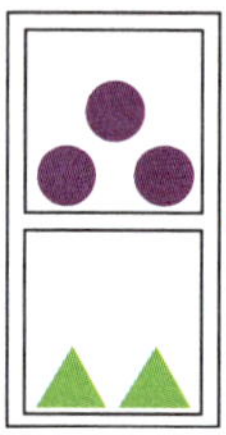

‹ Raisonnement par emboîtement

Permet de représenter le degré d'apparentement entre des espèces, les regrouper et reconstituer leur histoire évolutive.

Je révise

Parmi les propositions suivantes, choisissez la (ou les) bonne(s) réponse(s)

1 En classification, un attribut peut être :

A. posséder des plumes.
B. posséder un squelette.
C. savoir nager.
D. se nourrir que de viande.

2 Des espèces sont dans un même groupe si :

A. ils vivent ensemble.
B. tous les attributs étudiés sont identiques.
C. quelques attributs étudiés sont identiques.
D. aucun attribut étudié n'est identique.

3 Classer des espèces, c'est :

A. les trier.
B. les ranger.
C. les regrouper.
D. aucune de ces propositions.

4 Un attribut commun à toutes les espèces pourrait posséder :

A. une ou des cellules.
B. de la chlorophylle.
C. des vertèbres.
D. du matériel génétique.

Réponses : 1. A et B ; 2. B ; 3. C ; 4. A et D.

Du groupe emboîté à l'arbre phylogénétique

Je retiens

1 Les arbres phylogénétiques

▶ Les spécialistes utilisent au quotidien la notion d'emboîtement pour classer le vivant. En plus de la représentation en groupes emboîtés, ils ont recours aux **arbres phylogénétiques**.

▶ Les arbres phylogénétiques permettent de **visualiser concrètement les liens de parenté** entre les différents groupes d'organismes et de reconstituer l'histoire évolutive de ces êtres vivants.

Exemple :

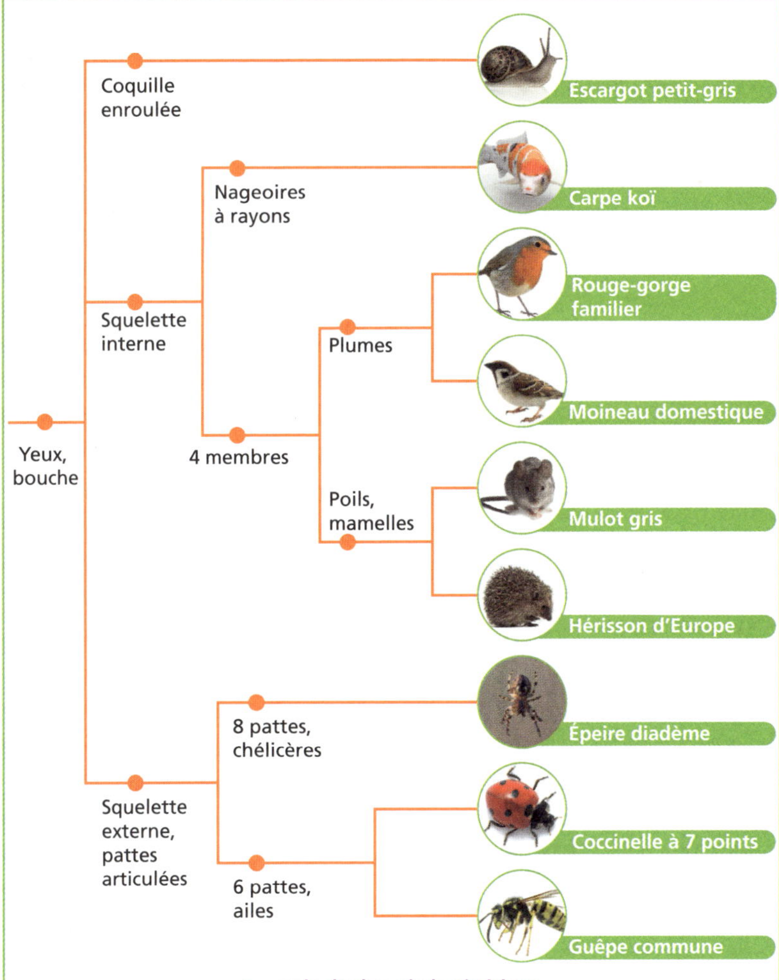

Exemple d'arbre phylogénétique

Cet arbre phylogénétique est porteur d'informations :
- les êtres vivants appartenant au groupe formé par la carpe, le rouge-gorge, le moineau, le mulot et le hérisson ont un ancêtre commun car ils possèdent tous des yeux, une bouche et un squelette interne ;
- l'épeire diadème (une araignée) est plus proche d'un point de vue évolutif de la coccinelle que du hérisson. Elle a, en effet, un attribut en commun avec la coccinelle (le squelette externe).

2 Pour bien comprendre

▶ En étudiant les **attributs** (les caractères) partagés par des espèces, on évalue leur niveau de « cousinage » et on reconstruit une généalogie : on pourra alors dire « qui est plus proche de qui ».
▶ Cette généalogie est appelée **phylogénie**. Elle est représentée sous forme d'arbre phylogénétique qui permet de visualiser les liens de parenté.
▶ Les nœuds sur les arbres phylogénétiques correspondent à l'**ancêtre commun hypothétique** à toutes les espèces de cette partie de l'arbre. Cet ancêtre commun possède l'ensemble des caractères portés par cette branche.

Exemple : sur l'arbre de la page précédente, l'ancêtre commun de la guêpe et de la coccinelle possède 6 pattes, des ailes, mais aussi un squelette externe, des pattes articulées, des yeux et une bouche.

Je révise

Parmi les propositions suivantes, choisissez la (ou les) bonne(s) réponse(s)

1 D'après l'arbre phylogénétique de la page précédente, quels animaux possèdent 6 pattes ?
A. L'épeire diadème.
B. Le mulot gris.
C. La coccinelle à 7 points.
D. La guêpe.

2 D'après l'arbre phylogénétique, quels animaux possèdent 4 membres ?
A. Le rouge-gorge.
B. Le moineau.
C. Le mulot gris.
D. La carpe.

3 Quel(s) est (sont) le(s) plus proche(s) cousin(s) de l'épeire diadème ?
A. L'escargot petit-gris.
B. Le hérisson.
C. La coccinelle à 7 points.
D. La guêpe.

4 Quel(s) est (sont) le(s) plus proche(s) cousin(s) du hérisson d'Europe ?
A. Le mulot gris.
B. L'épeire diadème.
C. Le moineau.
D. La coccinelle à 7 points.

Réponses : 1. C et D ; **2.** A, B et C ; **3.** C et D ; **4.** A.

Les mécanismes évolutifs

Je retiens

1 La biodiversité évolue

▶ La Terre n'a pas toujours été peuplée par les espèces que l'on connaît actuellement. La biodiversité a évolué et continue d'évoluer. Cette évolution se mesure à l'échelle de **populations** (groupes d'individus de la même espèce vivant dans un même lieu et à une même période).

▶ Dans une population, chaque **gène** peut exister sous différentes versions que l'on nomme **allèles**. La fréquence des différents allèles peut varier traduisant l'évolution de la population.

2 Les mutations à l'origine de nouveautés

▶ Les **mutations** correspondent à des modifications de la séquence de l'ADN et sont à l'origine de nouveaux allèles.

▶ Les mutations peuvent être :
- spontanées (assez rares) ;
- causées par des agents mutagènes (qui augmentent la fréquence des mutations).

▶ Chez un individu, seules les mutations des **cellules germinales** (à l'origine des cellules reproductrices) sont transmises à la descendance de l'individu et peuvent donc se répandre dans la population.

3 La place du hasard

▶ Au sein d'une population, porter certains allèles ne confère ni avantage ni désavantage à l'individu. Ces allèles sont alors qualifiés de neutres, leur fréquence évoluera de manière aléatoire.

▶ Avec le temps, certains allèles peuvent disparaître, ce mécanisme évolutif est appelé dérive génétique. La **dérive génétique** est plus importante quand la population est de petite taille.

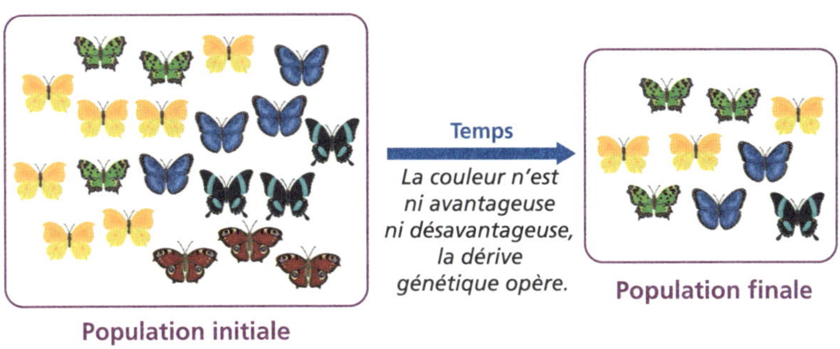

④ La sélection naturelle

▶ Dans un environnement, certains allèles ne sont pas neutres et confèrent un avantage aux individus qui les portent.

▶ Ces avantages peuvent contribuer à un meilleur maintien en vie des individus, augmenter leur potentiel reproducteur… Un individu possédant un allèle avantageux aura plus de chance de survivre, de se reproduire et donc de transmettre ces allèles avantageux.

▶ À la génération suivante, l'allèle avantageux sera plus fréquent dans la population. Ce phénomène dit de la survie des formes les plus aptes à vivre dans un milieu donné est appelé **sélection naturelle**.

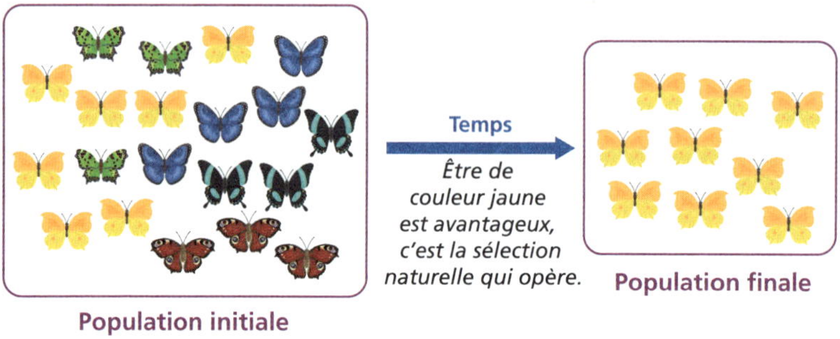

▶ Si les conditions environnementales changent, des caractères anciennement avantageux peuvent devenir désavantageux.

Je révise

Parmi les propositions suivantes, choisissez la (ou les) bonne(s) réponse(s)

① Une population est un groupe d'individus :
A. de la même espèce.
B. d'espèces différentes.
C. vivant dans un même lieu.
D. vivant à une même période.

② Toutes les mutations sont-elles transmises à la descendance ?
A. Oui.
B. Non, seulement celles portées par les cellules germinales.
C. Non, seulement si elles apportent un avantage.
D. Non, seulement si elles sont minimes.

③ Le mécanisme permettant l'apparition de nouveaux caractères est :
A. la mutation.
B. la dérive génétique.
C. la sélection naturelle.
D. la reproduction sexuée.

④ Le mécanisme qui permet de s'adapter aux contraintes environnementales est :
A. la mutation.
B. la dérive génétique.
C. la sélection naturelle.
D. la reproduction sexuée.

Réponses : 1. A, C et D ; 2. B ; 3. A ; 4. C.

L'apparition et les conditions de vie sur Terre

Fiche 14

Je retiens

1 L'apparition de la vie

▶ La Terre s'est formée il y a environ 4,5 milliards d'années (Ga) et **la vie serait apparue il y a environ 3,7 Ga**.

▶ Les premières traces d'êtres vivants connus sont les **stromatolithes** : constructions calcaires produites par des microorganismes. Il en existe toujours, par exemple, dans les mers peu profondes d'Australie.

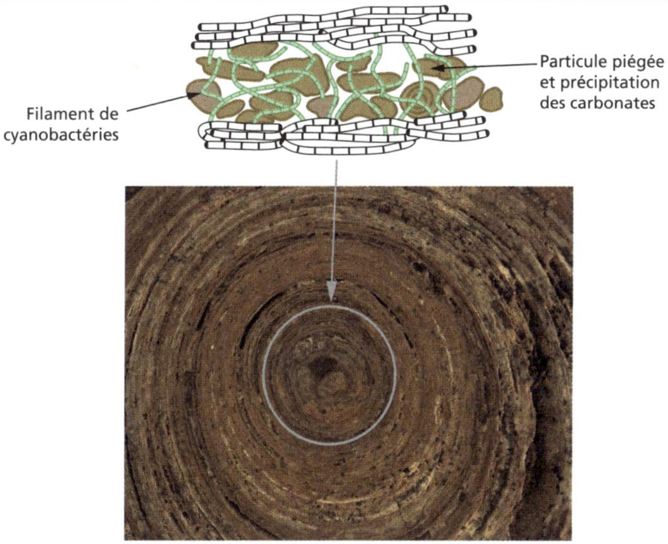

Stromatolithe et schéma de sa structure

2 Les conditions de l'apparition de la vie sur Terre

▶ Après la formation de la Terre, une forte activité volcanique a contribué à former une **atmosphère primitive** riche en vapeur d'eau et en **dioxyde de carbone**.

▶ Avec le refroidissement progressif de la surface terrestre, une grande partie de l'eau atmosphérique s'est condensée et a formé un **océan primitif**.

POUR INFO !

Afin de trouver peut-être d'autres formes de vie, les scientifiques cherchent des planètes rocheuses qui peuvent retenir une atmosphère par gravité et compatibles avec la présence d'eau liquide.

▶ En plus du CO_2 (dioxyde de carbone) et de l'H_2O (eau liquide), **l'apparition de la vie nécessite un certain nombre de molécules constituant les organismes**. Une hypothèse sérieuse veut qu'une partie de ces molécules ne seraient pas seulement issues de notre Terre.

3 L'évolution des conditions atmosphériques

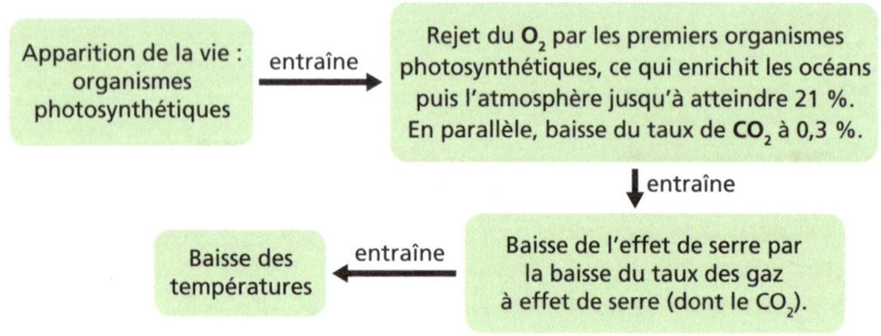

Diagramme de l'évolution de la composition de l'atmosphère

4 La composition de l'atmosphère actuelle

Gaz présents dans l'air sec	Volume de gaz (en %)
Diazote (N_2)	environ 78
Dioxygène (O_2)	environ 21
Argon (A)	environ 0,93
Dioxyde de carbone (CO_2)	environ 0,04
Autres gaz : néon (Ne), hélium (He), krypton (Kr), dihydrogène (H_2), xénon (Xe), ozone (O_3), radon (Rn)	environ 0,03

Je révise

Parmi les propositions suivantes, choisissez la (ou les) bonne(s) réponse(s)

1 La vie sur Terre est apparue, il y a :
A. 15 milliards d'années.
B. 4,5 milliards d'années.
C. 3,7 milliards d'années.
D. 2 000 ans.

2 Pour apparaître sur Terre, la vie a eu besoin :
A. d'une atmosphère riche en CO_2.
B. d'eau liquide.
C. de O_2.
D. de molécules organiques.

3 La composition de l'atmosphère terrestre :
A. a très peu évolué au cours du temps.
B. a été modifiée en interaction avec les organismes vivants.
C. évolue de nos jours.
D. est modifiée par des phénomènes géologiques.

4 Les principaux gaz présents dans notre air sont :
A. N_2, O_2, A et CO_2.
B. N_2, Xe, A et CO_2.
C. N_2, O_3, A et CO_2.
D. N_2, Kr, A et CO_2.

Réponses : 1. C ; 2. A, B et D ; 3. B, C et D ; 4. A.

L'évolution permanente de la biodiversité

Fiche 15

Je retiens

1 La notion de crise biologique

▶ Aucune espèce terrestre n'est immortelle, des espèces s'éteignent naturellement car elles sont devenues inaptes à survivre ou à se reproduire dans leur environnement.

▶ Il existe des périodes où de très nombreuses espèces s'éteignent en même temps : on parle de **crise biologique**. C'est une extinction massive d'espèces (et de familles entières) à l'échelle planétaire. Cette crise se déroule sur un temps relativement court à l'échelle des temps géologiques (de l'ordre du million d'années).

2 Les cinq grandes crises biologiques

▶ **– 450 millions d'années (MA) :** à cette période, la vie terrestre était exclusivement marine. Un intense épisode de glaciation aurait provoqué la disparition de 85 % des espèces.

▶ **– 380 MA :** causée par de fortes variations climatiques et une chute de l'oxygénation des mers, cette crise provoque la disparition de 75 % des espèces.

▶ **– 252 MA :** cette crise très importante a vu la disparition de 95 % des espèces marines et 75 % des espèces terrestres. Elle aurait pour origine des épisodes volcaniques majeurs.

▶ **– 200 MA :** cette crise conduit à la disparition de 70 à 80 % des espèces.

▶ **– 66 MA :** c'est la crise la plus connue (disparition de certains dinosaures), elle a une double origine : un épisode volcanique majeur et la chute d'un astéroïde. Cette crise a conduit à la disparition de 50 % des espèces.

POUR INFO !

Après ces grandes phases d'extinction, les écosystèmes sont particulièrement réduits. Les espèces survivantes se multiplient et se diversifient en s'adaptant à de nouvelles niches écologiques disponibles. Ainsi, les crises biologiques ayant affecté notre planète ont contribué à l'évolution de la biodiversité.

3 Une sixième crise de la biodiversité ?

▶ Les activités humaines impactent fortement la biodiversité, de nombreuses espèces sont menacées.

▶ L'ampleur et la rapidité de la crise (le taux d'extinction serait 100 fois plus élevé que lors des précédentes extinctions massives) amènent les scientifiques à parler d'une sixième crise.

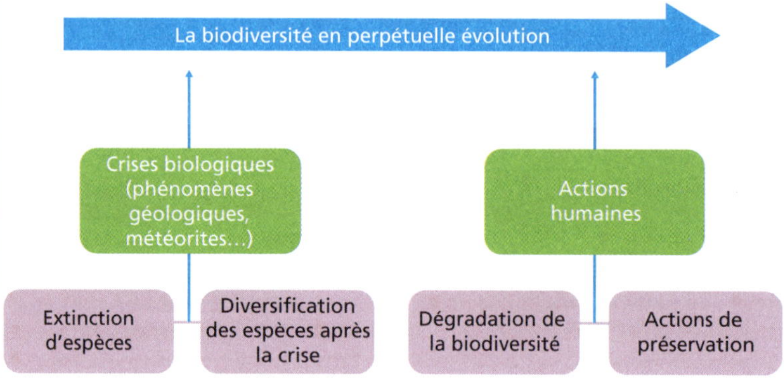

Impacts et évolution de la biodiversité

Je révise

Parmi les propositions suivantes, choisissez la (ou les) bonne(s) réponse(s)

1 Une crise biologique est définie par :
A. une extinction massive d'espèces.
B. une échelle planétaire.
C. un temps relativement court.
D. son origine humaine.

2 Sans compter la crise actuelle, combien de crises biologiques la Terre a-t-elle connues ?
A. 2.
B. 3.
C. 4.
D. 5.

3 La crise biologique la plus importante a vu disparaître :
A. près de 20 % des espèces.
B. près de 50 % des espèces.
C. près de 70 % des espèces.
D. près de 90 % des espèces.

4 La crise actuelle de la biodiversité est :
A. liée aux activités humaines.
B. très importante.
C. liée à des phénomènes naturels.
D. peu préoccupante.

Réponses : 1. A, B et C ; 2. D ; 3. D ; 4. A et B.

L'Humain, une espèce comme les autres

Je retiens

1 La place de l'Humain dans la classification

▶ Comme tous les êtres vivants, **l'espèce humaine, *Homo sapiens***, a une place dans la classification du vivant et est issue d'une histoire évolutive.

▶ Notre espèce appartient :

- au règne **animal** ;
- à l'embranchement des **vertébrés** ;
- à la classe des **mammifères** définis par la présence de mamelles et de poils ;
- à l'ordre des **primates** caractérisés par la présence de pouces opposables et d'ongles aux doigts et aux orteils (cet ordre regroupe aussi les lémuriens) ;
- à la famille des **hominidés** possédant un coccyx et qui comprend les chimpanzés, les gorilles ou les orangs-outans ;
- à la sous-famille des **homininés** caractérisée par la bipédie. On retrouve dans cette sous-famille l'espèce humaine et tous les fossiles du genre Homo, les australopithèques et les fossiles apparentés.

▶ L'Humain est le seul représentant actuel du groupe des homininés.

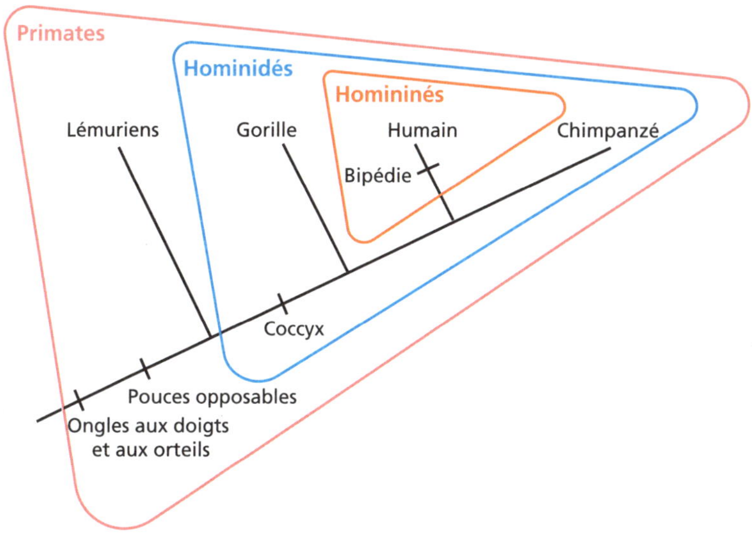

Arbre phylogénétique des primates

2 L'histoire buissonnante des humains

▶ Les fossiles les plus anciens d'homininés sont datés entre – 7 et – 2 millions d'années. Tous ont été trouvés en Afrique.

▶ De nombreuses espèces du groupe des homininés ont cohabité et se sont succédé en Afrique entre 4 et 1 millions d'années.

▶ Ces fossiles d'homininés ont été trouvés dans plusieurs régions africaines (Afrique de l'Est, du Nord et du Sud), ce qui rend impossible, pour le moment, d'identifier la localisation précise du berceau de l'humanité.

▶ Le faible nombre de fossiles découverts rend la reconstitution de l'histoire de l'émergence du genre Homo complexe. Cependant, il semble que l'histoire évolutive humaine ne soit pas une évolution linéaire mais aurait plutôt la forme d'un buisson où certaines branches disparaissent tandis que d'autres s'épanouissent.

▶ Notre espèce, *Homo sapiens*, serait apparue il y a environ 300 000 ans en Afrique. Des fossiles laissent supposer que le Proche-Orient aurait été colonisé par notre espèce il y a environ 100 000 ans, l'Asie continentale il y a 50 000 ans et l'Europe environ 45 000 ans.

POUR INFO !

- L'Humain possède des ancêtres communs avec les singes actuels. Nous ne descendons donc pas du singe mais faisons partie du groupe des grands singes (les hominidés).
- Les chimpanzés sont nos lointains cousins car nous partageons un ancêtre commun avec eux. Ce dernier, qui vivait il y a environ 8 millions d'années, n'était ni un *Homo sapiens*, puisque notre espèce n'est apparue qu'il y a 300 000 ans, ni un chimpanzé, dont l'espèce a également évolué depuis la séparation entre nos deux lignées.

Je révise

Parmi les propositions suivantes, choisissez la (ou les) bonne(s) réponse(s)

1 L'être humain peut être classé dans :

A. le groupe des primates.
B. le groupe des hominidés.
C. le groupe des homininés.
D. aucun de ces groupes.

2 Quel(s) critère(s) permet(tent) de regrouper *Homo sapiens* et les australopithèques dans le même groupe ?

A. Avoir des pouces opposables.
B. Avoir un coccyx.
C. Être bipède.
D. Aucun car ils ne sont pas dans le même groupe.

3 L'espèce humaine actuelle est apparue sur Terre, il y a environ :

A. 7 millions d'années.
B. 2 millions d'années.
C. 300 000 ans.
D. 45 000 ans.

4 On ne peut pas dire que l'Homme descend du singe car :

A. l'Homme et le singe font partie du même groupe.
B. l'Homme est beaucoup plus intelligent.
C. l'Homme et le singe sont des cousins.
D. l'Homme n'est pas un animal.

Réponses : 1. A, B et C ; 2. C ; 3. C ; 4. A et C.

La biodiversité

Je retiens

1 Le concept de biodiversité

▶ Le mot « **biodiversité** » apparaît en 1998 aux États-Unis, c'est la contraction de « *biological biodiversity* ».

▶ La biodiversité englobe :

- la **diversité des espèces** présentes sur Terre ;
- la **diversité au sein des espèces** (les variations génétiques au sein des espèces) ;
- la **variété des écosystèmes**.

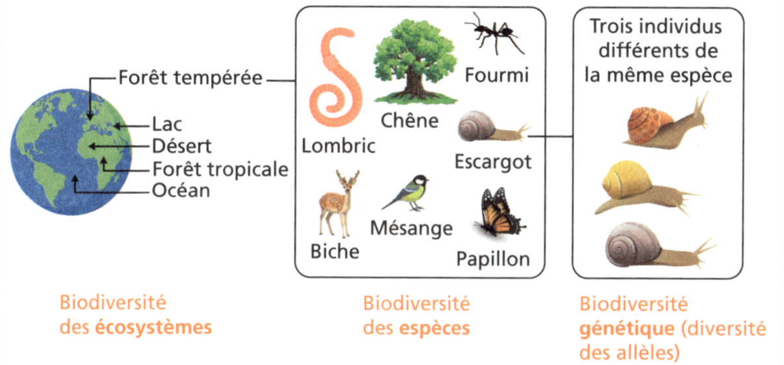

Les trois niveaux de la diversité

▶ En plus de ces trois niveaux s'ajoute la **diversité des interactions** à l'intérieur et entre les différents niveaux. La biodiversité n'est donc pas une simple somme d'espèces mais un ensemble d'interactions entre des êtres vivants et leur environnement.

2 La biodiversité est méconnue et en danger

▶ On a décrit, à l'heure actuelle, environ deux millions d'espèces, mais ce chiffre évolue. Chaque année, entre 16 000 et 18 000 nouvelles espèces sont découvertes. **La biodiversité totale serait d'au moins huit millions d'espèces**, ce qui signifie que nous ne connaissons que 25 % de la biodiversité de notre planète.

▶ Les scientifiques parlent d'une **sixième crise d'extinction des espèces** : un million d'espèces seraient menacées. L'origine de cette crise est principalement liée aux activités humaines : l'urbanisation, la modification de l'utilisation des terres et des mers, la surexploitation d'organismes, les changements climatiques, les pollutions...

POUR INFO !

La France fait partie des 10 pays hébergeant le plus grand nombre d'espèces menacées. Ainsi, près de 20 % des espèces évaluées en France sont menacées d'extinction : certaines espèces de chauves-souris, le bouquetin des Alpes, le grand hamster, la loutre...

3 La biodiversité n'est pas figée

▶ La biodiversité est en perpétuelle évolution : des espèces apparaissent, d'autres disparaissent. Ces changements sont souvent liés aux événements climatiques ou géologiques.

▶ Si des changements de biodiversité sont naturels, ce qui est actuellement inquiétant c'est le rythme des extinctions d'espèces qui est 100 à 1 000 fois plus rapide que le rythme naturel.

4 Les menaces actuelles en chiffres

Plus de 41 459 espèces évaluées par des scientifiques sont menacées d'extinction, ce qui représente 28 % des espèces évaluées

Amphibiens **41 %**	Mammifères **27 %**	Conifères **34 %**
Oiseaux **13 %**	Requins et raies **37 %**	Coraux de récifs **33 %**

© D'après la « liste rouge » 2022 (UICN)

Je révise

Parmi les propositions suivantes, choisissez la (ou les) bonne(s) réponse(s)

1 La biodiversité, c'est :
A. l'ensemble des animaux.
B. l'ensemble des végétaux.
C. l'ensemble des animaux et végétaux.
D. l'ensemble des êtres vivants, leurs interactions et les écosystèmes.

2 Quel est l'ordre de grandeur du nombre d'espèces menacées ?
A. moins de 1 %.
B. moins de 10 %.
C. de 10 à 30 %.
D. plus de 30 %.

3 Quelles sont les causes d'une sixième extinction d'espèces ?
A. Le réchauffement climatique.
B. La surexploitation des terres.
C. La pollution des mers et océans.
D. L'introduction d'espèces envahissantes.

4 D'après l'UICN, quel est le groupe le plus menacé ?
A. Les amphibiens.
B. Les conifères.
C. Les oiseaux.
D. Les coraux.

Réponses : 1. D ; 2. C ; 3. A, B, C et D ; 4. A.

Évaluer la biodiversité

Fiche 18

Je retiens

1 Évaluer l'état de santé de la biodiversité

▶ Pour décrire l'état de santé d'un environnement donné, les écologues s'intéressent à plusieurs paramètres :

Évaluer le nombre d'espèces distinctes d'un lieu. C'est la **diversité spécifique**.	Estimer le nombre total d'individus. C'est l'**abondance**.	Étudier l'**ensemble des interactions** entre espèces. Plus ces interactions sont diversifiées, plus l'écosystème se porte bien.	Analyser les caractéristiques ou **traits des espèces.** Exemple : la diversité des régimes alimentaires est plutôt un signe de bon fonctionnement.

▶ L'étude de ces paramètres permet d'évaluer la **résilience** d'un écosystème, c'est-à-dire sa capacité à s'adapter à des perturbations et à continuer à fournir des services utiles à l'humain (voir Fiche 19).

2 L'importance des protocoles

▶ Les chercheurs sont incapables de compter chaque individu d'une espèce, ils peuvent cependant échantillonner cette biodiversité pour en déduire les tendances (les populations sont-elles en expansion ou en déclin ?) et donc évaluer le niveau de menace qui les affecte. Ces échantillonnages prennent plusieurs formes :

- observer directement ou indirectement (par des enregistrements, par exemple) des espèces à des dates précises et/ou sur des surfaces bien déterminées ;
- capturer et marquer certains individus pour évaluer l'état de santé des espèces ;
- étudier les traces laissées (comme l'ADN)…

▶ Pour que ces analyses soient efficaces, les données sont collectées selon un **protocole standardisé**, une méthode particulière respectée sur l'ensemble des sites suivis et maintenue au fil du temps.

▶ Les données collectées sont ensuite analysées dans des modèles mathématiques pour étudier les pressions qui pèsent sur la biodiversité.

POUR INFO !

De nombreux outils pour découvrir la biodiversité existent :

Vigie-Nature École	Mise à disposition de protocoles et d'outils pour découvrir la biodiversité la plus commune.
BirdLab	Application pour connaître les oiseaux et aider les scientifiques en leur transmettant des observations.
Pl@ntnet	Application pour déterminer le nom d'un végétal à partir d'une simple photographie.
Birdnet	Application de reconnaissance des oiseaux en enregistrant leurs chants.
Seek	Application pour explorer la faune et la flore par un système de reconnaissance d'images.

Je révise

Parmi les propositions suivantes, choisissez la (ou les) bonne(s) réponse(s)

1 La diversité spécifique, c'est :

A. le nombre d'individus présents dans un lieu.

B. le nombre d'espèces présentes dans un lieu.

C. une mesure des relations entre espèces.

D. les caractéristiques de chaque espèce.

2 En écologie, l'abondance est :

A. le nombre d'individus présents dans un lieu.

B. le nombre d'espèces présentes dans un lieu.

C. une mesure des relations entre espèces.

D. les caractéristiques de chaque espèce.

3 Que permet un protocole ?

A. S'assurer que toutes les observations sont faites de la même manière.

B. Rendre les données collectées exploitables.

C. Que plusieurs personnes puissent faire la même expérience.

D. D'être certain d'avoir un résultat.

4 Un protocole d'étude de la biodiversité peut se faire en :

A. observant directement les espèces.

B. étudiant les traces laissées par des espèces.

C. prélevant des échantillons d'ADN dans l'environnement.

D. enregistrant des sons et/ou des images.

Réponses : 1. B ; 2. A ; 3. A, B et C ; 4. A, B, C et D.

L'écosystème et les relations entre espèces

Fiche 19

Je retiens

1 L'écosystème

▶ Un **écosystème** peut être défini comme un ensemble formé par :

- l'ensemble des espèces (plantes, animaux, microorganismes et nature morte environnante), que l'on appelle la **biocénose** ;
- un environnement, le **biotope**, dans lequel les espèces vivent, se nourrissent et se reproduisent. Chaque environnement a des caractéristiques physiques propres (température, lumière, sécheresse...) qui varient au cours du temps et des saisons.

▶ Les êtres vivants (animaux, végétaux, champignons, bactéries) contribuent à modifier l'écosystème : c'est donc un **système dynamique** issu d'une coévolution entre les espèces et leur milieu de vie (forêt, rivière, jardin...).

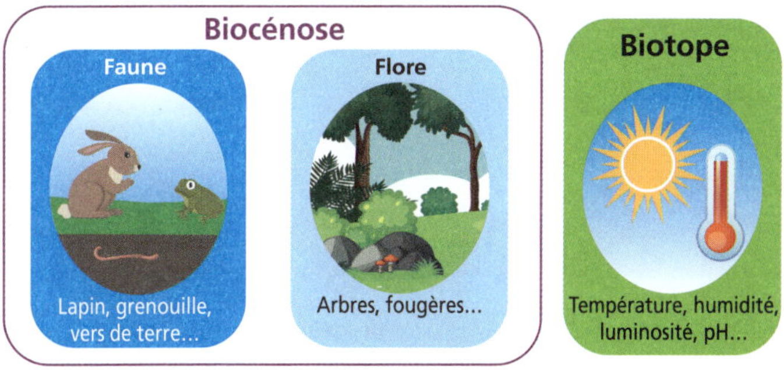

Schéma d'un écosystème

2 Les écosystèmes fournisseurs de services

Les écosystèmes fournissent à l'espèce humaine de nombreux services :

- **d'approvisionnement** : nourriture (fruits, légumes...), eau, matières premières (bois, sable...), molécules utiles à la pharmacopée (issues de plantes...) ;
- **de régulation** : limitation des proliférations de maladies (le froid), régulation des inondations (les plaines inondables)... ;
- **culturels** : loisirs nature (promenade en forêts, baignade dans les océans, lacs...), valeur esthétique (paysages variés)... ;
- **de soutien** : maintien de conditions favorables à la vie sur Terre comme la production de dioxygène atmosphérique, stabilité des sols (résistance à la pluie)...

3 La diversité des relations dans les écosystèmes

Dans un écosystème, les êtres vivants ont diverses interactions entre eux :

Le mutualisme

interaction qui procure des bénéfices réciproques aux deux organismes (pollinisation des plantes à fleurs par les insectes).

Le commensalisme

relation dans laquelle l'hôte fournit une partie de sa propre nourriture à un individu sans nuire à l'hôte (à la différence du parasitisme).

Le parasitisme

relation dans laquelle le parasite profite d'un hôte pour se nourrir, s'abriter ou se reproduire (le ver du ténia qui se loge dans l'intestin grêle de l'homme).

La symbiose

association étroite de deux êtres vivants mutuellement qui est bénéfique et souvent vitale (les bactéries du tube digestif).

Les relations trophiques

relations qui passent par la consommation d'un être vivant par un autre (voir Fiche 20).

Je révise

Parmi les propositions suivantes, choisissez la (ou les) bonne(s) réponse(s)

1 Une relation où deux êtres vivants tirent des bénéfices s'appelle :

A. le mutualisme.
B. le commensalisme.
C. le parasitisme.
D. la symbiose.

2 Les services d'approvisionnement rendus par les écosystèmes sont :

A. la fourniture de nourriture.
B. la régulation de maladies.
C. les loisirs.
D. la fourniture d'eau.

3 Le service écosystémique de soutien correspond :

A. à la fourniture de matières premières.
B. à la régulation des inondations.
C. aux loisirs nature.
D. au maintien de conditions favorables à la vie sur Terre.

4 Le biotope est :

A. une part d'un écosystème.
B. le milieu de vie des êtres vivants.
C. l'ensemble des êtres vivants.
D. changeant en fonction des températures.

Réponses : 1. A ; 2. A et D ; 3. D ; 4. A, B et D.

Les réseaux trophiques

Fiche 20

Je retiens

1 Les êtres vivants producteurs de matière

▶ Tous les êtres vivants produisent leur propre matière organique (protides, lipides, glucides) à partir de matière prélevée dans leur milieu.

▶ Les végétaux ont la particularité de pouvoir synthétiser leur propre matière organique à partir d'eau, de sels minéraux, de CO_2 atmosphérique et de lumière, ce processus est appelé la **photosynthèse** (voir Fiche 9). Les végétaux sont appelés des **producteurs primaires**, les autres êtres vivants n'étant capables de produire leur matière qu'à partir de matière vivante préexistante : ils sont appelés **producteurs secondaires**.

▶ Une partie de la matière organique morte sera consommée par des **décomposeurs** (vers de terre) qui la recycleront en éléments minéraux utilisables par les végétaux.

2 Les chaînes alimentaires forment des réseaux alimentaires

▶ Tous les êtres vivants trouvent dans leur environnement les ressources nécessaires à leur vie. Ainsi, dans un milieu, des êtres vivants sont mangés par d'autres ; cette succession de relations alimentaires forme des **chaînes alimentaires**.

▶ Les végétaux sont les premiers maillons des chaînes alimentaires. Les différentes chaînes alimentaires d'un écosystème sont interconnectées et constituent un **réseau trophique**.

▶ Les chaînes alimentaires contribuent à maintenir les écosystèmes en équilibre.

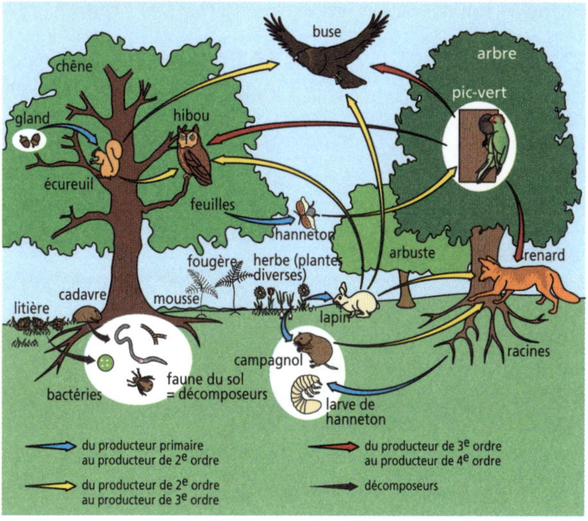

Schéma d'un réseau trophique

LE VIVANT, SA DIVERSITÉ ET SON ÉVOLUTION

POUR INFO !

Dans les représentations de chaîne alimentaire, la flèche entre les maillons d'une chaîne alimentaire va de la « proie » au « prédateur » et signifie « est mangé par ».

3 Les régimes alimentaires

▶ Il existe plusieurs types de régimes alimentaires :

- Les **zoophages** sont des animaux qui ont un régime alimentaire carnivore et consomment donc que des aliments d'origine animale. Parmi les zoophages, certains sont très spécialisés : les insectivores ne se nourrissent que d'insectes, les piscivores ne consomment que du poisson…
- D'autres animaux ne se nourrissent que d'aliments d'origine végétale, ils sont **phytophages**. Là encore, il existe des spécialisations : des animaux ne mangent que des graines et sont granivores ; les nectarivores consomment le nectar des fleurs…
- Certains animaux se nourrissent aussi bien d'aliments d'origine animale que végétale et sont **omnivores**.

▶ Le régime alimentaire d'un animal peut varier au cours de sa vie, en fonction des saisons ou quand la quantité de nourriture diminue.

Je révise

Parmi les propositions suivantes, choisissez la (ou les) bonne(s) réponse(s)

1 Un phytophage peut manger :
A. de l'herbe.
B. des insectes.
C. des graines.
D. du nectar de fleur.

2 Les producteurs primaires sont :
A. des animaux.
B. des végétaux.
C. le premier maillon d'une chaîne alimentaire.
D. n'importe où dans une chaîne alimentaire.

3 Un réseau trophique est :
A. une suite unique de relations de prédation.
B. un ensemble de relations de prédation interconnectées.
C. une chaîne alimentaire.
D. un maillon de chaîne alimentaire.

4 Les producteurs secondaires sont :
A. des animaux.
B. des végétaux.
C. le premier maillon d'une chaîne alimentaire.
D. n'importe où dans une chaîne alimentaire.

Réponses : 1. A, C et D ; 2. B et C ; 3. B ; 4. A.

Les conséquences des activités humaines sur la biodiversité

Je retiens

1 Les impacts sur la planète

- Changement d'occupation des sols
- Pollution
- Changements climatiques
- Surexploitation d'organismes
- Introduction d'espèces envahissantes…

Impact négatif sur la biodiversité →

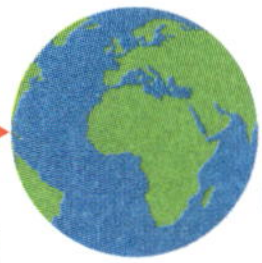

← Impact positif sur la biodiversité

- Protection des habitats
- Limitation de la pollution
- Protection des espèces menacées
- Éducation des populations
- Limitation de la consommation de ressources…

Impacts humains sur la biodiversité

2 Les activités humaines négatives

▶ Chaque écosystème possède des conditions particulières de température, d'humidité, de composition du sol… Des changements environnementaux rapides et importants peuvent entraîner le déclin ou même la disparition d'espèces qui y vivent.

▶ Actuellement, de nombreux écosystèmes sont perturbés et **le rythme de disparition d'espèces est inédit**.

▶ Cinq facteurs sont identifiés comme les plus impactants pour les écosystèmes :

Le changement d'occupation des sols

- L'augmentation de la surface des terres agricoles et de la surface des villes conduit à une destruction d'habitats naturels (forêts, zones humides, prairie…) mais aussi à leurs fragmentations.
- C'est particulièrement le cas en Amazonie où la déforestation détruit l'habitat de nombreuses espèces.

Les changements climatiques

- Les activités humaines ont déjà conduit à une augmentation globale des températures de plus de 1 °C avec des conséquences sur la biodiversité : modifications des aires de répartition de certaines espèces, de leur phénologie (la saisonnalité) ...
- Par exemple, le moustique tigre originaire des forêts d'Asie du Sud-Est s'est ainsi implanté en France.

La surexploitation d'organismes

- En milieu marin, l'exploitation intensive de poissons et de fruits de mer conduit à une raréfaction de ces espèces ce qui a un impact considérable sur les océans.
- En milieu terrestre, l'agriculture intensive contribue à la détérioration des écosystèmes.

Les pollutions de l'environnement

- La pollution des airs, des eaux et des sols ont des effets désastreux sur la faune et la flore.
- Par exemple la pollution des mers par les plastiques a été multipliée par dix depuis 1980, affectant 86 % des tortues marines.

Les espèces exotiques envahissantes

- Introduites avec l'accroissement des échanges commerciaux, l'espèce envahissante entre en concurrence avec les espèces locales et perturbent les écosystèmes.
- La présence d'espèces exotiques s'est accrue de 40 % depuis 1980.
- Par exemple, le frelon asiatique présent depuis une dizaine d'années en France affecte durablement les abeilles et les ruches.

▶ Ces principales causes de la dégradation de la biodiversité viennent aussi de l'augmentation de la population mondiale et de ses besoins : augmentation de la consommation.

3 Les activités humaines positives

Le maintien de conditions favorables à notre vie dépend de notre capacité à préserver la biodiversité et les écosystèmes. Pour cela, il est possible de protéger des espèces et/ou des écosystèmes :

- en **limitant la destruction des habitats** (lutter contre la déforestation, l'urbanisation, l'agriculture intensive…) et protégeant certaines espèces ;
- en **favorisant la connectivité** entre les zones naturelles (les écoponts et les écoducs permettent aux animaux de traverser les routes dangereuses) ;
- en **limitant notre production de gaz à effet de serre** (éoliennes, panneaux solaires…) ;
- en **limitant l'utilisation de ressources** (recyclage accru, baisse des besoins…) ;
- mais aussi en **éduquant la population** mondiale à ces enjeux : tri des déchets, antigaspillage (eau, énergie), choix de produits plus respectueux de l'environnement…

Je révise

Parmi les propositions suivantes, choisissez la (ou les) bonne(s) réponse(s)

1 Quel est l'impact des changements climatiques sur la biodiversité ?

A. Cela a peu d'impact.
B. Des espèces se déplacent.
C. Le nombre d'espèces décline.
D. Des espèces mutent.

2 Les effets de la déforestation sont :

A. l'augmentation locale de la biodiversité grâce à l'agriculture.
B. la destruction d'habitats naturels.
C. la fragmentation d'habitats.
D. la diminution de la biodiversité locale.

3 Quelles sont les conséquences principales du commerce mondialisé ?

A. Les pollutions.
B. Le changement d'occupation des sols.
C. La surexploitation d'organismes.
D. Le changement climatique.

4 Quelles solutions peut-on mettre en place pour protéger les écosystèmes ?

A. Limiter notre utilisation de ressources naturelles.
B. Lutter contre le réchauffement climatique.
C. Éduquer les populations.
D. Limiter la destruction des habitats.

Réponses : 1. B et C ; **2.** B, C et D ; **3.** A, B, C et D ; **4.** A, B, C et D.

LE CORPS HUMAIN ET LA SANTÉ

- ✓ Système digestif / circulatoire / nerveux
- ✓ Reproduction humaine / Microorganismes et santé
- ✓ Produire et conserver les aliments

NOTES

La digestion des aliments

Je retiens

1 Les étapes de la digestion

▶ La digestion est la transformation, dans le tube digestif, des aliments en **nutriments** assimilables par l'organisme, par des **actions mécaniques et chimiques** (grâce aux **enzymes** des **sucs digestifs**). Les résidus non digestibles sont évacués par l'anus, sous forme de **selles**.

▶ Une **enzyme** est une molécule qui accélère une réaction chimique de transformation d'un **substrat** en **produit(s)**.

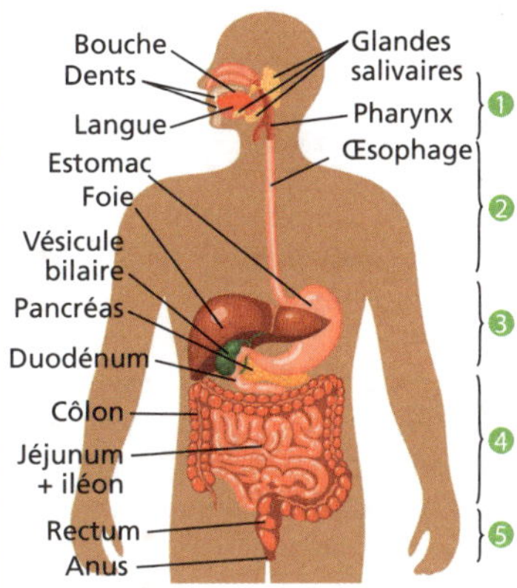

Schéma du tube digestif (+ glandes annexes)

▶ La digestion débute dans la bouche et peut être décomposée en cinq étapes :

Étape	Localisation	Action mécanique	Aspect du transit	Action chimique	
1	Bouche pH 7	Mastication par les dents + ramollissement par la salive	Bouillie grossière et pâteuse	Salive	Amylase salivaire : amidon→maltose + glucose
2	Œsophage pH 5-7	Contractions	Boulettes de la bouillie		
3	Estomac pH 2-4	Brassage	Chyme (liquide formé d'une suspension de fibres et de particules)	Salive (quelques minutes) Suc gastrique	Pepsine : protéines→polypeptides Lipase gastrique : lipides→triglycérides →acides gras HCl : dénaturation des protéines et scission des glucides
4	Intestin grêle – ❶ Duodénum pH 4-5	Contractions	Lors de l'ouverture du pylore de l'estomac, le chyme est déversé. Chyle (liquide homogène contenant peu de particules visibles)	Bile Suc pancréatique	Bile : émulsification des lipides Lipases pancréatique et intestinale : lipides →triglycérides→acides gras + glycérol… Trypsine pancréatique : protéines→polypeptides Peptidase intestinale : polypeptides→acides aminés Amylase intestinale : amidon→maltose Maltase + saccharase + lactase intestinales : maltose→glucose saccharose → fructose + glucose lactose → galactose + glucose
	Intestin grêle – ❷ Jéjunum et ❸ Iléon pH 5-8	Brassage et contractions		Bile Suc pancréatique + suc intestinal	
5	Côlon	Contractions + compaction des résidus non digérés	Résidus progressivement compactés et déshydratés	**Microbiote intestinal** : fermentations	

Simplification moléculaire ↓

POUR INFO !

Une intolérance alimentaire peut être liée à un dysfonctionnement enzymatique (comme la lactase pour le lactose).

2 L'absorption intestinale des nutriments

▶ Après simplification moléculaire, l'**absorption** des nutriments se fait à travers la paroi de l'intestin grêle, **fine** et **richement vascularisée** (capillaires sanguins et lymphatiques), tapissée de **villosités** et de **microvillosités** qui augmentent cette surface d'échanges (environ 250 m^2 chez l'adulte).

▶ Les nutriments passent dans le **sang** (sucres simples, acides gras courts, glycérol, acides aminés) ou la **lymphe** (acides gras longs, triglycérides) ou les deux (vitamines, sels minéraux, eau).

▶ L'eau est aussi absorbée le long du côlon.

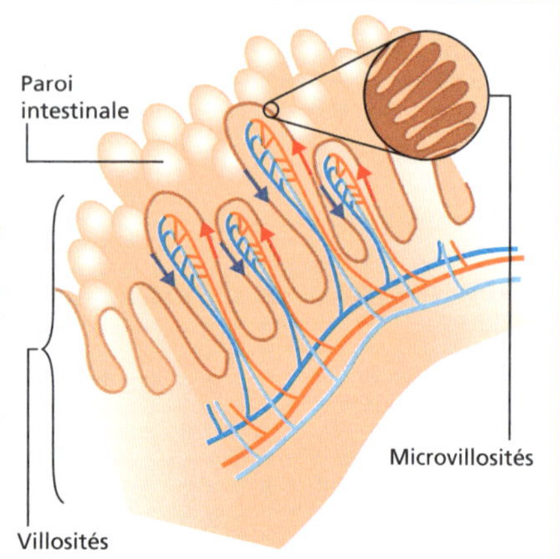

Schéma de l'intestin grêle en coupe

Je révise

Parmi les propositions suivantes, choisissez la (ou les) bonne(s) réponse(s)

1 La digestion est un processus :
A. mécanique seulement.
B. chimique seulement.
C. mécanique et chimique.

2 La digestion est la transformation :
A. des nutriments en aliments.
B. des aliments en nutriments.
C. des nutriments en selles.

3 Les enzymes digestives :
A. sont indispensables à la digestion.
B. interviennent au niveau du côlon.
C. interviennent mécaniquement dans la digestion.

4 La paroi de l'intestin grêle est :
A. une surface d'échanges.
B. tapissée de villosités.
C. faiblement vascularisée.

Réponses : 1. C ; 2. B ; 3. A ; 4. A et B.

Le devenir des nutriments : production d'énergie, assimilation et stockage

Fiche 23

Je retiens

Par **absorption intestinale**, les nutriments, passant dans le sang et/ou la lymphe, sont transportés, par les circulations sanguine et/ou lymphatique, jusqu'aux cellules où ils sont utilisés pour **produire de l'énergie**, **assimilés** ou **stockés**.

1 La production d'énergie

▶ Les **sucres simples** (1 g ≈ 4 kcal), les **acides gras** (1 g ≈ 9 kcal) et exceptionnellement les **acides aminés** (1 g ≈ 4 kcal) sont utilisés dans la production d'énergie.

▶ Une **calorie** (cal) est la quantité d'énergie nécessaire pour élever de 1 °C la température de 1 g d'eau pour une pression de 1 atm (1 cal = 4,185 joules).

▶ L'énergie est produite selon deux modalités :

Production anaérobie (sans O_2)	Glucose	Fermentation lactique	• Rapide • Faible rendement 2 %	Glucose → acide lactique + énergie
Production aérobie (avec O_2)	• Glucose • Acides gras	Respiration (oxydation)	Fort rendement 40 %	Glucose + O_2 → CO_2 + H_2O + énergie (acide gras)

POUR INFO !

Lors d'un effort, la production anaérobie d'énergie se met en place rapidement ; puis la production aérobie prend le relais, après environ 2 minutes d'effort continu par oxydation du glucose, puis après 10 à 20 minutes par oxydation des acides gras.

2 L'assimilation

▶ Le renouvellement des structures et des composés cellulaires se fait selon deux phases utilisant des nutriments :

- le **catabolisme** correspond aux réactions chimiques de destruction et d'élimination des anciens éléments, produisant de l'énergie ;
- l'**anabolisme**, qui nécessite de l'énergie, représente les réactions chimiques de fabrication, à partir de molécules simples, des nouveaux éléments, ce qui conduit à l'assimilation des nutriments intégrés dans ces nouveaux composés.

▶ L'assimilation contribue à la **croissance**, au **fonctionnement**, à l'**entretien cellulaires** et à la **production de nouvelles cellules**.

③ Le stockage

▶ Les acides aminés ne sont pas stockés, ils sont donc soit utilisés pour fabriquer des protéines (anabolisme), soit convertis en glucose ou en acides gras, soit éliminés.
▶ Le glucose est stocké dans le foie et les muscles sous forme de **glycogène**. Quand la **glycémie** (taux de glucose sanguin) est inférieure à 1 g/L (valeur consigne), le foie est le seul organe capable de restituer du glucose au sang.
▶ Les acides gras sont stockés sous forme de triglycérides dans le **tissu adipeux**.
▶ Le fer est stocké dans le foie.
▶ Les vitamines liposolubles (A, D, E et K) sont stockées dans le tissu adipeux, les autres, sauf certaines vitamines B, sont éliminées lorsqu'elles sont en surplus (risque de toxicité).
▶ Le calcium et le magnésium sont stockés dans le **tissu osseux**.

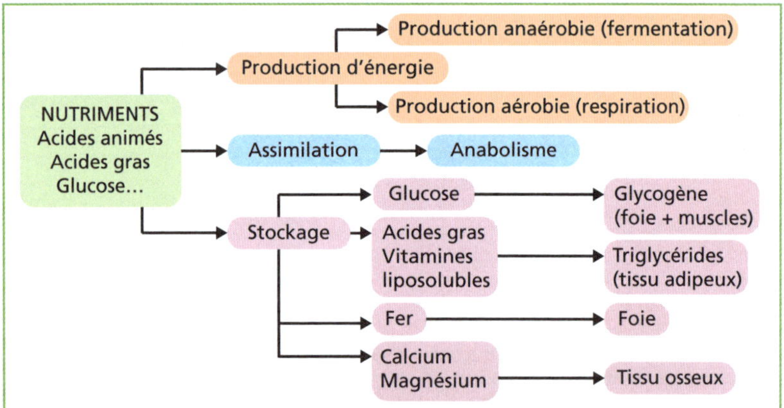

Schéma du devenir des nutriments

Je révise

Parmi les propositions suivantes, choisissez la (ou les) bonne(s) réponse(s)

① Les nutriments peuvent être :
A. utilisés pour produire de l'énergie.
B. stockés.
C. assimilés.

② La production d'énergie à partir des nutriments :
A. nécessite toujours du O_2.
B. produit toujours du CO_2.
C. utilise du glucose.

③ La fabrication, à partir de molécules simples, des nouveaux éléments est :
A. le catabolisme.
B. l'anabolisme.
C. l'absorption.

④ Le glucose est stocké sous forme de glycogène dans :
A. le tissu adipeux.
B. le foie.
C. le muscle.

Réponses : 1. A, B et C ; **2.** C ; **3.** B ; **4.** B et C.

La santé et l'équilibre nutritionnel

Je retiens

1 La santé et la nutrition

▶ La **santé** est « *un état de complet bien-être physique, mental et social et ne consiste pas seulement en une absence de maladie ou d'infirmité* » (Organisation mondial de la santé, OMS).

▶ La **nutrition** intègre l'alimentation et ses déterminants psychologiques mais aussi l'activité physique qui conditionne les dépenses énergétiques. Son déséquilibre est impliqué dans l'apparition et le développement de la plupart des maladies chroniques les plus fréquentes (cancers, maladies cardiovasculaires, obésité, diabète de type 2…).

▶ Une alimentation suffisante, équilibrée et diversifiée est indispensable à la croissance, au maintien de l'immunité, à la fertilité, à un vieillissement réussi.

POUR INFO !

Le Programme national nutrition santé (PNNS) propose depuis 2001 des recommandations nutritionnelles, assorties de repères, pour prévenir l'apparition de certaines maladies et promouvoir la santé publique.

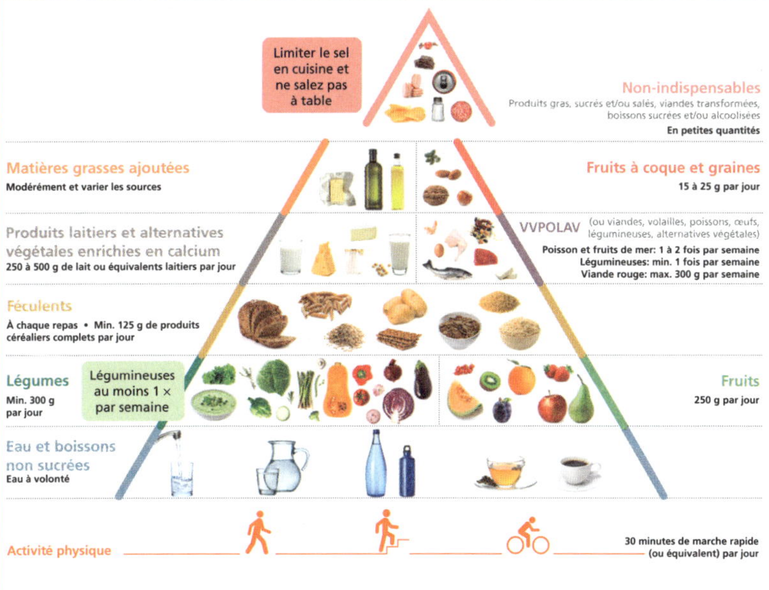

Pyramide alimentaire « décapitée »/quantités pour un adulte/(Food in action 2022)

2 Des besoins qualitatifs et quantitatifs

▶ Les **nutriments** permettent de produire de l'énergie, de construire et renouveler des constituants cellulaires (assimilation), de constituer des réserves et de maintenir les équilibres chimiques de notre corps.

▶ Chaque personne a des **besoins différents** selon son sexe, son âge, son état physiologique, sa morphologie, son patrimoine génétique et son activité physique. Les enfants (en croissance), les femmes enceintes ou allaitantes, les athlètes ont un **anabolisme élevé**.

▶ Certains nutriments (vitamines, acides gras, acides aminés, oligoéléments…) dits **essentiels ne sont pas synthétisables par l'organisme**. Ils doivent donc être apportés par une alimentation diversifiée, car aucun aliment ne couvre seul la totalité des besoins.

▶ Selon l'OMS, la **malnutrition** comprend la dénutrition (émaciation, retard de croissance, insuffisance pondérale), les carences en vitamines ou en minéraux, le surpoids, l'obésité et les maladies non transmissibles liées à l'alimentation.

3 La balance énergétique

▶ La **balance énergétique** correspond aux apports énergétiques de l'alimentation, auxquels on soustrait les dépenses énergétiques (**métabolisme de base** lié au fonctionnement des organes au repos + **thermogenèse**) et le travail musculaire lors des activités physiques.

▶ L'**équilibre** est atteint lorsque les apports compensent les dépenses énergétiques.

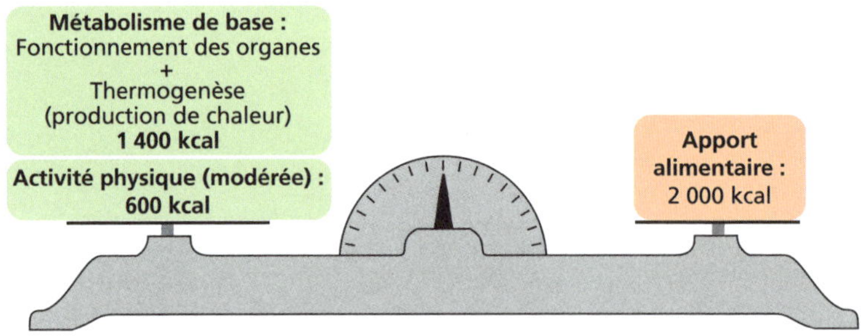

L'équilibre entre dépenses et apports énergétiques chez l'homme adulte

Je révise

Parmi les propositions suivantes, choisissez la (ou les) bonne(s) réponse(s)

1 La nutrition englobe :
A. l'alimentation.
B. l'activité physique.
C. des déterminants psychologiques.

2 Un déséquilibre de la nutrition peut favoriser :
A. la santé.
B. certaines maladies chroniques.
C. la fertilité.

3 La balance énergétique est équilibrée quand :
A. dépenses > apports.
B. dépenses < apports.
C. dépenses = apports.

4 Les besoins varient selon :
A. le sexe.
B. l'âge.
C. l'activité physique.

Réponses : 1. A, B et C ; 2. B ; 3. C ; 4. A, B et C.

L'organisation du système circulatoire

Je retiens

1 Système circulatoire = système cardiovasculaire + système lymphatique

▶ Le **système cardiovasculaire** (cœur + vaisseaux sanguins) assure la circulation du **sang**, un tissu liquide (plasma + cellules sanguines (globules blancs et rouges) + plaquettes), qui transporte les nutriments, hormones, anticorps, gaz respiratoires et déchets métaboliques.

▶ Une **artère** conduit le sang du cœur vers les organes ; une **veine**, des organes vers le cœur.

▶ Les échanges (gaz, nutriments…) entre le sang et l'organe s'effectuent au niveau des **capillaires**, de très petit diamètre, formant un réseau reliant artériole et veinule.

▶ Le **système lymphatique** (ganglions + vaisseaux lymphatiques) draine la **lymphe**, un liquide proche du plasma, qui :
- transporte une partie des nutriments (en particulier les lipides), des hormones ;
- contribue à l'élimination de certains déchets ;
- permet la circulation des globules blancs, dont les lymphocytes, essentiels dans les défenses immunitaires.

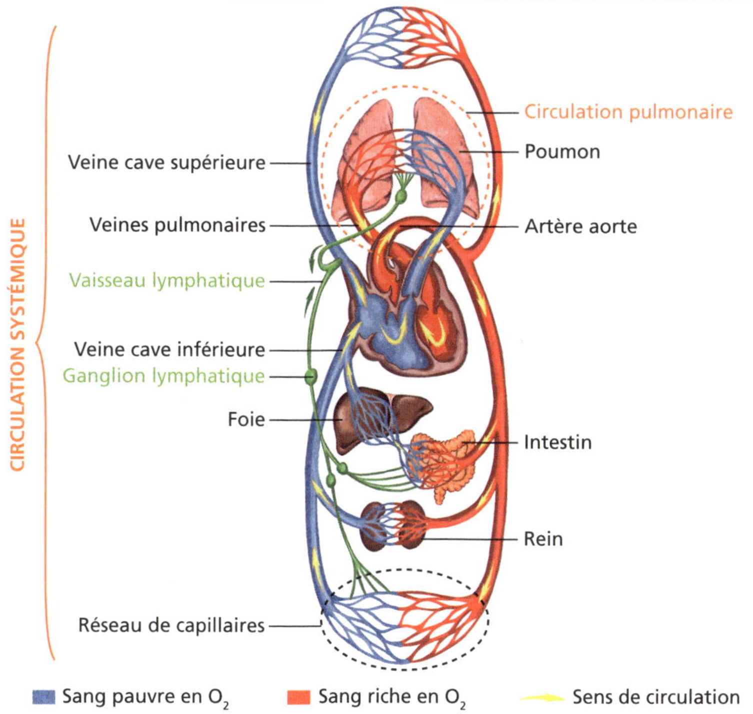

Schéma du système circulatoire

POUR INFO !

- Un gonflement des ganglions lymphatiques est souvent le signe d'une infection.
- Certains comportements (alimentation, tabagisme, faible activité physique, sédentarité, alcool excessif, stress, sommeil...) contribuent à augmenter le risque de maladies cardio-(neuro)vasculaires.

2 La double circulation du sang

Deux circuits, placés en série, forment un système clos :

▶ La **circulation pulmonaire**, ou **petite circulation**, amène le **sang** pauvre en O_2/riche en CO_2 via l'artère pulmonaire, au contact des alvéoles pulmonaires pour le réoxygéner et éliminer le CO_2, puis le ramène au cœur via les veines pulmonaires.

▶ La **circulation systémique**, ou **grande circulation**, transporte le **sang** riche en O_2/pauvre en CO_2 du cœur, via l'aorte, jusqu'aux organes (prélèvement de O_2 et nutriments + rejet de CO_2). Le sang retourne au cœur par l'intermédiaire des veines caves.

▶ L'absorption des nutriments par le sang se fait au niveau des réseaux capillaires de l'intestin.

▶ La disposition des organes est **en parallèle** (sauf pour l'intestin et le foie placés en série), ainsi :

- tous les organes reçoivent du sang oxygéné provenant directement du cœur ;
- le débit sanguin reçu par chaque organe peut varier selon ses besoins et sa fonction.

Je révise

Parmi les propositions suivantes, choisissez la (ou les) bonne(s) réponse(s)

1 Le système circulatoire est composé :
A. du système cardiovasculaire seulement.
B. du système lymphatique seulement.
C. des systèmes cardiovasculaire et lymphatique.

2 Le sang partant du cœur via l'aorte est :
A. riche en CO_2, pauvre en O_2.
B. riche en O_2, pauvre en CO_2.
C. riche en O_2 et en CO_2.

3 La lymphe joue un rôle :
A. dans les défenses immunitaires.
B. dans l'élimination des déchets.
C. dans le transport des nutriments.

4 Le risque de maladies cardiovasculaires peut augmenter par :
A. une alimentation équilibrée.
B. une faible activité physique.
C. le tabagisme.

Réponses : 1. C ; 2. B ; 3. A, B et C ; 4. B et C.

La structure et le fonctionnement du cœur

Fiche 26

Je retiens

1 L'organisation du cœur

▶ Le cœur humain est un muscle creux (**myocarde**), en moyenne (chez l'adulte) long de 13 cm, large de 8 cm, pesant moins de 500 g, constitué de quatre cavités (deux **atriums** anciennement « oreillettes » + deux **ventricules**) et de **valves** (qui permettent au sang de circuler dans un seul sens, empêchant son reflux).

▶ Les parties droite et gauche du cœur sont séparées, au niveau des ventricules, par une paroi, le **septum**, et ne communiquent pas (sauf pendant la vie fœtale, par la présence, entre les deux atriums, du foramen ovale, qui se referme après la naissance).

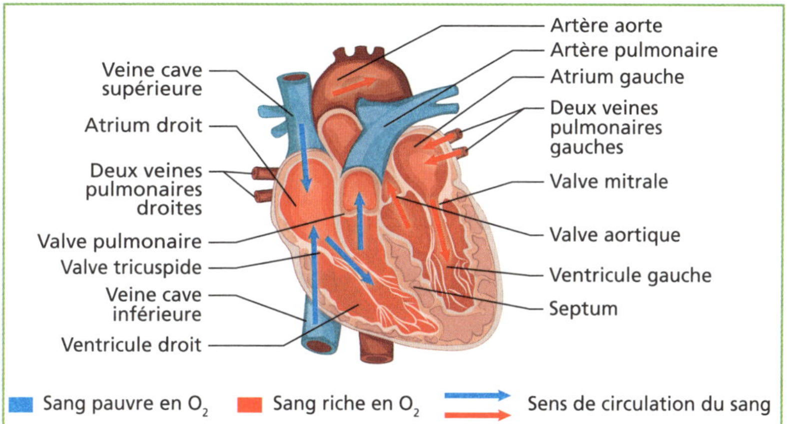

Schéma du cœur (vue en coupe longitudinale)

2 Le cycle cardiaque

▶ Les **contractions rythmiques et automatiques** du cœur (70 bat/min environ au repos) assurent la **circulation sanguine**, en pompant le sang provenant des veines (caves et pulmonaires) et en le propulsant dans les artères (aorte et pulmonaire), avec un débit d'environ 5 L de sang/min (au repos).

▶ Le **cycle** (ou révolution) **cardiaque** se décompose en deux périodes sur une durée de 0,8 s en moyenne :
- la **diastole** (0,5 s) pendant laquelle le cœur se relâche et se remplit de sang ;
- la **systole** (0,3 s) pendant laquelle le cœur se contracte et éjecte le sang dans les artères. La systole se décompose en deux phases : la **systole atriale** et la **systole ventriculaire**.

▶ Chaque battement cardiaque est perceptible par palpation au niveau d'une artère (pouls) et s'accompagne de deux **bruits**. Le premier bruit, assez fort et marqué, correspond à la fermeture des valves mitrale et tricuspide qui séparent les atriums et les ventricules, au début de la contraction ventriculaire. Le second bruit, moins fort et plus sec, est produit par la fermeture des valves pulmonaire et aortique au début de la diastole générale.

LE CORPS HUMAIN ET LA SANTÉ

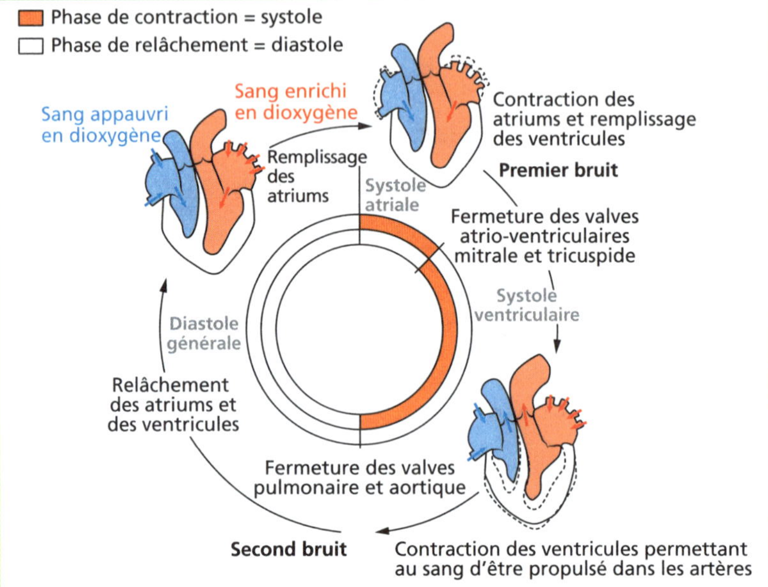

Schéma du cycle cardiaque

POUR INFO !

- Le cœur est vascularisé par les artères coronaires dont l'obstruction peut conduire à l'infarctus du myocarde.
- En 1 minute environ, la totalité du volume sanguin du corps est pompée par le cœur.

Je révise

Parmi les propositions suivantes, choisissez la (ou les) bonne(s) réponse(s)

1 Les contractions du cœur sont :

A. volontaires et rythmiques.
B. automatiques et rythmiques.
C. automatiques et aléatoires.
D. volontaires et aléatoires.

2 Le cœur est constitué de :

A. 2 cavités : atrium et ventricule.
B. 4 cavités : 2 atriums et 2 ventricules.
C. 4 cavités : atrium, ventricule, artère et veine.
D. 6 cavités : 3 atriums et 3 ventricules.

3 Au repos, le cœur bat en moyenne :

A. 4 200 fois par heure.
B. 70 fois par seconde.
C. 4 200 fois par jour.
D. 70 fois par minute.

4 Les valves du cœur :

A. permettent le reflux du sang.
B. empêchent le reflux du sang.
C. s'ouvrent et se ferment en même temps.
D. se situent entre les atriums (ou « oreillettes ») et les ventricules et à l'entrée des artères.

Réponses : 1. B ; 2. B ; 3. A et D ; 4. B et D.

La ventilation pulmonaire et l'approvisionnement en O_2

Je retiens

1 Le mécanisme

▶ La **ventilation pulmonaire** est le phénomène mécanique de renouvellement de l'air dans les poumons sous l'action des **muscles respiratoires** (diaphragme + muscles intercostaux).
▶ Lors d'un **cycle ventilatoire** (inspiration + expiration), l'air est partiellement renouvelé dans les poumons.
▶ Les poumons sont attachés par les **plèvres** à la **cage thoracique**, dont les variations de volume permettent de faire entrer/sortir l'air des poumons.

Volume d'air pulmonaire environ **3 L** (au repos)

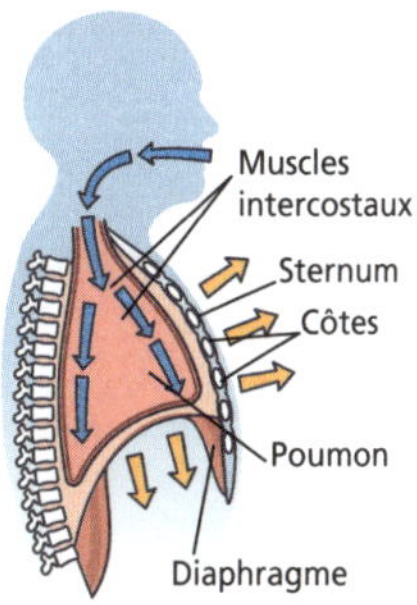

Contraction du diaphragme (abaissement du diaphragme)
+
Contraction des muscles intercostaux (soulèvement des côtes)
↗ **volume de la cage thoracique** (créant un « appel d'air »)
L'air entre dans les poumons.

En inspiration

Volume d'air pulmonaire environ **2,5 L** (au repos)

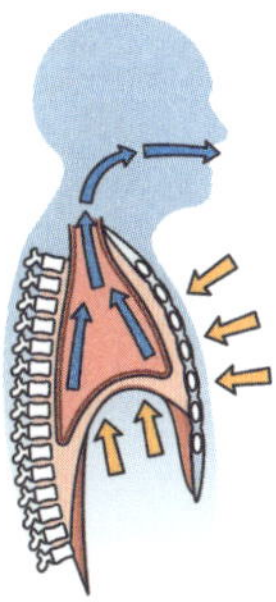

Relâchement du diaphragme (remontée du diaphragme)
+
Relâchement des muscles intercostaux (abaissement des côtes)
↘ **volume de la cage thoracique**
L'air sort des poumons.

En expiration

POUR INFO !

La crise d'asthme est un épisode de gêne respiratoire sifflante avec inflammation des bronches, contraction des muscles péri-bronchiques et sécrétion accrue de mucus, déclenchée, selon les cas, par allergènes, tabac, stress, anxiété, activité physique, substances polluantes ou irritantes…

2 Les mesures

▶ Le **débit ventilatoire (DV)** s'exprime en litres par minute (L/min), c'est la quantité d'air échangé par les poumons par unité de temps :

DV = VC × FV

VC : volume courant, volume d'air circulant – inspiré ou expiré – à chaque cycle ventilatoire (L)
FV : fréquence ventilatoire, nombre de cycles ventilatoires par unité de temps (min)

▶ Pendant et selon l'intensité de l'effort, le prélèvement et la fixation du O_2 sur l'**hémoglobine** des **hématies** augmentent, par :
- une augmentation du DV : d'environ 6-8 L/min (au repos) à 80-150 L/min, voire 250 L/min (athlètes de très haut niveau) ;

- une augmentation du débit sanguin local par vasodilatation de nombreux capillaires pulmonaires

▶ **Le débit maximal de prélèvement de O_2 ou VO_2 max** (mL de O_2/min/kg), mesuré lors d'un test d'effort, est un indicateur de performance sportive qui varie selon l'héritage génétique, le sexe, l'entraînement sportif, l'âge…

3 Les échanges gazeux entre l'air et le sang

▶ Dans une **alvéole** (environ 300 millions/poumon), le O_2 passe de l'air vers le sang et le CO_2 du sang vers l'air à travers une surface d'échanges fine (< 1 µm ou < 0,001 mm d'épaisseur) et étendue (entre 70 et 80 m^2 pour les deux poumons), formée par la **paroi alvéolaire** et la **paroi du capillaire sanguin**.

▶ L'**air inspiré** contient 0,03 % de CO_2 et 21 % de O_2 et l'**air expiré** 4 à 5 % de CO_2 et 16 % de O_2.

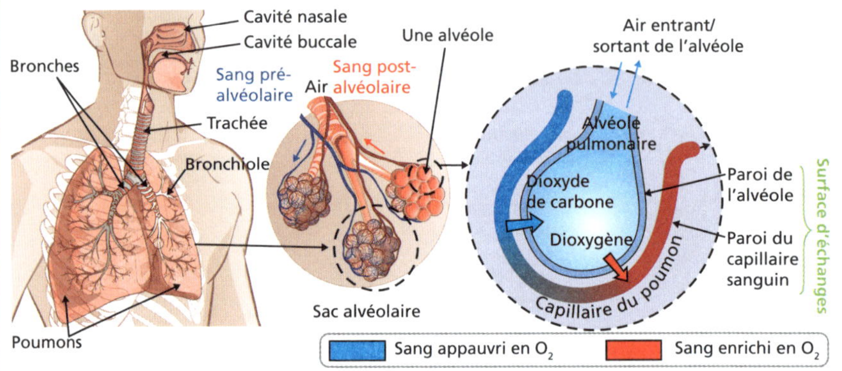

Représentation des échanges gazeux

Je révise

Parmi les propositions suivantes, choisissez la (ou les) bonne(s) réponse(s)

1 Lors de l'inspiration, le diaphragme :
A. est contracté.
B. est relâché.
C. remonte.
D. s'abaisse.

2 Le VO_2 max :
A. se mesure au repos.
B. est un indicateur de performance.
C. peut augmenter avec l'entraînement.
D. dépend seulement de l'âge.

3 Au repos, le volume courant est d'environ :
A. 3 L.
B. 2,5 L.
C. 1 L.
D. 0,5 L.

4 L'air expiré contient environ :
A. 21 % de O_2.
B. 4 à 5 % de CO_2.
C. 16 % de O_2.
D. 0,03 % de CO_2.

Réponses : 1. A et D ; **2.** B et C ; **3.** D ; **4.** B et C.

L'adaptation physiologique à l'effort

Je retiens

1 L'adaptation physiologique à court terme

▶ Au cours d'un **effort physique**, l'activité musculaire augmente. Les muscles ont alors besoin de davantage d'**énergie** pour fonctionner.

▶ Pour accroître l'approvisionnement des muscles en **glucose** et **O_2**, nécessaires à la **respiration cellulaire**, les rythmes cardiaque et ventilatoire (ou respiratoire) s'accélèrent, augmentant ainsi les **débits cardiaque et ventilatoire**.

▶ Au niveau des organes, le débit sanguin reste constant pour le cerveau, augmente pour les muscles, la peau, le cœur, mais diminue pour les organes non sollicités (intestins, reins).

▶ Les **variations locales du débit sanguin**, possibles grâce à la disposition **en parallèle** des organes dans le système cardiocirculatoire, sont produites par :

- **vasodilatation** (augmentation du diamètre) et **vasoconstriction** (diminution du diamètre) des artérioles ;
- **ouverture/fermeture** des **sphincters** (muscles lisses en forme d'anneau) précapillaires.

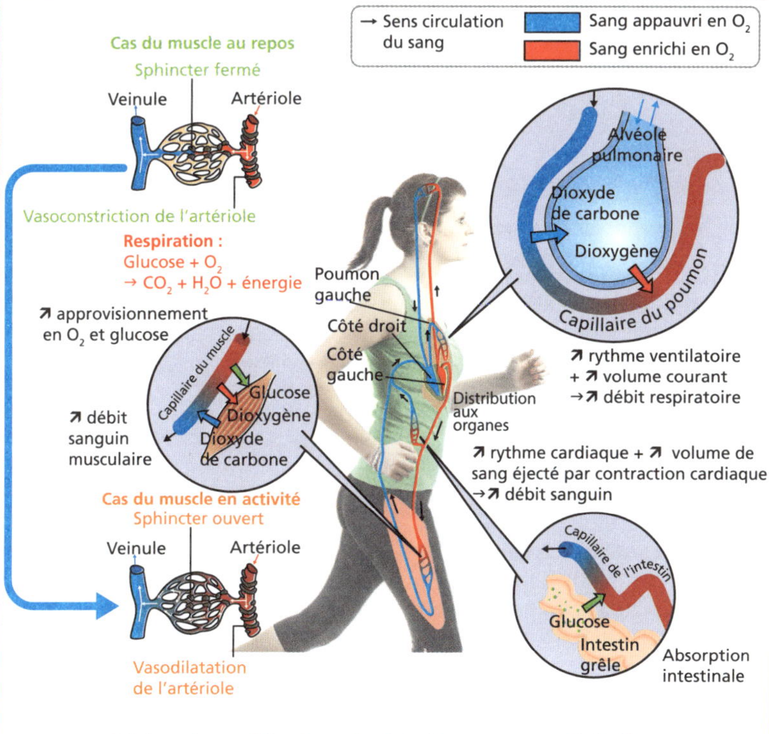

Schéma de modifications physiologiques au cours de l'effort

2 L'adaptation physiologique à long terme

▶ Avec la pratique régulière d'une activité sportive, des modifications durables apparaissent progressivement et selon la pratique choisie.

- **Le myocarde se développe** (augmentation de sa taille, de la puissance de contraction, du volume de sang éjecté par contraction) : **au repos, la fréquence cardiaque diminue** (50 à 60, parfois < 40 bat/min) ; à l'effort, **le débit sanguin augmente beaucoup plus**.
- **Les muscles sollicités s'enrichissent en capillaires**, ainsi que les **poumons**, le **cœur** et la **peau**.

▶ L'activité physique régulière **diminue les risques** de mortalité liés aux maladies cardiovasculaires, en favorisant la diminution de la pression artérielle et en prévenant l'apparition de dépôts de graisses dans les vaisseaux sanguins.

POUR INFO !

- Au cours d'un effort, les artérioles se dilatent au niveau de la peau qui régule la température du corps par la sudation.
- La hausse de la fréquence cardiaque s'accompagne d'une augmentation de la puissance de contraction et du volume de sang éjecté à chaque contraction. Le débit cardiaque peut être multiplié par 4 à 6, passant de 5 à 22 L/min (personne peu entraînée) ou 36 L/min (sportif de haut niveau).

Je révise

Parmi les propositions suivantes, choisissez la (ou les) bonne(s) réponse(s)

1 Au cours d'un effort physique, les besoins énergétiques des muscles :

A. sont constants.
B. augmentent.
C. diminuent.
D. varient tout le temps.

2 Au cours d'un effort physique :

A. le débit cardiaque augmente.
B. le débit cardiaque diminue.
C. le débit ventilatoire augmente.
D. le débit ventilatoire diminue.

3 L'énergie nécessaire au fonctionnement d'un organe est fournie par :

A. la sudation.
B. la vasodilatation.
C. la contraction.
D. la respiration.

4 La pratique régulière d'une activité physique peut augmenter :

A. les risques de mortalité liés aux maladies cardiovasculaires.
B. le nombre de capillaires des muscles sollicités.
C. la taille du myocarde.
D. la fréquence cardiaque au repos.

Réponses : 1. B ; 2. A et C ; 3. D ; 4. B et C.

La commande volontaire et la commande réflexe

Je retiens

1 Le fonctionnement du système nerveux

▶ Le **système nerveux** est un réseau de cellules nerveuses (neurones).

▶ L'**encéphale** et la **moelle épinière** sont des centres nerveux intégrateurs : ils reçoivent des messages sensoriels, traitent des informations et élaborent des réponses.

▶ Les centres nerveux sont mis en relation avec les organes et les muscles par les **nerfs rachidiens**.

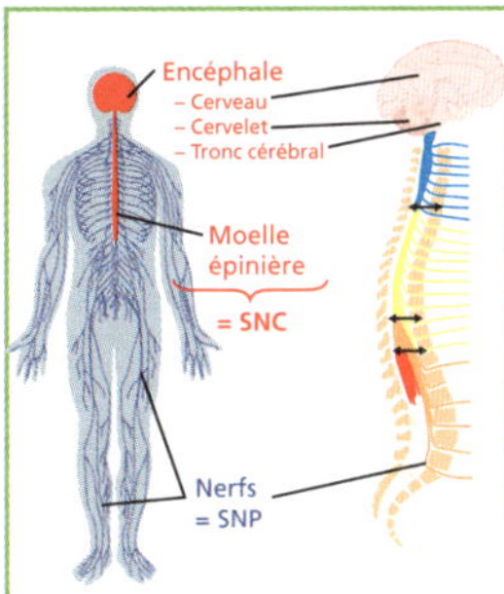

Zones innervées	Principales fonctions	
Tête et cou, Diaphragme, Bras, Poignet, Main	Respiration, Mouvements de la tête et des bras	Segment cervical
Pectoraux, Abdominaux, Tronc	Stabilité du tronc	Segment thoracique
Jambes	Locomotion	Segment lombaire
Intestins, Vessie, Aires génitales	Fonction d'élimination et fonctions sexuelles	Segment sacré

SNC = Système Nerveux Central = encéphale (cerveau + cervelet + tronc cérébral) + moelle épinière
SNP = Système Nerveux Périphérique (ensemble des nerfs)
Rachis = colonne vertébrale.

Organisation du système nerveux

▶ Ces nerfs transportent des messages nerveux, de nature électrique : ① des **messages sensoriels**, en réponse à des stimulus variés détectés par des récepteurs sensoriels, et ② des **messages moteurs**, produits par les centres nerveux.

POUR INFO !

Une lésion de la moelle épinière peut entraîner une paralysie de la zone du corps innervée.

2 La commande volontaire

▶ Les **aires motrices (AM)** sont des zones du cortex cérébral dont l'activité est liée à l'exécution d'un mouvement volontaire.

▶ La cartographie des **aires motrices primaires (AMP)**, qui commandent directement les mouvements, montre que chaque partie du corps est associée à une zone définie du cortex. Une motricité fine (main, bouche…) occupe une surface importante.

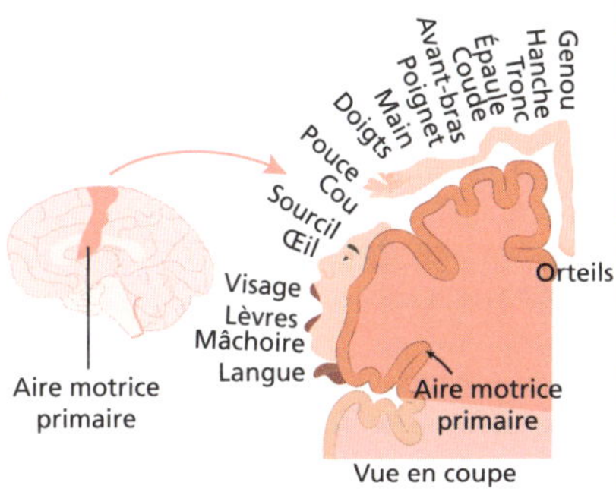

Carte motrice

▶ **La commande est controlatérale** : les aires motrices de la partie gauche du cortex contrôlent la partie droite du corps et inversement.

3 La commande réflexe

▶ Un **réflexe** est une réaction motrice rapide, involontaire, stéréotypée (qui conserve les mêmes caractéristiques) et d'intensité variable, en réponse à la perception d'un **stimulus** (modification d'un paramètre susceptible d'être détectée par un récepteur), comme le réflexe pupillaire avec la lumière.

▶ Le **réflexe myotatique**, un type de réflexe, concerne les muscles responsables de la mobilité du squelette et assure le maintien de la posture et l'équilibre du corps : en réponse à son propre étirement, un muscle réagit immédiatement en se contractant. Le circuit nerveux du réflexe passe par la moelle épinière, formant un **arc réflexe**.

▶ Le réflexe myotatique est un outil diagnostic souvent utilisé pour apprécier le fonctionnement du système neuromusculaire.

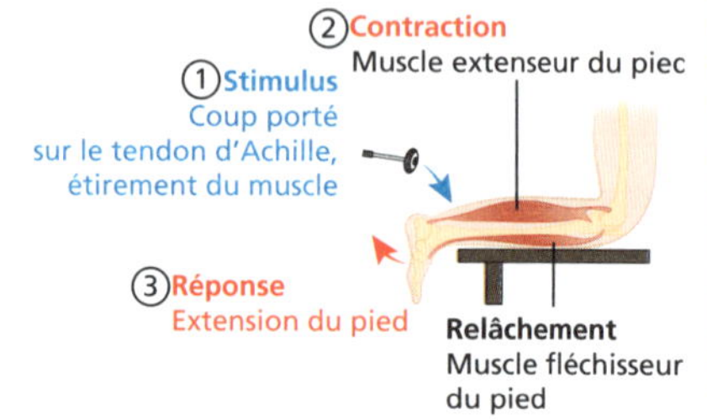

Test de réflexe achilléen

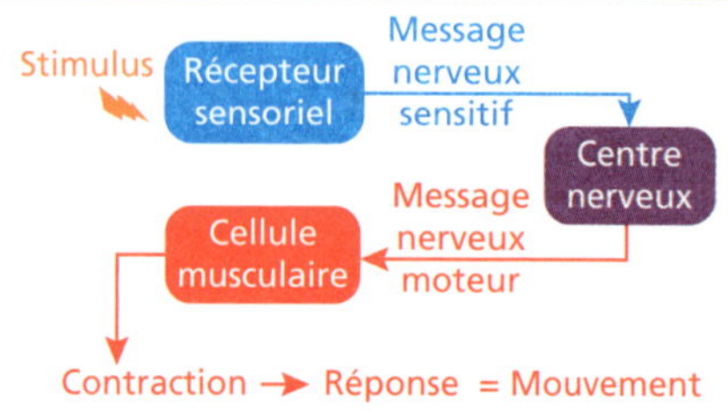

Schéma de l'arc réflexe achilléen

Je révise

Parmi les propositions suivantes, choisissez la (ou les) bonne(s) réponse(s)

1 Une lésion de la moelle épinière au niveau du segment lombaire peut provoquer une paralysie :

A. de la tête et du cou.
B. du tronc.
C. des jambes.
D. des bras.

2 Qu'est-ce qui est centre intégrateur ?

A. Le muscle.
B. L'encéphale.
C. Le nerf.
D. La moelle épinière.

3 La commande volontaire est controlatérale car le cortex moteur :

A. droit contrôle la partie gauche du corps.
B. droit contrôle la partie droite du corps.
C. gauche contrôle la partie gauche du corps.
D. gauche contrôle la partie droite du corps.

4 Le réflexe myotatique est un mouvement :

A. volontaire.
B. d'intensité variable.
C. lent.
D. involontaire.

Réponses : 1. C ; 2. B et D ; 3. A et D ; 4. B et D.

Le rôle intégrateur du cerveau

Fiche 30

Je retiens

1 L'organisation du cerveau

▶ Le **cerveau** est un organe complexe, constitué de neurones (86 à 100 milliards) et de cellules gliales.

▶ Les corps cellulaires des neurones se concentrent dans la **substance grise** du **cortex cérébral** (couche superficielle du cerveau, de 1 à 4,5 mm) et des centres nerveux profonds.

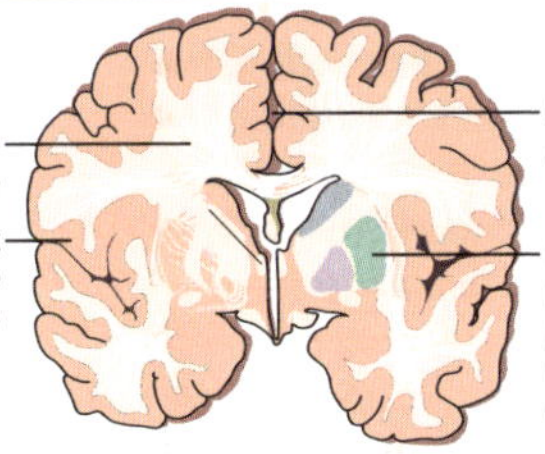

Coupe du cerveau

▶ Le cortex est organisé en couches de **neurones** dits pyramidaux. Les neurones sont responsables du traitement et de la propagation des messages nerveux.

▶ Les **cellules gliales** (astrocytes, oligodendrocytes, cellules de la microglie), plus nombreuses, sont essentielles au fonctionnement des neurones (protection, nutrition, défense immunitaire, maintien de l'activité).

POUR INFO !

La dégénérescence de neurones peut être à l'origine de maladies comme la maladie d'Alzheimer.

2 Les aires fonctionnelles cérébrales

▶ Les **récepteurs sensoriels** informent sur l'environnement et le milieu intérieur.

▶ Situés à la périphérie des neurones sensoriels, ou repartis dans un tissu (récepteurs de la peau, langue) ou groupés en organes sensoriels (œil, oreille), ils convertissent un stimulus physique ou chimique en un message nerveux sensoriel.

▶ Le cerveau joue un **rôle intégrateur** : il réceptionne les informations sensorielles, converties en sensations, les traite et élabore une réponse adaptée. Les aires fonctionnelles d'un hémisphère cérébral communiquent entre elles. Les deux hémisphères communiquent entre eux.

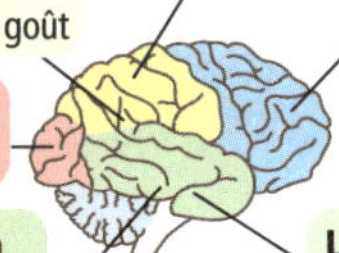

Fonctions des aires cérébrales

LE CORPS HUMAIN ET LA SANTÉ

❸ Les réseaux neuronaux

▶ Capables de générer, de transmettre et/ou de recevoir des informations sous forme d'influx nerveux, les neurones communiquent entre eux. La réponse d'un neurone dépend des messages qu'il reçoit et qu'il traite : c'est la **capacité d'intégration** du neurone, selon deux modalités : **sommation temporelle** (messages provenant successivement d'un même neurone) et **spatiale** (messages provenant simultanément de différents neurones).

▶ Un neurone reçoit des informations provenant d'autres neurones en contact synaptique avec ses **dendrites**.

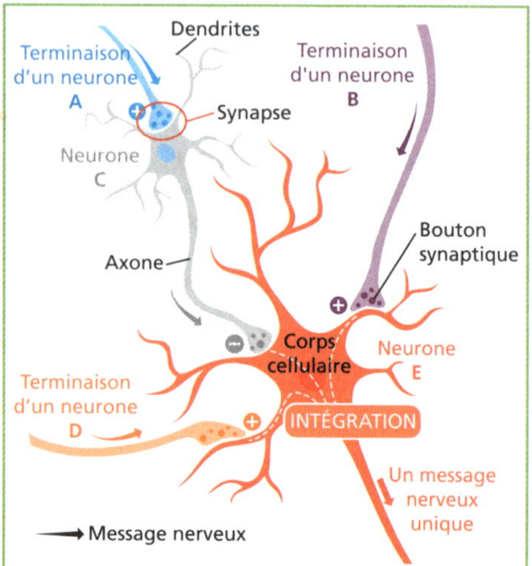

Intégration au niveau d'un neurone

▶ Après leur traitement au niveau du **corps cellulaire**, la réponse du neurone peut se traduire par l'émission d'un message nerveux unique qui emprunte l'**axone** jusqu'à une **terminaison axonale** dont l'extrémité, ou **bouton synaptique**, est au contact d'une dendrite d'un autre neurone.

▶ Cette zone de contact, appelée **synapse**, permet la transmission du message nerveux d'un neurone à l'autre.

▶ En fonction des expériences vécues par l'individu et ses apprentissages, le cerveau est capable de réorganiser ses connexions neuronales : c'est la **plasticité cérébrale**.

▶ L'apprentissage renforce les réseaux neuronaux, régulièrement sollicités.

Je révise

Parmi les propositions suivantes, choisissez la (ou les) bonne(s) réponse(s)

❶ Les cellules gliales assurent pour les neurones un rôle de :
A. maintien de l'activité.
B. défense immunitaire.
C. protection.
D. nutrition.

❷ L'intégration neuronale se fait au niveau :
A. de l'axone.
B. de la dendrite.
C. du corps cellulaire.
D. du bouton synaptique.

❸ Le lobe temporal de chaque hémisphère cérébral :
A. intègre des messages visuels.
B. contrôle des fonctions exécutives.
C. traite les odeurs.
D. est le siège des centres de l'audition.

❹ La substance grise du cerveau correspond :
A. au cortex.
B. à la substance blanche.
C. aux centres nerveux profonds.
D. aux corps cellulaires des neurones.

Réponses : 1. A, B, C et D ; 2. C ; 3. D ; 4. A, C et D.

Les comportements et les effets sur le système nerveux

Fiche 31

Je retiens

1 Les actions des substances exogènes

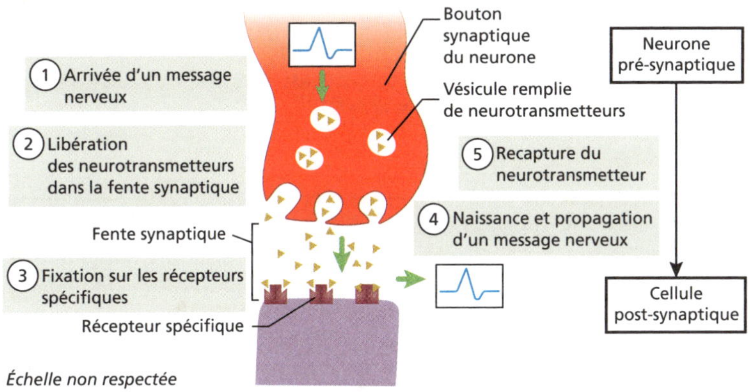

Fonctionnement d'une synapse

▶ Certaines **substances exogènes** (non produites par l'organisme) **neuro-actives** perturbent le fonctionnement de la **synapse**.

▶ Lorsque le message nerveux, de nature électrique, arrive à l'extrémité d'un neurone, il est transmis au suivant grâce à la libération de **neurotransmetteurs** (NT ; message chimique) qui se fixent sur des récepteurs spécifiques, ce qui engendre un message de nature électrique dans le neurone post-synaptique.

▶ La concentration de NT dans la fente synaptique est proportionnelle à l'amplitude du message nerveux.

▶ Une **drogue** est une substance psychotrope ou psychoactive qui perturbe le fonctionnement du cerveau (sensations, perceptions, humeurs, sentiments, motricité) et/ou qui modifie les états de conscience, selon trois modes d'action :

- en **imitant un NT**, elle se fixe sur ses récepteurs (morphine, nicotine, THC du cannabis) ;
- en **augmentant la quantité de NT** disponible dans la fente synaptique, elle exacerbe son action (cocaïne, ecstasy) ;
- en **bloquant un NT** (l'alcool bloque certains récepteurs).

POUR INFO !

Du fait de leurs conséquences délétères (maladies cardiovasculaires, cancers, accidents de la route, violence, troubles physiologiques et psychiques…), la lutte contre les addictions est un enjeu de santé publique.

② Le circuit de la récompense et les addictions

▶ L'**addiction** est une pathologie cérébrale caractérisée par une dépendance à une substance ou une activité, avec des conséquences néfastes.

▶ Le **circuit cérébral de la récompense** est un réseau de neurones, impliqué dans la sensation de plaisir, provoquée par la libération d'un neurotransmetteur, la dopamine, et qui s'active en situation de réussite ou lors d'une activité plaisante.

▶ En provoquant l'augmentation transitoire de la libération de dopamine, les drogues produisent des sensations de plaisir.

▶ Chez la personne dépendante, ce système est déréglé : l'absence de substance ou de stimulation crée un manque.

③ Les effets du sommeil

▶ Une nuit suffisante de sommeil compte au moins trois à cinq cycles (phase de sommeil lent + phase de sommeil paradoxal) de 90 minutes en moyenne.

▶ Le sommeil permet à l'organisme de récupérer, sur le plan physique ou mental, et joue un rôle dans la concentration, l'apprentissage, la mémorisation, l'orientation, la maturation cérébrale, la croissance.

▶ Une qualité/quantité insuffisante de sommeil accentue les risques d'irritabilité, de symptômes dépressifs, de prise de poids, d'hypertension, d'infection, de maladies cardiovasculaires...

▶ La lumière des écrans (téléphones, ordinateurs) a un effet stimulant sur le cerveau et freine l'endormissement rapide.

0-3 mois	4-11 mois	1-2 ans	3-5 ans	6-13 ans	14-17 ans	18-64 ans	65+ ans
14-17 h	12-15 h	11-14 h	10-13 h	9-11 h	8-10 h	7-9 h	7-8 h

Durée du sommeil recommandée selon l'âge

National Sleep Fondation 2015

Je révise

Parmi les propositions suivantes, choisissez la (ou les) bonne(s) réponse(s)

① Une qualité/quantité suffisante de sommeil :
A. diminue le risque d'obésité.
B. favorise la croissance chez l'enfant.
C. augmente le risque d'hypertension.
D. ne favorise pas la mémorisation.

② Une drogue :
A. diminue la libération de dopamine.
B. agit sur le circuit de la récompense.
C. augmente la libération de dopamine.
D. n'agit pas sur le circuit de la récompense.

③ La durée du sommeil recommandée entre 6 et 13 ans est de :
A. 7-9 h.
B. 8-10 h.
C. 9-11 h.
D. 10-13h.

④ Une drogue peut :
A. empêcher l'arrivée du message nerveux.
B. se fixer sur les récepteurs à la place du neurotransmetteur.
C. augmenter la quantité de neurotransmetteurs dans la fente synaptique.
D. bloquer un neurotransmetteur.

Réponses : 1. A et B ; 2. B et C ; 3. C ; 4. B, C et D.

La puberté

Je retiens

1 Définition

▶ Entre l'enfance et l'âge adulte, au cours de l'adolescence, la **puberté** est une période pendant laquelle les **organes sexuels se transforment** et atteignent progressivement leur maturité pour permettre la **reproduction**.
▶ La puberté est marquée par des **modifications morphologiques**, **physiologiques** et **comportementales**.

	Début de la puberté	Durée (en général)
Filles	Entre 8 et 14 ans, en moyenne vers 11 ans	4 ans
Garçons	Entre 9 et 14 ans, en moyenne vers 12 ans	6 ans

2 Les modifications morphologiques et physiologiques

▶ Pendant la puberté, les **caractères sexuels dits secondaires** apparaissent progressivement, accompagnés d'une croissance rapide et d'une modification de la morphologie générale.
▶ Les corps des filles et des garçons évoluent selon des rythmes différents.
▶ La puberté démarre quand l'**hypophyse**, contrôlée par l'**hypothalamus** (glandes situées dans le cerveau), se met à produire des gonadostimulines, **hormones** stimulant les **gonades** (**ovaires/testicules**).
▶ Stimulées, les gonades commencent alors à sécréter des hormones sexuelles (**œstrogène + progestérone** chez les filles/**testostérone** chez les garçons) qui provoquent les modifications observées.

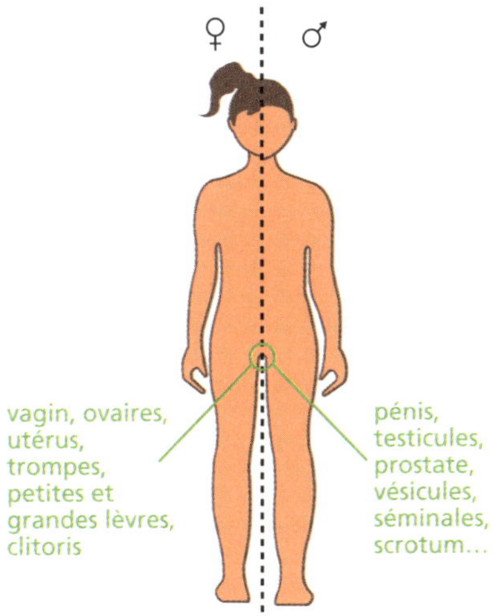

Caractères sexuels primaires (présents à la naissance)

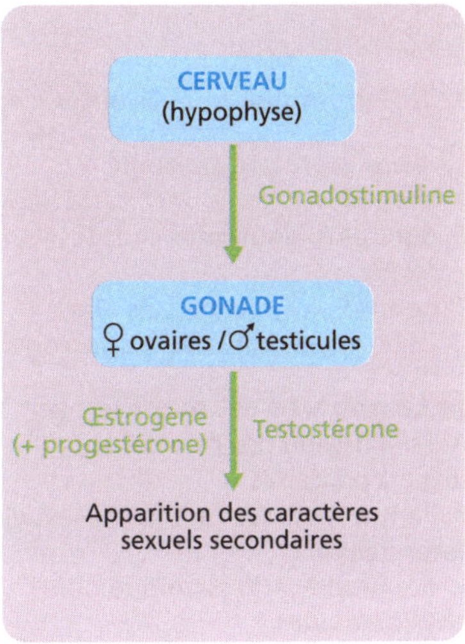

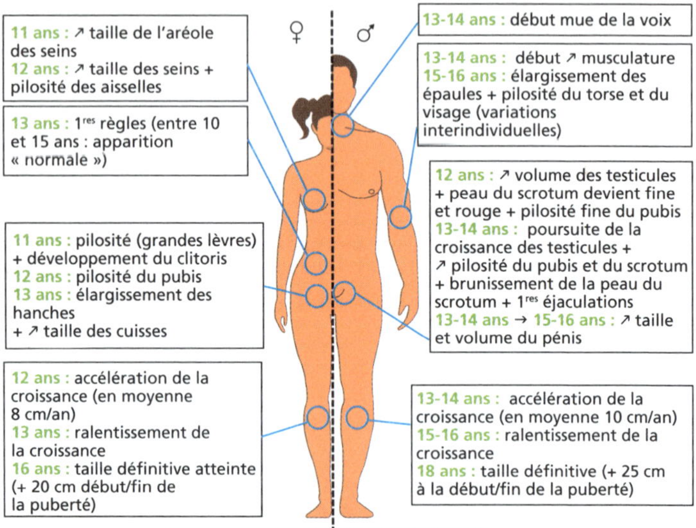

Caractères sexuels secondaires

3 Les modifications comportementales

▶ Selon les adolescents, les répercussions de la puberté sont très variables.
▶ La puberté peut s'accompagner de complexes (apparence physique), d'un désir d'indépendance ou d'isolement, d'un plaisir de voir son corps se transformer, d'une déstabilisation et/ou d'une fragilité psychologiques (émotivité accrue, manque de confiance en soi, troubles alimentaires), de comportements à risque (addictions, rapports sexuels non protégés, ivresse).

Je révise

Parmi les propositions suivantes, choisissez la (ou les) bonne(s) réponse(s)

1 En général, la puberté :
A. dure plus longtemps chez les filles.
B. dure plus longtemps chez les garçons.
C. débute plus tôt chez les filles.
D. débute plus tôt chez les garçons.

2 La puberté est marquée par :
A. l'apparition des caractères sexuels primaires.
B. l'apparition des caractères sexuels secondaires.
C. des modifications uniquement physiologiques.
D. des modifications comportementales.

3 La puberté :
A. correspond à l'adolescence.
B. se déroule pendant l'adolescence.
C. correspond à l'enfance.
D. aboutit à la maturité sexuelle.

4 Les caractères sexuels secondaires :
A. apparaissent en même temps.
B. apparaissent progressivement.
C. sont provoqués par des hormones.
D. sont identiques chez les filles et les garçons.

Réponses : 1. B et C ; 2. B et D ; 3. B et D ; 4. B et C.

Le fonctionnement des organes reproducteurs

Je retiens

1 Chez la femme, un fonctionnement cyclique

▶ À partir de la **puberté jusqu'à la ménopause**, l'appareil reproducteur féminin fonctionne de manière **cyclique** (un cycle dure environ 28 jours).

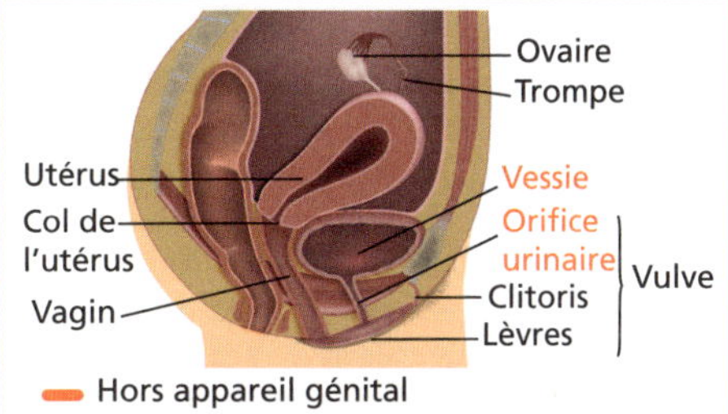

Appareil génital féminin

▶ Les 14 premiers jours du cycle : dans l'**ovaire**, ① le follicule (ensemble de cellules contenant l'**ovule**) en croissance produit ② des œstrogènes (hormones) qui stimulent ③ l'épaississement et la vascularisation de l'**endomètre** (muqueuse de l'utérus, couche superficielle en contact avec le muscle utérin, ou myomètre, et la cavité utérine).

▶ Après ④ l'ovulation (une fois par cycle), ⑤ le corps jaune, qui résulte de la transformation du follicule ayant libéré l'ovule (cellule reproductrice = **gamète**), sécrète ⑥ des œstrogènes et de la **progestérone**, préparant ⑦ l'endomètre à une éventuelle nidification (implantation de l'embryon).

▶ En l'absence de fécondation et de nidification, ⑧ le corps jaune régresse, ⑨ la production d'hormones s'effondre et la majeure partie de la muqueuse est éliminée, ce qui correspond aux ⑩ règles qui surviennent 14 jours après l'ovulation et dont l'apparition marque le début d'un nouveau cycle.

▶ Quand le stock d'ovules est épuisé, les cycles s'arrêtent : c'est la **ménopause**.

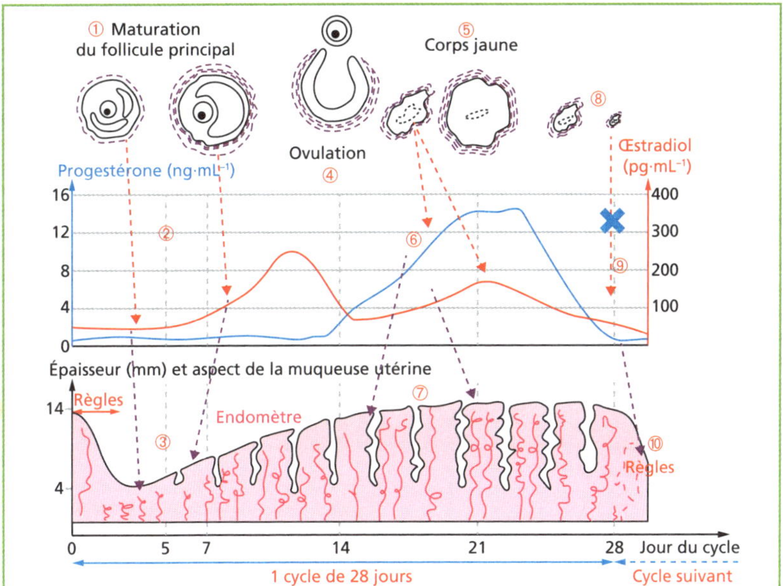

Cycle menstruel

POUR INFO !

Les gonades (ovaires/testicules) sont contrôlées par les gonadostimulines produites par l'hypophyse, elle-même sous le contrôle de l'hypothalamus.

2 Chez l'homme, un fonctionnement continu

▶ À partir **de la puberté jusqu'à la mort**, dans les **testicules**, la **testostérone**, sécrétée par les cellules de Leydig situées autour des tubes, active la production continue de **spermatozoïdes** dans les tubes séminifères (environ 100 millions de spermatozoïdes par jour).

▶ Les spermatozoïdes (gamètes mâles) sont des cellules mobiles et peuvent se déplacer dans les voies génitales féminines et féconder l'ovule au niveau des trompes. Ils sont émis lors des **éjaculations**, dans le sperme.

▶ Le **sperme** est le **liquide séminal**, riche en éléments nutritifs, produit par la **prostate** et les **vésicules séminales**, et contenant environ 100 à 400 millions de spermatozoïdes par éjaculat.

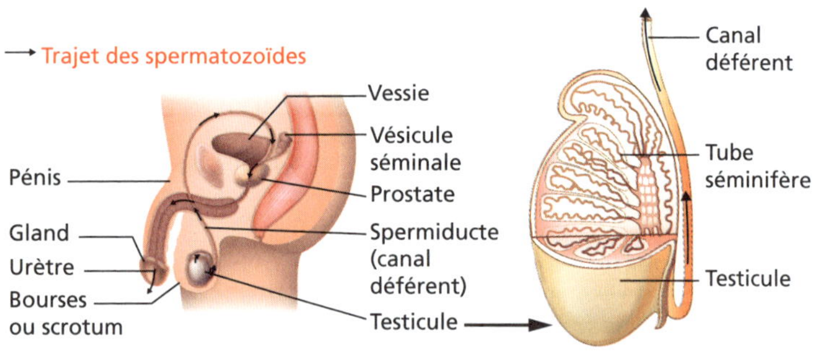

Trajet des spermatozoïdes dans l'appareil génital mâle

Je révise

Parmi les propositions suivantes, choisissez la (ou les) bonne(s) réponse(s)

1 La production des gamètes est :
A. cyclique chez l'homme.
B. continue chez l'homme.
C. cyclique chez la femme.
D. continue chez la femme.

2 L'ovule est produit par :
A. le corps jaune.
B. le testicule.
C. l'ovaire.
D. l'utérus.

3 Le liquide séminal est :
A. produit par les testicules.
B. produit par la prostate.
C. produit par les vésicules séminales.
D. un milieu nutritif.

4 Les règles correspondent :
A. au début d'un nouveau cycle.
B. à l'élimination d'une partie de la muqueuse du vagin.
C. à l'élimination d'une partie de l'endomètre.
D. à l'ovulation.

Réponses : 1. B et C ; **2.** C ; **3.** B, C et D ; **4.** A et C.

Les comportements responsables concernant la sexualité

Fiche 34

Je retiens

1 La sexualité

▶ Selon l'**OMS** (2006), la sexualité est « *un aspect central de l'être humain tout au long de la vie, qui englobe le sexe, les identités de genre et les rôles y afférents, l'orientation sexuelle, l'érotisme, le plaisir, l'intimité et la reproduction. La sexualité est vécue et exprimée sous forme de pensées, de fantasmes, de désirs, de croyances, d'attitudes, de valeurs, de comportements, de pratiques, de rôles et de relations. La sexualité regroupe ainsi de nombreuses dimensions mais chaque personne ne ressent pas ou ne vit pas nécessairement chacune d'entre elles. La sexualité est influencée par l'interaction de facteurs biologiques, psychologiques, sociaux, économiques, politiques, culturels, juridiques, historiques, religieux et spirituels* ».

POUR INFO !

Dans le cadre de l'éducation à la sexualité à l'école élémentaire, « *il ne s'agit pas d'une éducation explicite à la sexualité* », mais, l'étude et le respect du corps, les différences morphologiques (homme, femme, garçon, fille), la description et l'identification des changements du corps, particulièrement au moment de la puberté, la prévention des violences sexistes et sexuelles « *peuvent constituer un objet d'étude* » (L'*Éducation à la sexualité,* circulaire 2018-111 du 12 septembre 2018).

2 La prévention et la protection de soi et des autres

▶ Adopter un **comportement responsable** comprend la capacité à :
- faire des choix réfléchis et raisonnés en préservant sa santé ;
- prendre en considération les conséquences de ses actes, pour soi et les autres.

Adopter un comportement responsable implique de disposer de connaissances et de compétences dans les champs biologique, psycho-émotionnel et juridico-social.

▶ Ces comportements responsables, individuels et collectifs concernent la **prévention** et la **protection de soi et des autres** (fertilité, grossesse, respect de l'autre, procréation, contraception, prévention des infections sexuellement transmissibles – IST).

Maîtriser sa propre fertilité

Contraception préventive	Contraception d'urgence	IVG
Contraception préventive, ensemble des méthodes utilisées avant ou pendant un rapport sexuel pour éviter une fécondation, grossesse. Certaines contraceptions sont élaborées grâce à la connaissance des hormones (œstrogène, progestérone, testostérone) : pilule féminine, implant, patch, préservatif, dispositif intra-utérin (DIU) ou stérilet, contraception hormonale masculine, anneau intravaginal.	**Contraception d'urgence** (après un rapport non ou mal protégé) : pilule du lendemain, pose d'un DIU au cuivre.	**IVG** (interruption volontaire de grossesse) dans le cas d'une grossesse non désirée : autorisée en France par voie médicamenteuse (jusqu'à la fin de la 7e semaine de grossesse) ou voie chirurgicale (jusqu'à la fin de la 14e semaine de grossesse) [loi n° 2022-295 du 2 mars 2022].

Procréation

Procréation médicalement assistée (PMA) en cas d'infertilités masculine ou féminine : insémination artificielle, don de gamètes, fécondation in vitro et transfert d'embryon (fivete).

IST (sida, hépatite B…)

Dépistage	Soins et traitements adaptés	Prévention
Dépistage : recherche d'une ou plusieurs maladies chez un individu pour connaître son état de santé et mettre en place un traitement adapté.	**Soins et traitements adaptés :** – IST curables : syphilis, gonorrhée, chlamydiose, trichomonas, mycoplasmes. – IST incurables : hépatite B, herpès génital (HSV), VIH (Virus de l'Immudéficience Humaine, vecteur du SIDA – syndrome d'Immunodéficience acquise), papillomavirus humain (PVH).	**Prévention :** rapport sexuel avec préservatifs masculin/féminin.

Je révise

Parmi les propositions suivantes, choisissez la (ou les) bonne(s) réponse(s)

1 La sexualité englobe :
A. l'orientation sexuelle.
B. la reproduction.
C. les identités de genre.

2 Un comportement responsable :
A. cherche à préserver sa santé.
B. ne nécessite pas de connaissances.
C. prend en compte les conséquences.

3 Les IST incurables comprennent les infections par :
A. trichomonas.
B. VIH.
C. papillomavirus humain.

4 La contraception concerne :
A. les femmes uniquement.
B. les hommes uniquement.
C. les hommes et les femmes.

Réponses : 1. A, B et C ; 2. A et C ; 3. B et C ; 4. C.

Les défenses immunitaires de l'organisme

Je retiens

1 Le système immunitaire

▶ Le **système immunitaire** est constitué de plusieurs **organes** et **cellules** :
- la moelle osseuse produit les **leucocyte**s (globules blancs) qui migrent ensuite vers les autres organes (ganglions lymphatiques, amygdales, végétations, rate, thymus) ;
- les leucocytes circulent entre les organes par les vaisseaux lymphatiques et sanguins.

▶ Le système immunitaire contribue à maintenir l'intégrité de l'organisme face aux **infections** (bactéries, virus, champignons…), à la cancérisation, aux agressions physiques/chimiques.

▶ Deux mécanismes immunitaires interviennent :
- la **réponse innée**, génétiquement héritée, non spécifique, opérationnelle sans aucun apprentissage, est la première ligne de défense ;
- la **réponse adaptative spécifique** se met en place dès la rencontre avec un antigène.

▶ Un **antigène (Ag)** est une molécule, circulant dans le plasma ou fixée sur une membrane cellulaire ou une enveloppe, reconnue comme « étrangère » par l'organisme, et qui déclenche une réaction immunitaire.

2 La réaction inflammatoire

▶ Après une contamination (agent pathogène) ou une lésion, une **réaction inflammatoire** (réponse innée) se met en place très rapidement, entraînant des symptômes localisés : rougeur, chaleur, gonflement, douleur.

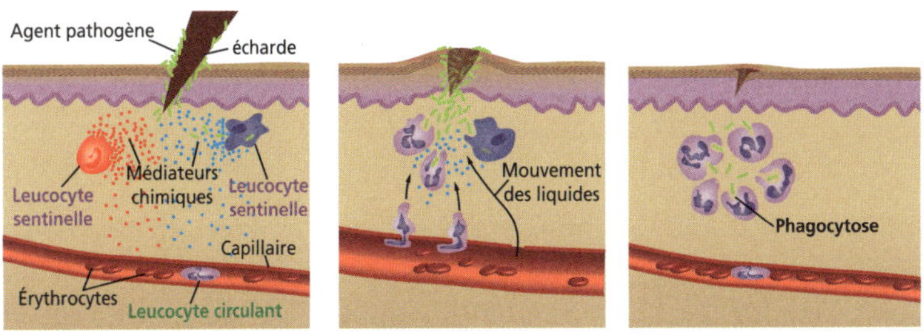

Des leucocytes sentinelles, présents dans le tissu, 1 détectent l'agent infectieux et/ou la lésion et 2 sécrètent des médiateurs chimiques qui provoquent 3 la vasodilatation des capillaires avoisinants (rougeur + chaleur), 4 attirent les leucocytes circulants et 5 stimulent les récepteurs à la douleur (douleur).

Attirés vers le tissu infecté/lésé, 6 des leucocytes circulants sortent des capillaires, ainsi que du 7 liquide (gonflement).

8 Certains leucocytes sont des phagocytes éliminant les microorganismes en les digérant par **phagocytose**.

9 Le tissu cicatrise.

Réaction inflammatoire due à une écharde

3 La réaction immunitaire adaptative

▶ La **réponse adaptative**, mise en place en quelques jours, prolonge la réponse innée et fait intervenir les lymphocytes B (LB), T4 (LT4) et T8 (LT8).

▶ Une fois activés par reconnaissance de l'antigène :
- les LT4 produisent des médiateurs chimiques qui activent les LB et les LT8 ;
- les LB produisent des anticorps (molécules spécifiques contre l'Ag), qui se fixent sur l'Ag, ce qui inactive l'agent pathogène ;
- les LT8 produisent des molécules cytotoxiques qui tuent les cellules infectées.

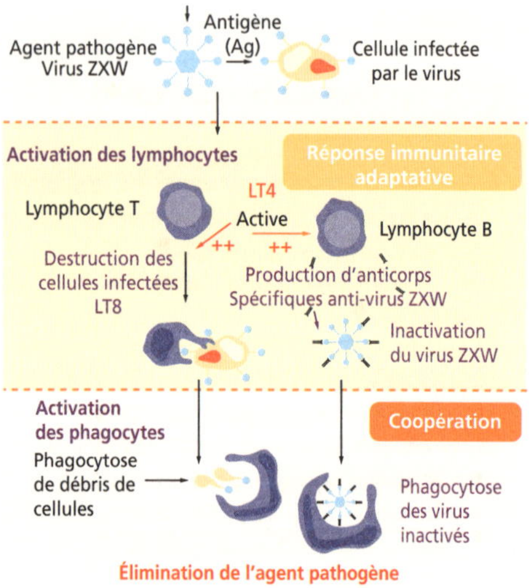

▶ Les **phagocytes** sont activés et coopèrent pour éliminer l'agent pathogène.

▶ Lors de la première rencontre avec un Ag, sont produits des LB, LT4 et LT8 mémoire qui seront rapidement activés lors d'une nouvelle rencontre avec cet Ag.

POUR INFO !

La vaccination repose sur la mémoire immunitaire. En France, 11 vaccins sont obligatoires pour les enfants nés à compter du 01/01/2018 [loi n° 2017-1836 du 30 décembre 2017] : diphtérie, tétanos, poliomyélite, coqueluche, rougeole, rubéole, oreillons, *Hæmophilus influenzæ* type B, hépatite B, pneumocoque, méningocoque type C.

Je révise

Parmi les propositions suivantes, choisissez la (ou les) bonne(s) réponse(s)

1 Les organes du système immunitaire sont :
A. la moelle osseuse.
B. le foie.
C. la rate.
D. le pancréas.

2 La réponse adaptative :
A. est immédiate.
B. est spécifique.
C. fait intervenir les lymphocytes.
D. produit des anticorps.

3 La réponse innée :
A. est non spécifique.
B. fait intervenir les lymphocytes.
C. nécessite un apprentissage.
D. est rapide.

4 La vaccination :
A. intéresse la santé publique.
B. repose sur la mémoire immunitaire.
C. permet de produire des lymphocytes mémoire.
D. fait intervenir les érythrocytes.

Réponses : 1. A et C ; **2.** B, C et D ; **3.** A et D ; **4.** A, B et C.

Le microbiote humain et la santé

Je retiens

1 La variété des microbiotes

▶ Un **microbiote** est l'ensemble des **microorganismes** (**bactéries** en majorité, virus, champignons...) qui vivent au niveau des tissus au contact du milieu extérieur, en **symbiose** (association durable à bénéfices réciproques entre deux espèces ou plus) avec l'**hôte** qui offre habitat et ressources.

▶ Chaque individu possède un **microbiote unique**, en quantité et qualité (diversité), constitué par environ 100 000 milliards de microorganismes, soit 2,5 fois plus que les 40 000 milliards de cellules composant son corps.Chaque partie présente une association microbiotique propre (peau, muqueuses digestive, respiratoire, urinaire et génitale).

▶ Le microbiote se met en place dès la naissance au contact du microbiote maternel (selon les modes d'accouchement et d'alimentation) et de l'environnement.

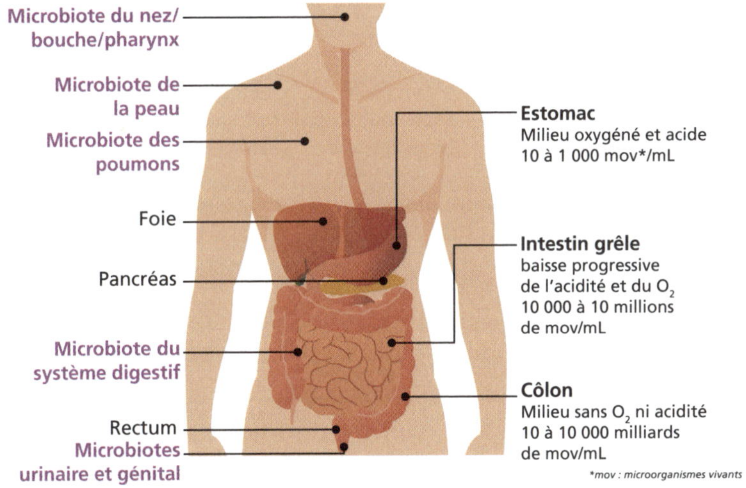

Les différents microbiotes

POUR INFO !

Les campagnes de prévention et d'éducation préconisent le maintien d'un écosystème microbiotique intestinal équilibré, indicateur de bonne santé.

2 Le microbiote intestinal et la santé

▶ Le microbiote intestinal abrite 10^{12} à 10^{14} microorganismes (un millier d'espèces différentes identifiées), principalement dans le **côlon**, l'**intestin grêle** et l'**estomac**.

▶ Le microbiote intestinal joue un **rôle important** dans les fonctions digestives, métaboliques, immunitaires et neurologiques :

- la digestion : fermentation des résidus non digestibles, synthèse de vitamines, d'acides aminés essentiels, régulation de l'absorption des acides gras, du calcium... ;
- le fonctionnement global du tube digestif : motricité des parois, densité de la vascularisation... ;
- le fonctionnement du système immunitaire intestinal (rôle barrière) ;
- le fonctionnement du système nerveux entérique, environ 500 millions de neurones, assure la motricité intestinale et est en communication bidirectionnelle avec le système nerveux central.

▶ La **diversité** du microbiote intestinal évolue au cours de la vie en fonction de différents facteurs :

Facteurs positifs	Facteurs négatifs
alimentation diversifiée et riche en fibres	• prise d'antibiotiques • pesticides et additifs dans les aliments • pathologies, certains médicament, stress...

▶ La **dysbiose** (altération qualitative et/ou fonctionnelle du microbiote intestinal) peut être associée à des pathologies et troubles multifactoriels (inflammations chroniques, maladies cardiovasculaires, diabète type 2, obésité...).

▶ La **transplantation fécale** et l'utilisation de **probiotiques** sont deux pistes thérapeutiques.

Je révise

Parmi les propositions suivantes, choisissez la (ou les) bonne(s) réponse(s)

1 Le microbiote :

A. est identique chez tous les individus.
B. se constitue à partir de la naissance.
C. évolue en fonction de différents facteurs.
D. n'évolue pas au cours de la vie.

2 Le microbiote intestinal joue un rôle dans :

A. la digestion.
B. le fonctionnement digestif.
C. l'immunité.
D. le fonctionnement nerveux.

3 Le nombre de microorganismes du microbiote est estimé (en milliards) à :

A. 1 000.
B. 10 000.
C. 100 000.
D. 1 000 000.

4 La dysbiose du microbiote intestinal :

A. est un indicateur de bonne santé.
B. est un état d'équilibre.
C. est un état de déséquilibre.
D. peut être associée à des maladies.

Réponses : 1. B et C ; 2. A, B, C et D ; 3. C ; 4. C et D.

Les agents pathogènes et les maladies vectorielles

Je retiens

1 Les agents pathogènes

▶ Un **agent pathogène** est un (micro)organisme (virus, bactérie, champignon, eucaryote uni-/pluricellulaire) ou un prion (agent transmissible non conventionnel) qui, à la suite d'une **contamination**, peut provoquer chez un **hôte** un ensemble de **symptômes** typiques, caractérisant une maladie (pathologie).

▶ En l'absence de symptômes, l'hôte est dit **porteur sain**.

2 La transmission directe ou vectorielle

▶ La transmission de l'agent pathogène d'un hôte à un autre se fait par :

- **transmission directe**, soit par contact direct entre individus, soit par le milieu (air/eau/aliment contaminés) ;
- **transmission vectorielle** en passant par au moins un organisme hôte intermédiaire d'une autre espèce (essentiellement des insectes et acariens hématophages – se nourrissant de sang), nommé vecteur, qui permet à l'agent pathogène d'assurer certaines étapes de son cycle de vie (croissance, multiplication, maturation sexuelle…).

▶ Chaque agent pathogène possède son réservoir spécifique qui est un milieu biotique (espèce animale intermédiaire) ou abiotique (air ambiant, eau) qui assure sa survie, sa conservation, sa circulation et sa transmission aux espèces hôtes.

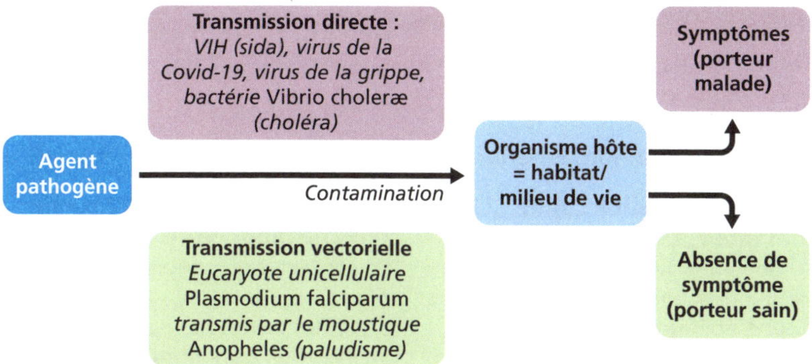

POUR INFO !

Le changement climatique a des impacts sur la propagation des agents pathogènes, en modifiant les habitats et, par conséquent, les aires de répartition des vecteurs mais aussi leurs cycles de vie.

3 Les stratégies de lutte

▶ L'**endémie** caractérise la manifestation permanente d'une maladie infectieuse répandue dans la population d'une zone géographique précise.

Exemple : le paludisme est une maladie particulièrement sensible au climat ; le territoire du vecteur du paludisme (moustique anophèle) s'étend donc à de nouvelles zones devenues plus chaudes : 247 millions de cas en 2021 (245 millions en 2020) dans 84 pays d'endémie palustre en zone tropicale dont la Guyane française (Rapport Who 2022).

▶ L'**épidémie** définit une augmentation rapide et subite du nombre d'individus atteints d'une maladie dans une population, attestant de sa propagation rapide dans une région donnée (grippe saisonnière, gastroentérite).

▶ L'épidémie devient une **pandémie** lorsqu'elle touche la population mondiale (Covid-19 en 2020).

▶ La connaissance de l'agent pathogène (nature, organisation, fonctionnement, modes de transmission, réservoirs) permet de mettre au point des stratégies de lutte à l'échelle individuelle (dépistage, hygiène) et à l'échelle collective (campagnes vaccinales) pour en limiter la transmission et donc la propagation :

Prophylaxie
↓
Mesures visant à **prévenir l'apparition, la transmission et l'aggravation** d'une maladie : vaccination, hygiène (lavage des mains), protection (port du masque), prévention, information.
↓
Un **porteur sain** peut constituer un **réservoir**.

Curation
↓
Mesures visant à **guérir** d'une maladie contractée : traitements antibiotiques, antiviraux, antiparasitaires.

Je révise

Parmi les propositions suivantes, choisissez la (ou les) bonne(s) réponse(s)

1 La propagation rapide d'une maladie est :
A. une endémie.
B. une prophylaxie.
C. une épidémie.
D. une pathologie.

2 L'agent du paludisme est :
A. l'anophèle.
B. le *Plasmodium falciparum*.
C. le VIH.
D. le *Vibrio choleræ*.

3 La transmission vectorielle d'un pathogène se fait par :
A. contact direct entre individus.
B. un vecteur.
C. contact avec de l'eau contaminée.
D. ingestion de nourriture contaminée.

4 Les stratégies de lutte contre la propagation d'un pathogène incluent des mesures :
A. individuelles.
B. curatives.
C. collectives.
D. prophylactiques.

Réponses : 1. C ; **2.** B ; **3.** B ; **4.** A, B, C et D.

Cultures et élevages, les origines des aliments

Fiche 38

Je retiens

1 Les aliments

▶ Un **aliment** est une substance qui sert de nourriture à un organisme, apportant matière et énergie nécessaires à son fonctionnement, sa croissance et son entretien.
▶ Les aliments sont d'origines minérale (eau), végétale, fongique (champignons) ou animale.

2 Les agrosystèmes

▶ Un **agrosystème** est un écosystème créé ou modifié, et géré par l'Homme pour produire de la **biomasse** (masse de la matière organique) animale/végétale, en grandes quantités, généralement d'une seule variété ou espèce.

Modèles	Caractéristiques
Agriculture vivrière	Autosuffisance alimentaire, grande biodiversité, fort besoin en main-d'œuvre, faible utilisation d'intrants*.
Agriculture extensive	Production sur de grandes surfaces, rendements faibles, ressources naturelles du lieu d'exploitation privilégiées : peu d'intrants.
Agriculture intensive	Forts rendements, industrialisation, sur de petites surfaces, dépendance aux intrants, biodiversité très faible.

▶ Dans un **agrosystème de culture**, les sols sont transformés pour produire de la biomasse végétale, dont une grande partie est récoltée, ce qui diminue la biomasse recyclée et appauvrit les sols.
▶ Afin d'augmenter le **rendement agricole** (quantité de biomasse récoltée par unité de surface cultivée), divers **intrants** (dont l'apport d'engrais) sont importés.

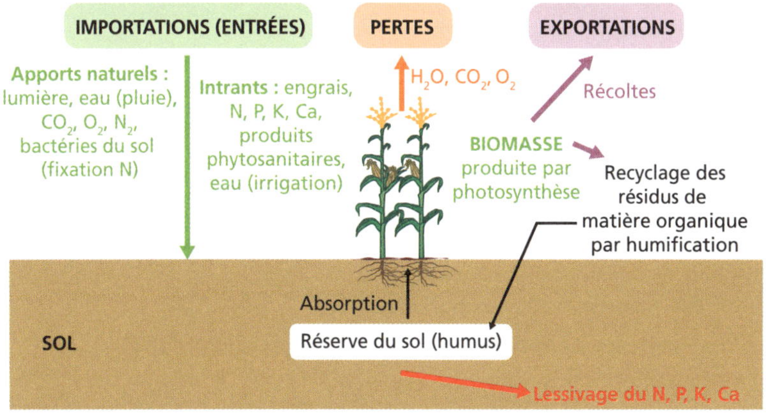

Sels minéraux : N (azote), P (phosphore), K (potassium), Ca (calcium).
* **Intrant** : produit/élément apporté pour améliorer la production.
Produit phytosanitaire ou pesticide (herbicide, insecticide, fongicide) : substance chimique utilisée pour lutter contre les bioagresseurs, organismes indésirables dans les cultures qui en réduisent la production.

Gestion des importations et exportations d'un agrosystème

POUR INFO !

« L'un des principaux défis que doit relever le secteur agricole consiste à nourrir une population mondiale en expansion tout en réduisant son empreinte écologique et en préservant les ressources naturelles pour les générations futures. » (OCDE 2023)

3 L'agriculture durable

▶ L'**agriculture intensive**, à forts rendements, engendre des pollutions (sols, air et eau) et épuise les ressources naturelles limitées.

▶ L'**agriculture durable** doit répondre aux besoins actuels des populations tout en préservant les ressources et l'environnement pour les générations futures et être :

- économiquement viable ;

Exemples : l'utilisation des déchets pour la biomasse combustible et les biocarburants, l'économie locale privilégiée.

- écologiquement respectueuse ;

Exemples : le recyclage, l'utilisation optimale des ressources, la limitation des intrants, la préservation de la biodiversité et des sols, le respect du bien-être animal.

- socialement équitable.

Exemples : la traçabilité, la sécurité alimentaire, le respect des conditions de travail.

Agriculture biologique	Agriculture de précision	Agriculture de conservation
↓	↓	↓
Produits chimiques de synthèse et OGM exclus. Intrants limités.	Recours à la technologie pour limiter les intrants.	Labourage superficiel. Rotation de cultures pour limiter les intrants.

Je révise

Parmi les propositions suivantes, choisissez la (ou les) bonne(s) réponse(s).

1 Un aliment peut être d'origine :
A. minérale.
B. végétale.
C. animale.
D. fongique.

2 L'agriculture extensive est caractérisée par :
A. une grande biodiversité.
B. de forts rendements.
C. de faibles rendements.
D. une dépendance aux intrants.

3 Un pesticide :
A. est un intrant.
B. favorise les bioagresseurs.
C. lutte contre les bioagresseurs.
D. est un export.

4 L'agriculture durable :
A. ne recourt pas à la technologie.
B. limite l'utilisation des intrants.
C. cherche à préserver la biodiversité.
D. exclut l'utilisation des intrants.

Réponses : 1. A, B, C et D ; **2.** C ; **3.** A et C ; **4.** B et C.

La conservation des aliments et l'hygiène

Fiche 39

Je retiens

1 Les toxi-infections alimentaires

▶ Une **toxi-infection alimentaire** est une pathologie contractée à la suite de l'ingestion d'aliments contaminés par :

- des **agents pathogènes** (bactéries, eucaryotes unicellulaires, champignons, virus, prions) qui prolifèrent dans l'organisme ;
- des **toxines** que ces agents pathogènes produisent ou ont produites dans l'aliment.

▶ Souvent bénignes chez l'adulte, elles peuvent être graves chez l'enfant.

Exemples : salmonellose, listériose.

▶ La plupart des aliments constituent des milieux favorables (matière organique, eau) à la prolifération de microorganismes (bactéries, champignons...), dont certains peuvent s'avérer pathogènes.

POUR INFO !

Un tiers des cas déclarés (15 641 en 2019, en France) survient au domicile, d'où l'importance du lavage des mains, de l'hygiène des surfaces en contact avec les aliments et du respect de la chaîne du froid. (Santé publique France 2020/Anses 2022)

2 Les techniques de conservation

▶ Les **techniques de conservation** ont un double objectif :

- reculer la date de péremption (limite de consommation) ;
- préserver la comestibilité et les qualités nutritives et gustatives des aliments.

▶ Les aliments sont altérés par le dioxygène (O_2) de l'air par oxydation, accélérée par la lumière (U.V.) ou par la chaleur.

▶ La connaissance des conditions optimales de croissance des microorganismes permet de mettre au point ces différentes techniques physiques ou chimiques, afin de ralentir/empêcher leur prolifération ou les tuer.

Paramètres	Techniques
Température	• Réfrigération : maintien à une température entre 0 et 4 °C. • Congélation : refroidissement lent à – 18 °C. • Surgélation : refroidissement ultrarapide à – 40 °C. • Stérilisation : de 115 à 150 °C plusieurs s/min. • Pasteurisation : traitement thermique (entre 60 et 100 °C), durée variable. • Appertisation (mise en conserve) : chauffage en récipient étanche (120 °C/20-30 min).
Humidité pH Salinité Présence de O_2	• Déshydratation. • Lyophilisation : congélation, puis mise sous vide, sublimation de l'eau (état solide vers état gazeux). • Salaison ou sucraison. • Fermentation. • Additifs conservateurs acidifiants (abaissement du pH) ou antioxydants. • Conditionnement sous atmosphère contrôlée (absence de O_2). • Irradiation (rayons ionisants) pour tuer les microorganismes.

3 Les points de vigilance

▶ La **date limite de consommation (DLC)**, avec la mention « à consommer jusqu'au », est une **limite impérative**. Au-delà de la DLC l'aliment devient impropre à la consommation car dangereux pour la santé : produits à conserver au frais, très périssables (viande, poisson, charcuterie…).

▶ Après la **date de durabilité minimale (DDM)**, indiquée par « à consommer de préférence avant », l'aliment peut avoir perdu ses qualités nutritionnelles et gustatives, mais sans dangerosité : aliments peu périssables (gâteaux secs, boîtes de conserve…).

▶ Respecter la **chaîne du froid**, dont le dernier acteur est le consommateur, assure le maintien constant des aliments réfrigérés ou surgelés à une température conforme, afin de conserver leurs qualités (hygiéniques, nutritionnelles et organoleptiques : goût, odeur, texture) et les garder sains.

Je révise

Parmi les propositions suivantes, choisissez la (ou les) bonne(s) réponse(s).

1 Une toxi-infection alimentaire est liée :

A. à la prolifération d'un agent pathogène.
B. au lavage des mains.
C. à l'absence d'agent pathogène.
D. aux toxines d'un agent pathogène.

2 La date de durabilité minimale (DDM) :

A. concerne les aliments peu périssables.
B. est une date limite impérative.
C. est une date limite de consommation.
D. concerne les aliments périssables.

3 Les techniques de conservation d'un aliment permettent de :

A. le rendre comestible.
B. préserver ses qualités nutritives.
C. favoriser la croissance des microorganismes.
D. reculer sa date de péremption.

4 Concernant les microorganismes, la réfrigération permet de :

A. les tuer.
B. ralentir leur prolifération.
C. les déshydrater.
D. favoriser leur prolifération.

Réponses : 1. A et D ; 2. A ; 3. B et D ; 4. B.

L'UNIVERS, LA PLANÈTE TERRE ET L'ENVIRONNEMENT

- Organisation de la matière dans l'Univers / Histoire de la Terre
- Géodynamique interne
- Phénomènes météorologiques et climatiques
- Risques et aléas

NOTES

La structure et la composition de l'Univers

Fiche 40

Je retiens

1 La description de l'Univers

▶ L'**Univers** est l'ensemble de tout ce qui existe. Cet ensemble, régi par un certain nombre de lois physiques, s'est formé il y a environ 13,7 milliards d'années.

▶ L'Univers est constitué de plusieurs centaines de milliards de **galaxies** réunies en amas. Entre ces galaxies règne le vide.

▶ Notre étoile, le **Soleil**, est l'une des 100 à 200 milliards d'étoiles qui composent notre galaxie : la **Voie lactée**.

Le diamètre de la Voie lactée est estimé à 100 000 années-lumière. Il n'est pas possible d'avoir une vue d'ensemble de la Voie lactée. La représentation ci-contre est une suggestion de représentation.

Représentation de la Voie lactée

2 La formation de l'Univers

Le **Big Bang** est un modèle permettant de décrire l'évolution de l'Univers depuis sa création (ainsi que la formation des éléments chimiques qui le composent). Lors de son évolution, les constituants de l'Univers se sont peu à peu formés et organisés.

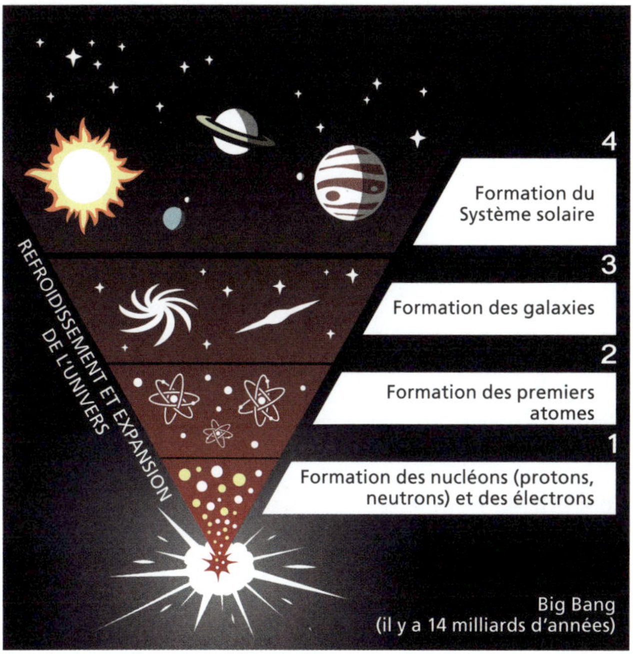

La théorie du Big Bang

L'UNIVERS, LA PLANÈTE TERRE ET L'ENVIRONNEMENT

3 La composition de l'Univers

L'Univers est essentiellement composé d'hydrogène et d'hélium. L'abondance des principaux éléments chimiques (en % d'atomes) varie cependant selon le système étudié.

Éléments chimiques*	Univers	Soleil	Croûte terrestre	Atmosphère terrestre	Corps humain	Végétaux
H	90	93	0,22		61	47,9
He	9	6				
O	0,10	0,06	47	21	24,1	21,9
C	0,06	0,04	0,19	0,0015	12,6	27,9
Ne	0,012	0,004				
N	0,01	0,007		78	1,4	1,1
Mg	0,005	0,004	2,2		0,008	0,13
Si	0,005	0,005	28			
Fe	0,004	0,003	4,5			
S	0,002	0,001			0,05	0,1

*Voir Fiche 100.

Abondance relative des éléments chimiques (% d'atomes).

4 Les étoiles, source d'énergie

Dans l'Univers, la matière se transforme continuellement. L'hydrogène se transforme en hélium puis en d'autres éléments plus lourds, comme l'oxygène, le carbone, le fer, le silicium par des réactions nucléaires au sein des étoiles. Ces réactions de fusion nucléaire libèrent une grande quantité d'énergie.

Je révise

Parmi les propositions suivantes, choisissez la (ou les) bonne(s) réponse(s)

1 L'âge de l'Univers est d'environ :

A. 4 milliards d'années.
B. 10 milliards d'années.
C. 14 milliards d'années.
D. 20 milliards d'années.

2 Le Big Bang est :

A. une transformation chimique.
B. un modèle.
C. une abondance relative en éléments.
D. une galaxie.

3 Quels sont les éléments les plus abondants dans l'Univers ?

A. l'oxygène.
B. l'azote.
C. l'hydrogène.
D. l'hélium.

4 Au sein des étoiles, il se produit :

A. des transformations physiques.
B. des transformations chimiques.
C. des réactions de fusion nucléaire.
D. des mélanges d'éléments.

Réponses : 1. C ; 2. B ; 3. C et D ; 4. C.

Le Système solaire

Je retiens

1 La description du Système solaire

▶ Le **Système solaire** s'est formé il y a environ 4,6 milliards d'années.
▶ Il est composé de huit planètes qui gravitent autour d'une étoile : le **Soleil**.
▶ Le **Soleil** représente 99,9 % de la masse du Système solaire.
▶ Les trajectoires des **planètes** (orbites) sont quasiment circulaires (ce sont des **ellipses**). Entre le Soleil et les planètes règne le vide.

Représentation des planètes
(ne tenant pas compte des distances et des tailles des astres)

2 Les distances dans le Système solaire

Mercure	Vénus	Terre	Mars	Jupiter	Saturne	Uranus	Neptune
58	108	150	227	778	1 457	2 870	4 500

Distances au Soleil en millions de kilomètres

3 La description des planètes

On distingue deux types de planètes :

Planètes telluriques (rocheuses)	Mercure	Vénus	Terre	Mars
Planètes géantes gazeuses	Jupiter	Saturne	Uranus	Neptune

4 La place de la Terre dans l'Univers : théories

▶ Deux systèmes cosmologiques se sont affrontés : le géocentrisme et l'héliocentrisme.
▶ Le **modèle géocentrique** date de l'Antiquité. Il était défendu par Ptolémée et par Aristote qui plaçaient la Terre au centre de l'Univers.
Dans ce système :

- la Terre est immobile ;
- les planètes et le Soleil tournent autour de la Terre sur des orbites circulaires parfaites.

Le modèle géocentrique est autant une conception scientifique que philosophique.

▶ Le **modèle héliocentrique**, défendu par Copernic, place le Soleil au centre de l'Univers. Les planètes (dont la Terre) tournent sur des orbites circulaires. La Terre tourne aussi sur elle-même.

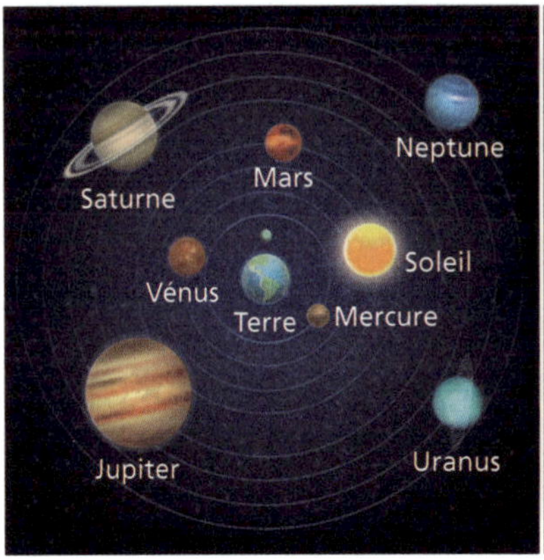

Modèle géocentrique

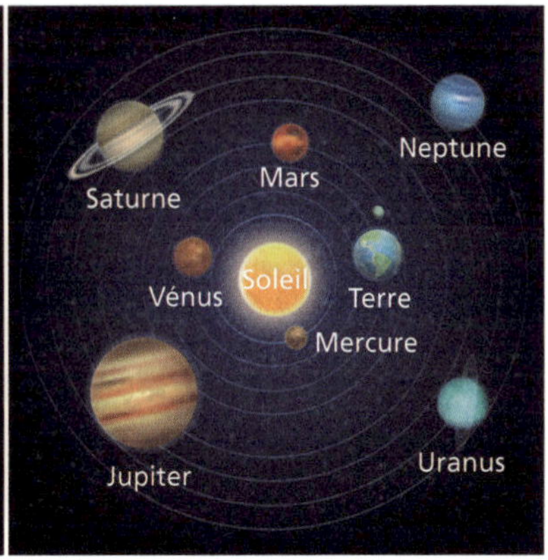

Modèle héliocentrique

Je révise

Parmi les propositions suivantes, choisissez la (ou les) bonne(s) réponse(s)

1 Le Système solaire est composé :

A. de plusieurs étoiles.
B. d'une étoile.
C. de huit planètes.
D. de la Voie lactée.

2 Le Système solaire s'est formé il y a environ :

A. 4,6 millions d'années.
B. 4,6 milliards d'années.
C. 13,7 millions d'années.
D. 13,7 milliards d'années.

3 Entre les planètes et le Soleil, on trouve :

A. de l'air.
B. de l'hydrogène.
C. de l'hélium.
D. du vide.

4 Les planètes du Système solaire :

A. gravitent autour du Soleil.
B. gravitent autour de la Terre.
C. ont des trajectoires quasi circulaires.
D. représentent 50 % de la masse du Système solaire.

Réponses : 1. B et C ; **2.** B ; **3.** D ; **4.** A et C.

La Terre et ses mouvements

Fiche 42

Je retiens

1 La description de la Terre

▶ La Terre est constituée de deux **hémisphères** séparés par une ligne imaginaire appelée **équateur**.

▶ Pour se situer sur la Terre, on a imaginé des lignes à sa surface : les **méridiens** et les **parallèles**.

Les méridiens sont des demi-cercles qui joignent les deux pôles. Le méridien de référence est le méridien de Greenwich.

Les parallèles sont des cercles parallèles à l'équateur. Celui-ci est le parallèle de référence.

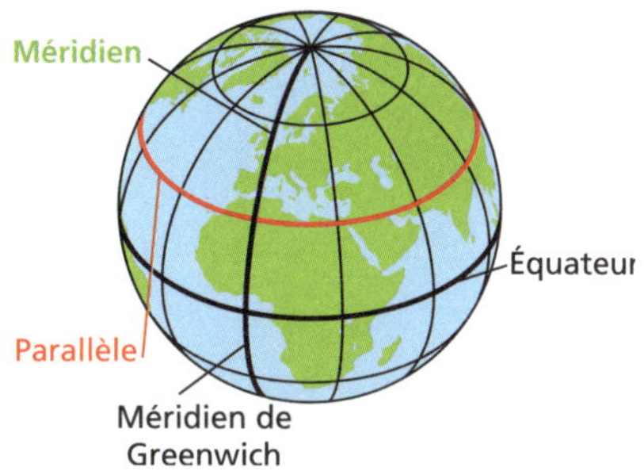

Représentation des lignes sur la Terre

▶ Pour repérer un point à la surface de la Terre, on utilise ses **coordonnées géographiques** (ou coordonnées angulaires) : la **longitude** et la **latitude**.

2 La rotation de la Terre

▶ La Terre tourne sur elle-même en 24 heures autour d'un axe incliné traversant les pôles : c'est la **période de rotation**.

▶ L'**axe de rotation** de la Terre est incliné et garde toujours la même inclinaison. Il est dirigé vers l'étoile polaire.

▶ La rotation de la Terre explique l'**alternance des jours et des nuits**.

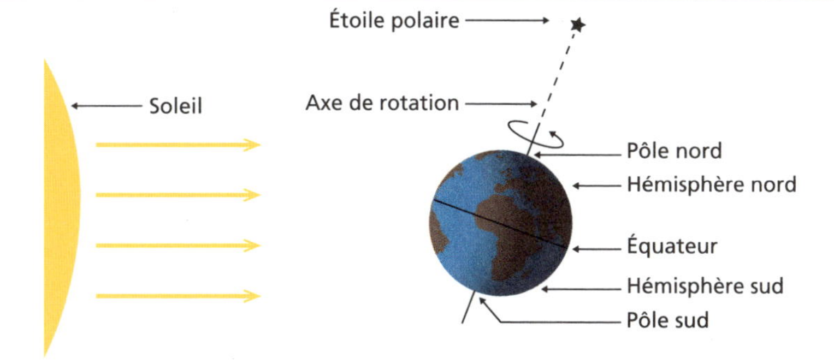

Schéma de la rotation de la Terre

3 La révolution de la Terre

▶ La Terre tourne autour du Soleil en un an (365,25 jours) : c'est sa **période révolution**.

▶ L'axe de rotation de la Terre étant incliné, la hauteur du Soleil et la durée du jour varient selon la position de la Terre autour du Soleil.

▶ L'inclinaison de l'axe de rotation de la Terre ainsi que son mouvement autour du Soleil expliquent l'alternance des **saisons**.

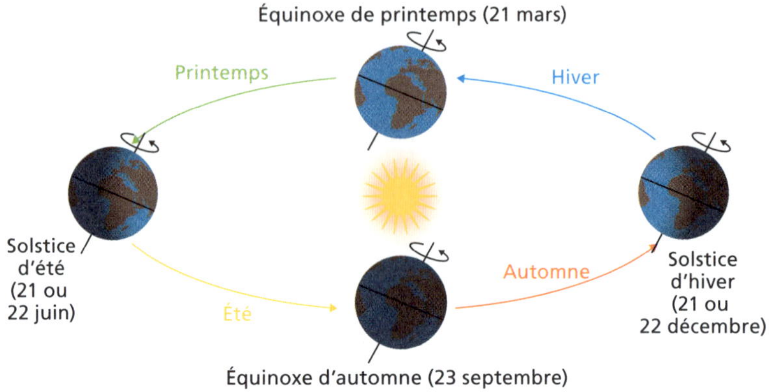

Mouvement de la Terre autour du Soleil

POUR INFO !

Équinoxes : moment de l'année où le Soleil passe par l'équateur et qui correspond à l'égalité de la durée des jours et des nuits.

Solstices : moment de l'année où le Soleil atteint son plus grand éloignement angulaire du plan de l'équateur et il correspond au jour le plus court et au jour le plus long de l'année.

Je révise

Parmi les propositions suivantes, choisissez la (ou les) bonne(s) réponse(s)

1 La période de rotation de la Terre :
A. est de 24 heures.
B. est de 365,25 jours.
C. varie selon les saisons.
D. varie selon la distance Terre-Soleil.

2 La période de révolution de la Terre est :
A. de 24 heures.
B. de 365,25 jours.
C. la durée nécessaire à la Terre pour effectuer un tour complet autour du Soleil.
D. la durée nécessaire à la Terre pour effectuer un tour complet autour de son axe de rotation.

3 Le mécanisme des saisons a pour origine :
A. la rotation de la Terre.
B. la révolution de la Terre.
C. l'inclinaison de l'axe de rotation de la Terre.
D. la variation de la distance Terre-Soleil.

4 Les demi-cercles qui joignent les deux pôles se nomment :
A. équateur.
B. méridiens.
C. parallèles.
D. longitude.

Réponses : 1. A ; 2. B et C ; 3. B et C ; 4. B.

La Terre et la Lune

1 Le système Terre-Lune

▶ La **Lune** est le satellite naturel de la Terre. Elle est 50 fois plus petite que la Terre. Son diamètre est de 3 474 kilomètres.
▶ La Lune tourne autour de la Terre sur une orbite quasi circulaire de 384 000 kilomètres de rayon incliné par rapport à l'écliptique.
▶ Sa période de révolution est d'environ 27,3 jours.

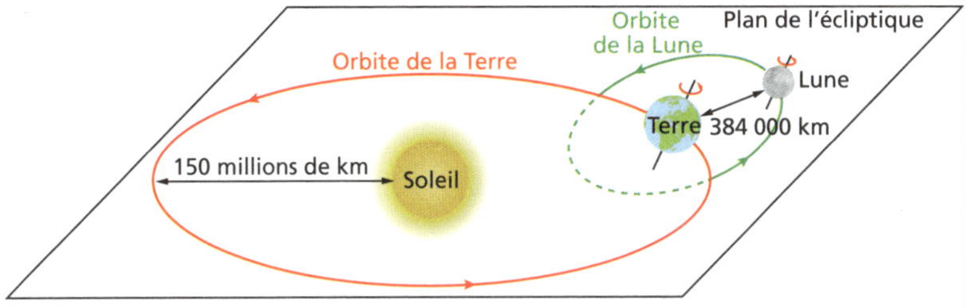

Système Soleil-Terre-Lune

▶ La **période de rotation de la Lune** est égale à sa période de révolution. C'est pour cette raison que, vue de la Terre, la Lune présente toujours la même face.

POUR INFO !

C'est en 1959 que, pour la première fois, la face cachée de la Lune a pu être photographiée par la sonde soviétique *Luna 3*.

2 Les phases de la Lune

▶ La Lune ne produit pas sa propre lumière, elle diffuse une partie de celle qu'elle reçoit du Soleil. Quelle que soit sa position autour de la Terre, la Lune est toujours à demi éclairée par le Soleil.
▶ La Lune tournant autour de la Terre, la partie éclairée de la Lune par le Soleil change d'aspect, vue de la Terre : c'est la **phase lunaire**.

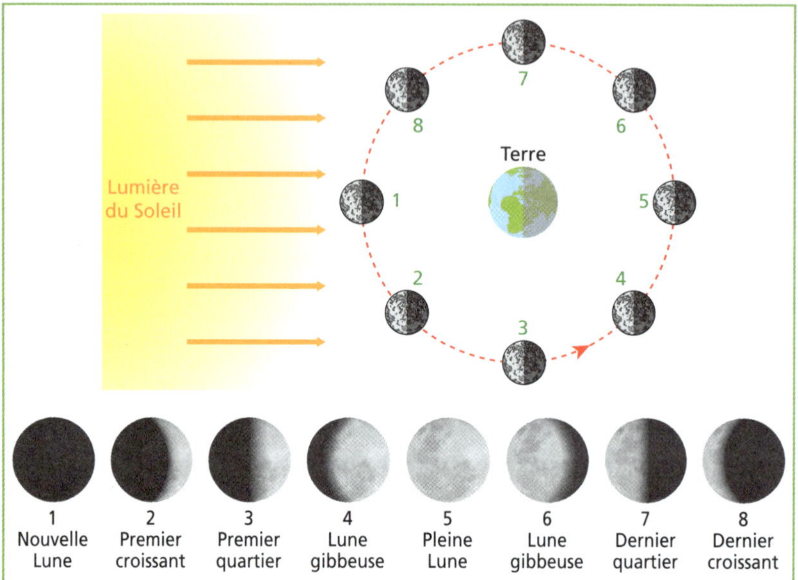

Phases de la Lune

Je révise

Parmi les propositions suivantes, choisissez la (ou les) bonne(s) réponse(s)

1 La Lune :

A. est un satellite naturel.
B. est une petite planète.
C. est un astéroïde.
D. possède une face cachée pour la Terre.

2 Observée depuis la Terre, la Lune possède une face cachée car :

A. la Lune ne tourne pas sur elle-même.
B. sa période de révolution est égale à sa période de rotation.
C. sa période de révolution est supérieure à sa période de rotation.
D. sa période de révolution est inférieure à sa période de rotation.

3 Au cours de la révolution autour de la Terre :

A. la phase de la Lune change.
B. la phase de la Lune reste identique.
C. la Lune est toujours à moitié éclairée.
D. la partie éclairée de la Lune varie.

4 Vue de la Terre, l'aspect que prend la Lune au cours de sa révolution se nomme :

A. période de rotation.
B. période de révolution.
C. phase.
D. éclipse.

Réponses : 1. A et D ; 2. B ; 3. A et C ; 4. C.

Les distances en astronomie

Je retiens

1 Les différentes échelles dans l'Univers

Les différents constituants de l'Univers couvrent une grande échelle de grandeur. Pour représenter des nombres très grands (dimension d'une galaxie) ou très petit (dimension du noyau de l'atome), on peut utiliser les puissances de 10.

2 L'unité astronomique : ua

▶ L'**unité astronomique (ua)** est l'unité de longueur utilisée pour mesurer les distances dans le Système solaire.
▶ L'ua correspond à la distance entre la Terre et le Soleil, soit 150 millions de kilomètres :

$$\mathbf{1\ ua \approx 150 \times 10^6\ km}.$$

▶ La distance Terre-Soleil est de 1 ua.
▶ Le Système solaire a un diamètre d'environ 100 ua.

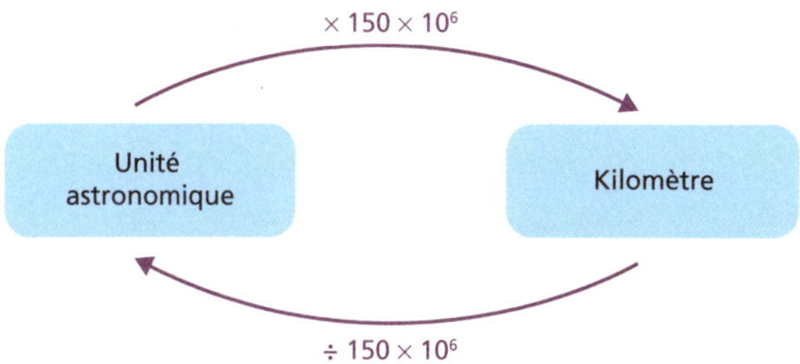

Exemple de conversion : la distance Soleil-Mars est de 228×10^6 km.
Pour convertir cette distance en unités astronomiques, il faut la diviser par 150×10^6.

$$d_{\text{Soleil-Mars}} = \frac{228 \times 10^6}{150 \times 10^6} \approx 1{,}5\ \text{ua}.$$

3 L'année-lumière : al

▶ L'**année-lumière (al)** est l'unité de longueur utilisée pour mesurer les distances dans l'Univers.
▶ L'al correspond à la distance parcourue par la lumière en une année, soit 9 500 milliards de kilomètres :

$$\mathbf{1\ al \approx 9{,}5 \times 10^{12}\ km}.$$

▶ La Voie lactée a un diamètre d'environ 100 000 al.

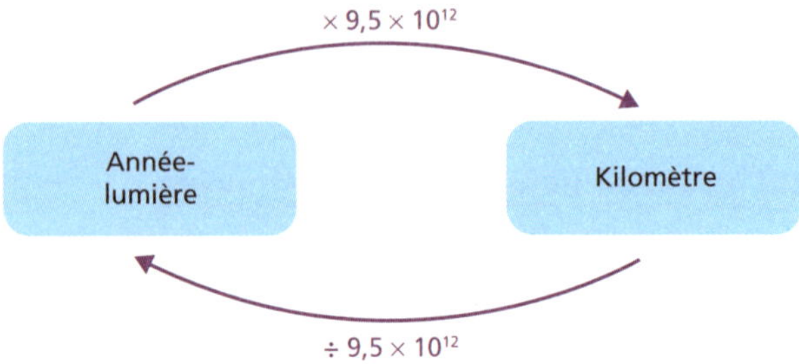

Exemple de conversion : l'étoile la plus proche de la Terre est Proxima du Centaure. Elle est située à 4,2 al de la Terre. Pour convertir cette distance en kilomètres, il faut la multiplier par $9{,}5 \times 10^{12}$.

$$d_{\text{Terre-Proxima}} = 4{,}2 \times 9{,}5 \times 10^{12} = 3{,}99 \times 10^{13}\ \text{km.}$$

4 L'année-lumière et l'observation des étoiles

▶ Dans le vide ou dans l'air, la **vitesse (célérité) de la lumière** est environ égale à 300 000 km/s.

▶ En une année, la lumière a donc parcouru 1 al, soit 9 500 milliards de kilomètres. La lumière d'une étoile située à 10 al de la Terre a donc mis dix ans pour se propager et parvenir jusqu'à nos yeux. Lorsque l'on regarde cette étoile, on la voit telle qu'elle était dans le passé et non telle qu'elle est aujourd'hui.

Je révise

Parmi les propositions suivantes, choisissez la (ou les) bonne(s) réponse(s)

1 L'unité astronomique :

A. a pour valeur 150 millions de km.
B. a pour valeur 150 milliards de km.
C. permet de mesurer des distances.
D. est la distance Terre-Soleil.

2 L'année-lumière est une unité de :

A. durée.
B. distance.
C. vitesse.
D. luminosité.

3 L'année-lumière est la distance parcourue par la lumière en :

A. une seconde.
B. un jour.
C. un mois.
D. une année.

4 La distance entre Véga et la Terre est de $2{,}375 \times 10^{14}$ km. Convertie en années-lumière elle vaut :

A. 2,5 al.
B. 25 al.
C. 250 al.
D. 2 500 al.

Réponses : 1. A, C et D ; 2. B ; 3. D ; 4. B.

Les ères géologiques

Fiche 45

Je retiens

1 Les divisions des temps géologiques

Éons	Ères	
		0
Phanérozoïque	Cénozoïque	
		– 66 Ma
Phanérozoïque	Mésozoïque	
		– 252 Ma
Phanérozoïque	Paléozoïque	
		– 539 Ma
Protérozoïque	Néoprotérozoïque	
		– 1 Ga
Protérozoïque	Mésoprotérozoïque	
		– 1,6 Ga
Protérozoïque	Paléoprotérozoïque	
		– 2,5 Ga
Archéen	Néoarchéen	
		– 2,8 Ga
Archéen	Mésoarchéen	
		– 3,2 Ga
Archéen	Paléoarchéen	
		– 3,6 Ga
Archéen	Éoarchéen	
		– 4 Ga
Hadéen		
		– 4,6 Ga

▶ Les 4,6 Ga (giga-années ou milliards d'années) de l'histoire de la Terre ont été marquées par des événements qui servent de **repères temporels** (impacts d'astéroïdes, éruptions volcaniques, apparitions d'espèces ou crises biologiques majeures…).

▶ L'**échelle des temps géologiques** est ainsi divisée en unités de temps, du plus long au plus court : éons → ères → périodes/systèmes → époques/séries → étages/âges.

▶ Une **ère géologique** est une unité de temps couvrant plusieurs centaines de millions d'années (Ma).

▶ L'histoire de la Terre se divise en dix ères définies par des **critères stratigraphiques** et/ou **paléontologiques** et/ou **paléoenvironnementaux** (relatifs aux environnements anciens).

▶ La **stratigraphie** classe les roches dans le temps et dans l'espace en fonction de leurs caractéristiques, établissant des corrélations entre des unités rocheuses sans lien direct.

▶ La **paléontologie** est l'étude de la vie passée au travers des organismes fossilisés ayant existé au cours des temps géologiques.

▶ Actuellement, nous nous situons dans :

Éon	Ère	Système/Période	Série/Époque	Étage/Âge
Phanérozoïque	Cénozoïque	Quaternaire	Holocène	Méghalayen

POUR INFO !

L'Anthropocène, terme apparu au début des années 1990, désigne notre période actuelle dans laquelle l'influence des activités anthropiques (dues à l'Homme) sur le système terrestre est désormais prépondérante.

2 Quelques repères temporels marquants des temps géologiques

▶ L'histoire de la Terre a été marquée par au moins cinq extinctions biologiques majeures (espèces animales et végétales, terrestres et océaniques concernées), suivies d'une période de diversification biologique importante (apparition de nouveaux groupes et espèces).

▶ Une sixième extinction biologique, dite de l'**Holocène**, aurait été amorcée depuis 13 000 ans, par des modifications importantes des écosystèmes, à la suite de la colonisation du monde par l'Homme.

▶ Les événements géologiques (liés à la tectonique des plaques), astronomiques et climatiques ont façonné les paysages, influençant les peuplements au cours du temps.

	Ères (millions d'années)		Éons/ Périodes	Quelques repères
Phanérozoïque	Cénozoïque	0 – 2,6	Quaternaire	**Premiers Homo sapiens :** 300 000 ans Extinction des mammifères géants **Premiers hominidés :** 7 Ma (séparation de la lignée humaine et des chimpanzés) Diversification des petits mammifères
		2,6 – 23	Néogène	
		23 – 66	Paléogène	
	Mésozoïque	66 – 145	Crétacé	**Crise de la fin du Crétacé (65 Ma)** Isolement de l'Afrique Division de la Pangée **Crise du Trias-Jurassique (200 Ma)** Premiers dinosaures et mammifères ovipares Forêts de conifères
		145 – 201	Jurassique	
		201 – 252	Trias	
	Paléozoïque	252 – 299	Permien	**Crise du Permien-Trias (250 Ma)** Grands amphibiens, reptiles, fougères Insectes géants Formation de la Pangée Premiers vertébrés terrestres, plantes à graines et arbres Premiers arthropodes et plantes terrestres **Crise de la fin Ordovicien (445 Ma)** Prédominance des invertébrés
		299 – 359	Carbonifère	
		359 – 419	Dévonien	
		419 – 444	Silurien	
		444 – 485	Ordovicien	
		485 – 539	Cambrien	
		539 – 2 500	Protérozoïque	Premières coquilles (550 Ma) Organismes pluricellulaires (1,2 Ga) **Grande oxygénation de l'atmosphère (2,2 – 2,5 Ga)** « Apparition » de la vie (3,7 Ga) **Premiers continents (4 Ga)**
		2 500 – 4 000	Archéen	
		4 000 – 4 600	Hadéen	

Je révise

Parmi les propositions suivantes, choisissez la (ou les) bonne(s) réponse(s)

1 En termes de durée :
A. la période est supérieure à l'ère.
B. l'étage est supérieur à l'éon.
C. l'éon est supérieur à l'ère.
D. l'époque est inférieure à l'ère.

2 Une crise biologique majeure est caractérisée par la disparition d'espèces :
A. végétales.
B. animales.
C. terrestres.
D. océaniques.

3 L'histoire de la Terre a été marquée par des crises biologiques majeures au nombre de :
A. 2. B. 3. C. 4. D. 5.

4 L'ère actuelle est :
A. le Phanérozoïque.
B. le Cénozoïque.
C. le Quaternaire.
D. l'Holocène.

Réponses : 1. C et D ; **2.** A, B, C et D ; **3.** D ; **4.** B.

La dynamique interne de la Terre et la tectonique des plaques

Je retiens

1 Les plaques lithosphériques

▶ La surface de la Terre, la **lithosphère**, est un puzzle d'environ 50 plaques tectoniques imbriquées dont les sept plus grandes (plaques nord-/sud-américaines, pacifique, eurasiatique, africaine, australienne et antarctique) couvrent 95 % de cette surface.

▶ La lithosphère est rigide, d'une épaisseur variant de 0 à 200 km, composée de la croûte terrestre continentale ou océanique et de la partie rigide du manteau supérieur.

▶ Les **activités sismiques/volcaniques** et les **reliefs** délimitent les **frontières** des plaques lithosphériques qui reposent et se déplacent sur l'**asthénosphère**, partie **ductile** (solide déformable) du manteau supérieur.

▶ Leurs mouvements constituent la **tectonique des plaques** :
- vitesse de déplacement : $v > 6$ cm/an (plaques rapides) / $v < 4$ cm/an (plaques lentes) ;
- trois types de frontières entre deux plaques :

Frontière de…	Reliefs associés	Manifestations tectoniques associées	
Convergence	• Fosses océaniques. • Chaînes de montagnes.	• Collision. • Subduction. • Séismes. • Magmatisme. • Volcanisme explosif.	• Les lithosphères entrent en collision (formation des chaînes de montagnes). • La lithosphère plonge dans l'asthénosphère au niveau des fosses océaniques (subduction).
Divergence	• Dorsales océaniques. • Rifts.	• Volcanisme effusif. • Magmatisme.	Les plaques s'écartent, libérant de l'espace qui est comblé par du magma qui refroidit rapidement ; elles grandissent.
Coulissage	Failles transformantes.	Séismes.	Les plaques coulissent l'une contre l'autre.

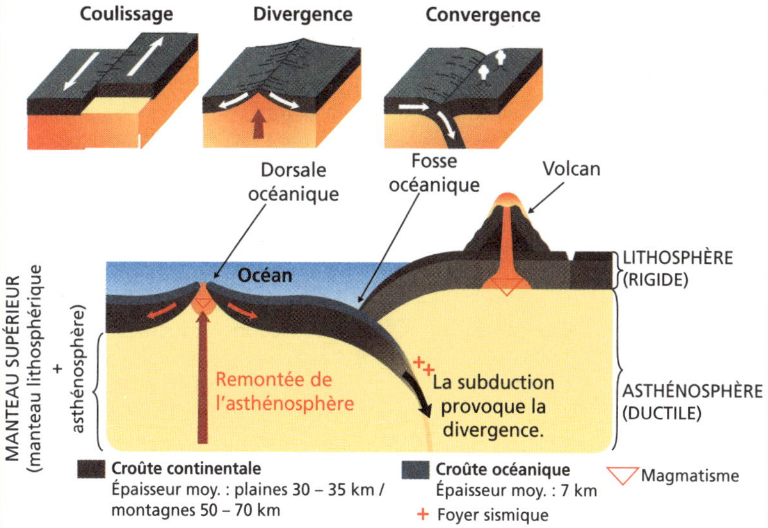

Les déplacements relatifs aux frontières des plaques lithosphériques

❷ L'origine des mouvements des plaques lithosphériques

▶ La **dissipation de l'énergie thermique interne** de la Terre entraîne des mouvements de **convection** (transfert d'énergie par mouvement de matière) des roches dans le **manteau**.

▶ Les deux-tiers de la surface de la Terre se déplacent plus vite que le manteau sous-jacent, ainsi la lithosphère tracte le manteau :

- les **subductions**, liées à des plongements très profonds de la lithosphère, mettent en mouvement les plaques lithosphériques ;
- correspondant à des remontées superficielles de manteau, initiées par le déplacement des lithosphères, pour compenser leur écartement relatif, les dorsales ne participent pas (ou peu) à la mise en mouvement des plaques.

Les rôles sont inversés sur le tiers restant (mouvements de convection du manteau prépondérants).

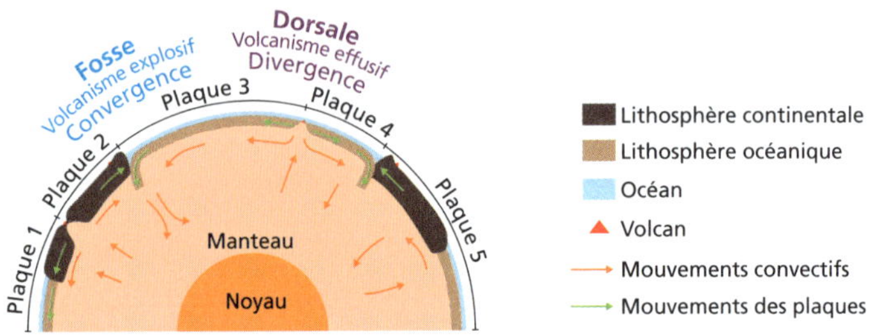

Mouvements des plaques et mouvements de convection dans le manteau

Je révise

Parmi les propositions suivantes, choisissez la (ou les) bonne(s) réponse(s)

❶ La lithosphère est :

A. la croûte continentale/océanique seulement.
B. le manteau supérieur rigide seulement.
C. la croûte continentale/océanique + le manteau supérieur.
D. la croûte continentale/océanique + la partie rigide du manteau supérieur.

❷ Les frontières des plaques sont caractérisées par des mouvements :

A. divergents.
B. convergents.
C. coulissants.
D. convectifs.

❸ L'asthénosphère est :

A. l'ensemble du manteau supérieur.
B. la croûte continentale/océanique.
C. le manteau supérieur ductile.
D. la croûte continentale/océanique + la partie rigide du manteau supérieur.

❹ Les mouvements de convection sont produits dans :

A. la lithosphère ductile.
B. l'asthénosphère rigide.
C. l'asthénosphère ductile.
D. la lithosphère rigide.

Réponses : 1. D ; 2. A, B et C ; 3. C ; 4. C.

Les séismes et les risques sismiques

Je retiens

1 Définition et origine du séisme

▶ Un **séisme** (ou tremblement de terre) est provoqué par la libération soudaine d'une grande quantité d'énergie accumulée en profondeur, lors d'une **fracturation** et d'un **déplacement brutal des roches** au niveau du **foyer** ou **hypocentre** (situé entre 0 et 700 km de profondeur), le long d'une **faille** généralement préexistante.

▶ Les **ondes sismiques** créées par ce déplacement se propagent dans toutes les directions et sont mesurées par les **sismomètres**.

▶ Le séisme se traduit en surface par des **vibrations** du sol qui peuvent provoquer : des mouvements de terrain ou la liquéfaction des sols et des tsunamis, vagues immenses se déplaçant à 600 km/h au large qui ralentissent en s'amplifiant en arrivant sur la côte (si l'origine est sous-marine).

▶ À la surface du sol, le point, situé à la verticale du foyer, où l'intensité est la plus forte, est appelé **épicentre**.

▶ Le séisme est d'autant plus violent en surface que la quantité d'énergie emmagasinée au niveau de la faille avant le séisme est importante et que le foyer est proche de la surface.

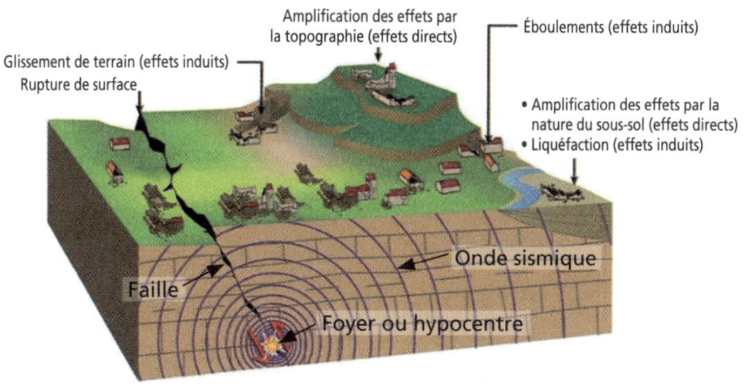

Schéma montrant les effets d'un séisme

POUR INFO !

Pour environ 95 % des séismes, le foyer est situé à une profondeur inférieure à 60 kilomètres.

2 Les aléas et les risques sismiques

Pour mesurer la force des séismes, deux paramètres sont utilisés :

- La **magnitude** caractérise l'énergie libérée par la rupture des roches à l'origine du séisme.
  L'**échelle de Richter** indique la magnitude locale pour des séismes proches du point de mesure et superficiels (foyer inférieur à 30 kilomètres de profondeur).

Les **sismologues** utilisent surtout la magnitude de moment qui prend en compte les caractéristiques de la rupture dont la taille de la faille.

- L'**intensité** est liée aux effets du séisme à un endroit donné (ressenti des habitants, chute d'objets, dégâts…), et varie d'un site à un autre pour un même séisme (échelle MSK, échelle EMS-98).

▶ Les **conséquences d'un séisme** peuvent être de nature humaine, économique et/ou environnementale (modifications des paysages, pollutions industrielles liées à l'endommagement de constructions).
▶ Un **réseau de sismographes** surveille en permanence les séismes pour mieux les étudier et alerter les populations, notamment en cas de tsunami.
▶ L'**aléa sismique**, variant en fonction des régions, est élevé aux frontières de plaques tectoniques.
▶ Le **risque sismique** tient compte de l'**aléa** et des **enjeux**.

Enjeu	+	Aléa sismique	=	Risque sismique	→	Prévention et protection
Vulnérabilité d'une zone où se trouvent des êtres humains face à un aléa. • *Populations* • *Activités humaines*	+	Probabilité qu'un séisme affecte une zone donnée. • *Présence de failles* • *Historique sismique* • *Proximité d'une frontière de plaques tectoniques* • *Zone côtière (tsunami)*	=	Probabilité des dommages liés à un aléa dans une région aux enjeux connus. • *Victimes* • *Dégâts matériels* • *Environnement*	→	Surveillance, éducation, constructions parasismiques, aménagement du territoire, préparation à la gestion de crise.

Je révise

Parmi les propositions suivantes, choisissez la (ou les) bonne(s) réponse(s)

1 Le lieu en profondeur d'où partent les ondes sismiques s'appelle :
A. faille.
B. hypocentre.
C. épicentre.
D. foyer.

2 Le lieu en surface où le séisme est le plus fortement ressenti est :
A. la faille.
B. l'hypocentre.
C. l'épicentre.
D. le foyer.

3 L'appareil qui enregistre les vibrations du sol est :
A. un sismogramme.
B. un sismographe.
C. un sismologue.
D. un sismomètre.

4 Le risque sismique :
A. est le même partout.
B. tient compte de l'aléa sismique.
C. tient compte des enjeux.
D. permet de prévoir un séisme.

Réponses : 1. B et D ; 2. C ; 3. B et D ; 4. B et C.

Le volcanisme et les aléas volcaniques

Fiche 48

Je retiens

1 Les types d'éruptions volcaniques

▶ Une **éruption volcanique** est l'émission de magma (mélange de roches fondues : la lave, de gaz H_2O, CO_2, SO_2, et d'éléments solides) à la surface de la Terre.

▶ Le **magma**, produit en profondeur dans le manteau, remonte (car moins dense), s'accumule peu à peu sous la surface, dans une **chambre magmatique** soumise à une pression intense. Arrivée à saturation, ses parois se rompent, s'effondrent et la pression baisse alors brutalement, les gaz dissous (H_2O, CO_2, SO_2…) dans le magma passent à l'état gazeux, sous la forme de bulles, qui remontent vers la surface, entraînant le magma.

Détails d'une éruption volcanique

▶ Terrestre ou sous-marin, le volcan forme un relief généralement conique, plus ou moins pentu, construit par l'accumulation successive de lave et/ou de fragments rocheux, solidifiés autour du point d'émission principal.

▶ Les éruptions sont classées en deux types :

	Éruption effusive	Éruption explosive
Forme de l'édifice	Cône évasé	Cône pentu Dôme
Point d'émission	Cratère au sommet Fissures dans le cône	Explosion du dôme
Produits émis	Coulées/fontaines de lave fluide (900 à 1 200 °C) se déplaçant de quelques mètres par heure à 80 km/h.	• Panache (nuage vertical) de gaz et de cendres. • Projections brutales. • Coulée pyroclastique (nuée ardente) : masse de gaz brûlants (300 °C) et de fragments de roches solides se déplaçant à une vitesse de 60 à 650 km/h (moy. de 300 km/h). • Formation d'un dôme ou d'une aiguille de lave visqueuse au sommet.
Conséquences sur le paysage	• Paysages brûlés. • Zones situées à proximité immédiate (jusqu'à des dizaines de kilomètres) du volcan. • Fertilisation des sols (sels minéraux libérés).	• Destruction sur plusieurs dizaines de km. • Dépôt de cendres. • Fertilisation des sols (sels minéraux libérés). • Impacts possibles sur des centaines (voire des milliers) de kilomètres.
Fluidité/ viscosité de la lave	• Fluide. • Dégazage régulier.	• Visqueuse/très riche en silice. • Dégazage brutal.
Contexte géologique	Point chaud/dorsale.	Zone de subduction.

POUR INFO !

- La majorité du magma émis sur Terre chaque année se fait sous l'eau, entre 2 et 2,5 kilomètres de profondeur, le long des dorsales océaniques.
- Des observatoires surveillent les volcans : 1 500 volcans sont considérés comme actifs à la surface de la Terre et 40 à 50 éruptions ont lieu chaque année (*Global Volcanism Program* du Smithsonian Institution).

2 Les aléas et risques volcaniques

▶ Le **risque volcanique** (probabilité des dommages) prend en compte un **aléa** (probabilité du phénomène) et la présence d'un **enjeu** (vulnérabilité d'une zone : populations, infrastructures, activités économiques…).

▶ Les **aléas** – coulées de lave, gaz, cendres et bombes, coulées pyroclastiques, lahar (coulée de boue), coulée de débris ou glissement de terrain, séismes – dépendent du volcan, de son comportement éruptif variable/gradué (effusif→explosif) parfois lors d'une même éruption et du contexte géographique.

▶ La **prédiction** des éruptions est difficile car ces dernières peuvent varier pour un même volcan selon :

- ses comportements éruptifs spécifiques ;
- sa fréquence éruptive avec des périodes de repos plus ou moins longues ;
- la durée de ses phases éruptives (quelques heures à plusieurs dizaines d'années).

Je révise

Parmi les propositions suivantes, choisissez la (ou les) bonne(s) réponse(s)

1 Est un aléa volcanique :
A. un lahar.
B. une subduction.
C. une coulée pyroclastique.
D. une dorsale.

2 Une éruption volcanique :
A. est liée au dégazage du magma.
B. est liée au dégazage de la lave.
C. a la même durée pour tous les volcans.
D. est toujours explosive.

3 Le magma :
A. est produit dans le noyau.
B. est de la lave.
C. est produit dans le manteau.
D. contient des gaz dissous.

4 Le type d'éruption dépend :
A. de la viscosité du magma.
B. de la composition chimique du magma.
C. de la forme du volcan.
D. du contexte géologique.

Réponses : 1. A et C ; **2.** A ; **3.** C et D ; **4.** A, B et D.

La météorologie et les risques météorologiques

Je retiens

1 Définition

▶ La **météorologie** est la science qui étudie la formation, les dynamiques et les évolutions des **phénomènes atmosphériques** (nuages, précipitations, vents), en interaction avec l'hydrosphère, la biosphère et la géosphère, en fonction des paramètres physiques (pression, hygrométrie et température) et chimiques (compositions des fluides – air, eau).

▶ Le **météorologiste/-logue** étudie et analyse les causes et les effets des changements atmosphériques et climatiques, établit des **prévisions** d'évolution et **anticipe les risques** en s'appuyant sur des modèles mathématiques, à court, moyen et long termes, qui intègrent des données provenant des stations, ballons sondes, satellites et radars.

▶ Les **paramètres** sont mesurés par des **capteurs** de pression (baromètre), d'humidité (hygromètre), de température (thermomètre), de vitesse du vent (anémomètre).

▶ Ses applications concernent de nombreux domaines : production d'énergie, transports, médecine.

2 Les variations de la pression atmosphérique

▶ Les **variations horizontales et verticales** de la pression atmosphérique permettent de déterminer les **mouvements de l'atmosphère**.

- **Verticalement :** plus l'altitude augmente, plus la quantité d'air diminue, donc plus la pression diminue (en moyenne, baisse de 1 hPa/8 m).
- **Horizontalement :** les pressions varient entre 870 hPa et 1 087 hPa (mesures extrêmes relevées).

▶ Pour être comparées, les mesures de pression sont corrigées et ramenées au niveau de la mer.

Altitude (m)	Pression (hPa)
22 000	25
16 180	100
11 780	200
9 160	300
7 190	400
5 570	500
3 010	700
1 460	850
Niveau de la mer	1 013,25

Variation verticale de la pression atmosphérique (hPa) en fonction de l'altitude (m)

▶ Le **gradient** horizontal de pression (différence de pression entre deux points de la carte) permet de déterminer l'**intensité du vent** : plus le gradient (la pente) est élevé, les isobares serrés, plus le vent sera fort.

▶ Dans l'hémisphère nord, les vents tournent dans le sens horaire autour des **anticyclones (A)** et dans le sens anti-horaire autour des **dépressions (D)** (et inversement, dans l'hémisphère sud).

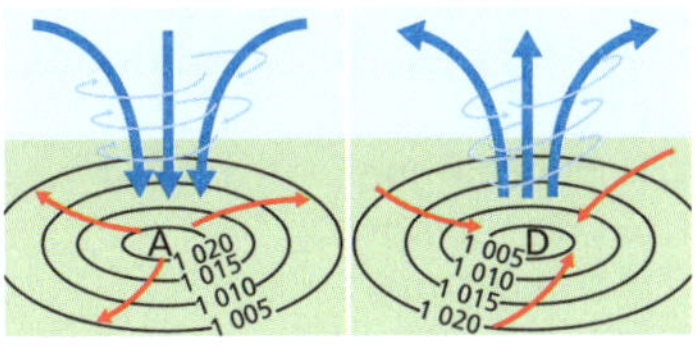

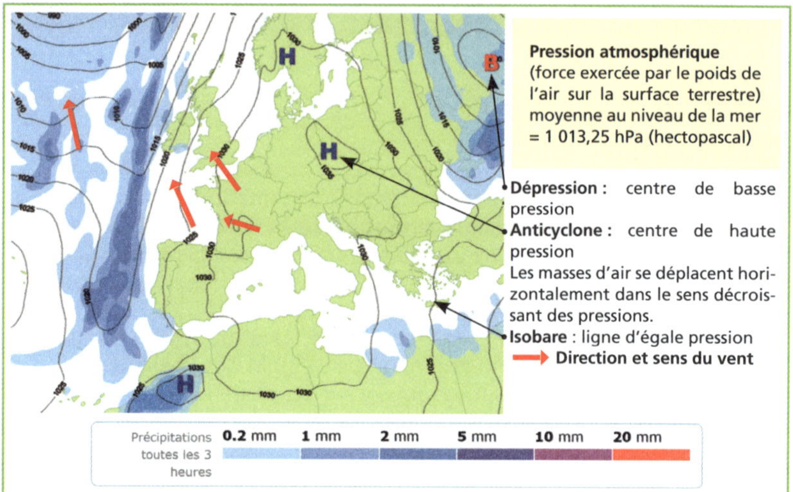

Prévisions du 13/02/2023 pour les pressions et les vents (14/02/2023 à 10 h)

3 La surveillance des risques météorologiques

▶ En France, la **Vigilance Météo France** (depuis 2001) couvre neuf phénomènes : vent violent, vagues-submersions, pluie-inondation, crues, orages, neige et verglas, avalanches, canicule, grand froid.
▶ La vigilance « crues » (Vigicrues depuis 2006) s'occupe des cours d'eau surveillés par l'État.
▶ Phénomène des régions tropicales, le cyclone, tourbillon dévastateur de grande échelle, se caractérise par des pluies diluviennes, des vents très violents (350 km/h), dus à une chute importante de la pression atmosphérique.

Je révise

Parmi les propositions suivantes, choisissez la (ou les) bonne(s) réponse(s)

1 À 1 500 m d'altitude, la pression atmosphérique moyenne est de :
A. 500 hPa.
B. 700 hPa.
C. 850 hPa.
D. 1 500 hPa.

2 Le spécialiste qui étudie les phénomènes atmosphériques est :
A. le métrologue.
B. le vulcanologue.
C. le sismologue.
D. le météorologue.

3 Le cyclone est :
A. un phénomène polaire.
B. dû à une chute de la pression atmosphérique.
C. un phénomène tropical.
D. dû à une augmentation de la pression atmosphérique.

4 Dans l'hémisphère sud, les vents tournent dans le sens :
A. horaire autour des anticyclones.
B. anti-horaire autour des anticyclones.
C. anti-horaire autour des dépressions.
D. horaire autour des dépressions.

Réponses : 1. C ; 2. D ; 3. B et C ; 4. B et D.

Les grandes zones climatiques

Fiche 50

Je retiens

1 Le climat

▶ Dans une région donnée, le **climat** est défini par les conditions météorologiques moyennes (températures, précipitations…), calculées grâce aux données et observations relevées (valeurs moyennes et extrêmes + variations) sur une période d'au moins 30 ans.

▶ À l'échelle planétaire, le climat est le produit, dans l'espace et dans le temps, des interactions entre les éléments de l'atmosphère, la lithosphère, l'hydrosphère (eau liquide et solide/glace cryosphère) et la biosphère (êtres vivants, dont la végétation).

2 Les zones climatiques

▶ La **sphéricité de la Terre** cause une inégale répartition du rayonnement solaire à sa surface. À l'équateur, l'**angle d'incidence des rayons** est quasi perpendiculaire à la surface terrestre ; cet angle diminue vers les pôles. Ainsi, l'équateur reçoit plus de rayonnement solaire que les pôles.

▶ À la surface de la Terre, les différences de températures entre les latitudes créent :

- de grandes zones climatiques (froides, tempérées et chaudes), quasi symétriques par rapport à l'équateur ;
- des courants atmosphériques (vents), eux-mêmes à l'origine des courants océaniques de surface qui peuvent modifier les climats des régions.

▶ À une latitude donnée, l'**inclinaison du globe** fait que l'angle d'incidence des rayons varie au cours de l'année (variations saisonnières observées).

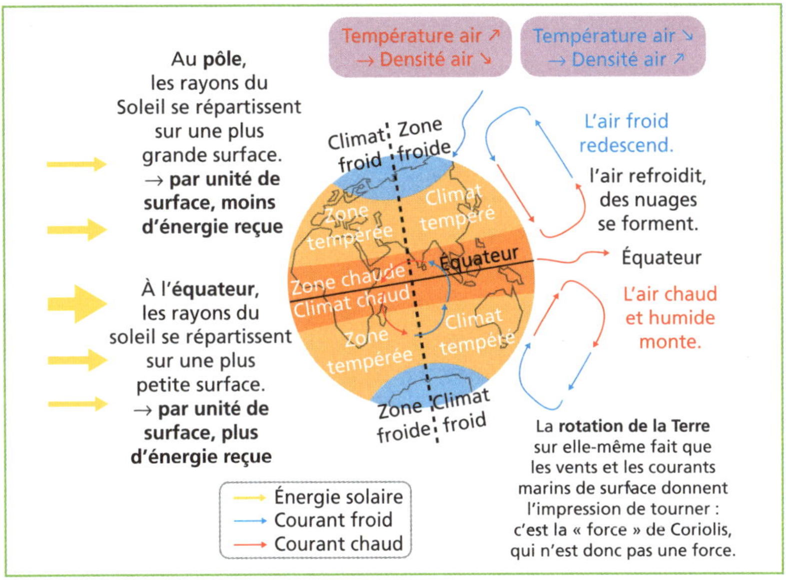

L'UNIVERS, LA PLANÈTE TERRE ET L'ENVIRONNEMENT

POUR INFO !

Un biome est un ensemble d'écosystèmes caractéristique d'une aire biogéographique, nommé à partir de la végétation et des espèces animales prédominantes adaptées aux conditions écologiques du lieu, induites par le climat et le sol. Certains biomes ont une répartition zonale (forêt tropicale dense, savane, steppe, toundra...).

3 Les climats et la végétation

▶ Chaque zone, subdivisée en climats, regroupe des territoires aux conditions météorologiques similaires (températures, précipitations – pluie et neige, vitesse des vents, durée d'ensoleillement...).

▶ Dans une région, le climat est influencé par divers **facteurs** (relief, proximité des océans, hygrométrie, rayonnement solaire).

Classification de Köppen-Geiger		
Classes	Types	Types de climats (avec variantes → ≈ 30 climats)
A	Tropical	Équatorial (humide) Mousson Savane
B	Sec	Désertique Semi-aride (steppe)
C	Tempéré	Subtropical humide Océanique Méditerranéen
D	Continental	Continental humide Subarctique Continental méditerranéen
E	Polaire	Toundra Inlandsis ou calotte glaciaire

▶ Le climat influence fortement la répartition de la végétation.

▶ Le **système de classification climatique de Köppen-Geiger**, couramment utilisé, est fondé sur les précipitations, les températures et la végétation locale : un climat est codé par deux ou trois lettres (première lettre : type de climat / deuxième lettre : régime pluviométrique / troisième lettre : variation des températures).

Je révise

Parmi les propositions suivantes, choisissez la (ou les) bonne(s) réponse(s)

1 L'inégale répartition latitudinale du rayonnement solaire à la surface de la Terre est induite par :

A. la distance Terre-Soleil.
B. les courants atmosphériques et océaniques.
C. la sphéricité de la Terre.
D. la présence d'une atmosphère.

2 Les zones climatiques sont créées par une répartition du rayonnement solaire :

A. égale selon la latitude.
B. égale selon la longitude.
C. inégale selon la longitude.
D. inégale selon la latitude

3 Les zones climatiques sont au nombre de :

A. 5.
B. 4.
C. 3.
D. 2.

4 Le climat influence :

A. les courants marins de surface.
B. la répartition de la végétation.
C. les courants atmosphériques.
D. la répartition des animaux.

Réponses : 1. C ; **2.** D ; **3.** A ; **4.** B et D.

Les paysages

Fiche 51

Je retiens

1 Les éléments d'un paysage

▶ Un **paysage** (types urbains, montagneux, désertiques, littoraux, ruraux…) est caractérisé par son **relief** (modelé) et la roche qui compose son sous-sol (composantes géologiques) mais aussi par son **peuplement** – êtres vivants qui peuplent le milieu (composantes biologiques).

▶ La **lecture d'un paysage** prend en compte sa localisation géographique, son altitude, des indications temporelles (date, saison), la distinction des différents plans observés, l'analyse de la structure (grands ensembles) et des éléments constitutifs, la forme du relief et l'affleurement des roches, la présence d'eau, le peuplement (faune, flore) et les manifestations des activités humaines.

Altitude moyenne : 1 100 m
Climat méditerranéen avec influences continentales : étés chauds et secs, hivers humides et froids, faune et flore typiques des steppes d'altitude

Paysage sur le Chaos de Nîmes-le-Vieux, montagne Causse Méjean, parc national des Cévennes

2 Le climat, le sol et le peuplement

▶ Un paysage est façonné par le **climat**, le **contexte géologique** et les **activités des êtres vivants** (microorganismes, champignons, animaux, végétaux).

▶ Le climat et le sol influencent le peuplement d'un milieu.

▶ Les paysages diffèrent selon la nature de leurs sol et sous-sol, et des propriétés de cette roche, notamment vis-à-vis de l'eau :

Sol et sous-sol calcaires (roche perméable)	Sol sec	Espèces végétales adaptées à la sécheresse	*Peuplement caractéristique des zones sèches*
Sol et sous-sol argileux (roche imperméable)	Sol humide, gorgé d'eau (+ étendues d'eau)	Espèces végétales adaptées aux zones humides	*Peuplement caractéristique des zones humides*

❸ La formation d'un sol

▶ Une fois formé, **le sol est structuré en couches** ou « horizons ».
▶ Sous une **litière** plus ou moins épaisse, l'**humus** assure la fertilité du sol.
▶ L'humus est produit par **humification**, un processus qui transforme et décompose la matière organique fraîche (débris végétaux, déjections…) en éléments minéraux, accéléré par l'action essentielle des microorganismes (bactéries), des champignons et de la microfaune du sol (lombrics, insectes…). Ce processus nécessite des températures et humidité suffisantes, un pH quasi neutre, une aération adéquate…

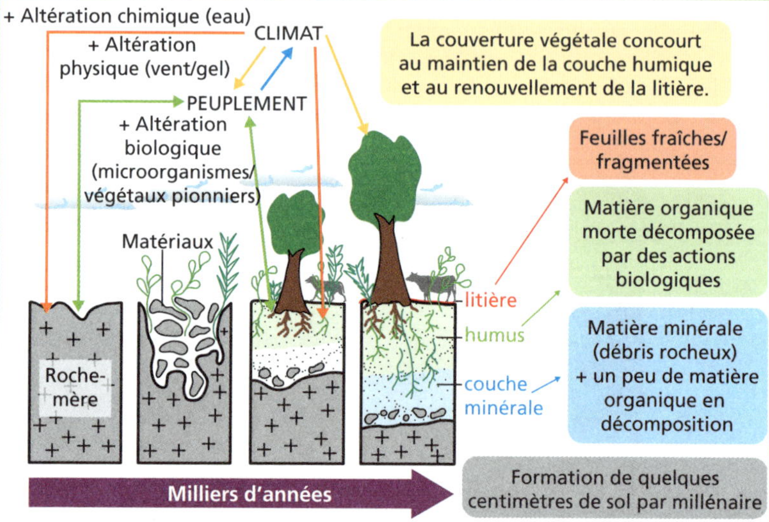

Formation d'un sol à partir d'une roche-mère

Je révise

Parmi les propositions suivantes, choisissez la (ou les) bonne(s) réponse(s).

❶ Un paysage est caractérisé par :
A. son peuplement.
B. son relief.
C. les activités humaines.
D. la roche de son sous-sol.

❷ Lors de la formation d'un sol, la roche-mère subit des altérations :
A. chimiques uniquement.
B. chimiques, physiques, biologiques.
C. physiques uniquement.
D. biologiques uniquement.

❸ Les paysages varient en fonction :
A. du climat.
B. de la nature du sous-sol.
C. du contexte géologique.
D. des activités humaines.

❹ La fertilité d'un sol :
A. est liée à la présence d'humus.
B. ne nécessite pas d'action biologique.
C. ne nécessite pas d'eau.
D. est liée à l'humification.

Réponses : 1. A, B, C et D ; 2. B ; 3. A, B, C et D ; 4. A et D.

Les changements climatiques

Fiche 52

Je retiens

1 Les cycles climatiques du Quaternaire

▶ Le Quaternaire est marqué par des cycles **glaciaires** et **interglaciaires** de grande amplitude, se répétant tous les 100 000 ans. Ils sont liés aux changements de l'orbite terrestre qui modifient la distribution saisonnière du rayonnement solaire à la surface de la Terre.

▶ Les variations des **paramètres de Milankovitch** (excentricité, obliquité et précession des équinoxes) expliquent ces fluctuations orbitales au cours du temps.

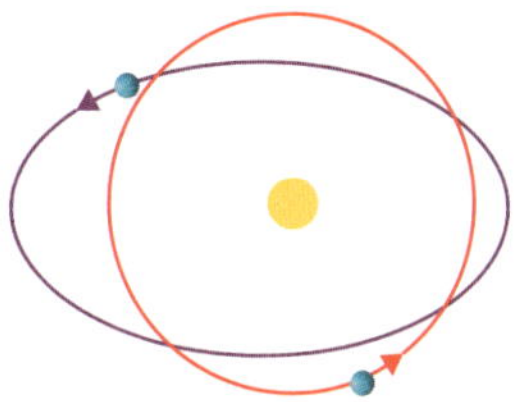

❶ Excentricité **(période 413 000 et 100 000 ans) :** degré d'aplatissement de l'ellipse orbitale par rapport à un cercle.

❷ Obliquité **(période de 41 000 ans) :** inclinaison (angle) de l'axe de rotation de la Terre par rapport à son plan orbital (de l'écliptique) moyen.

❸ Précession **(période de 23 000 et 19 000 ans)** Le changement graduel d'orientation de l'axe de rotation de la Terre (précession) entraîne un décalage régulier de la position des solstices et des équinoxes. De plus, l'orbite elliptique terrestre se décale (« tourne ») aussi progressivement autour du Soleil.

Orbite quasi circulaire (excentricité faible)	+ faible inclinaison	+ grande distance Terre-Soleil en été (hémisphère nord)	faible contraste saisonnier	configuration favorable pour l'apparition d'une période glaciaire
Orbite elliptique (forte excentricité)	+ forte inclinaison	+ faible distance Terre-Soleil en été (hémisphère nord)	saisons très contrastées	configuration favorable pour l'apparition d'une période interglaciaire

POUR INFO !

Le climat de la Terre présente une variabilité naturelle sur différentes échelles de temps. L'époque géologique actuelle (Holocène) est une période interglaciaire, mise en place depuis 11 700 ans (fin de la dernière période glaciaire).

2 Le changement climatique actuel

▶ La température terrestre dépend du **bilan radiatif global** (différence entre l'énergie reçue et l'énergie émise par la planète) dont toute modification est appelée **forçage radiatif**.

▶ L'**effet de serre** augmente la température moyenne à 15 °C, à cause des gaz à effet de serre ou GES, atmosphériques, alors que l'énergie seule reçue du Soleil produirait une température de –18 °C.

▶ Mais, depuis un siècle et demi (révolution industrielle), le réchauffement global mesuré (environ + 1 °C) est la réponse du système climatique à l'augmentation du forçage radiatif positif de l'effet de serre due aux émissions de GES liées aux activités humaines : CO_2 (combustion d'énergie fossile, déforestation tropicale) ; CH_4 (décharge, agriculture) ; N_2O (utilisation d'engrais) ; gaz fluorés (sprays, réfrigération, industries).

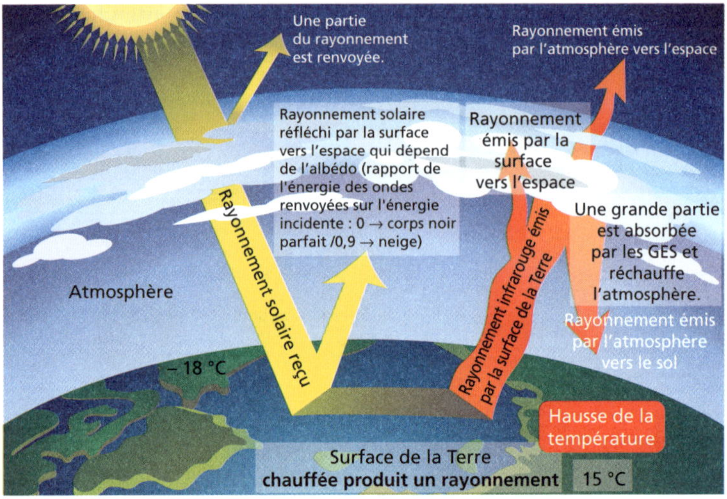

Principe de l'effet de serre

▶ **Le réchauffement climatique est irréversible** : + 1,09 °C en 2021 ; + 1,5 °C en 2030. Les prévisions du Giec 2021 pour 2100 sont : + 1,5 à + 2,5 °C scénario 1/+3 à + 5 °C scénario 2.

▶ Aussi, pour en limiter la hausse et les effets, deux approches sont complémentaires :
- l'atténuation : limiter les émissions de GES ;
- l'adaptation : anticiper les impacts et limiter leurs dégâts éventuels.

Je révise

Parmi les propositions suivantes, choisissez la (ou les) bonne(s) réponse(s)

1 Les paramètres de Milankovitch sont :
A. l'excentricité.
B. l'atténuation.
C. la précession.
D. l'obliquité.

2 Par l'effet de serre, la température terrestre :
A. diminue.
B. augmente.
C. est inchangée.
D. est positive.

3 Le réchauffement climatique actuel est :
A. réversible.
B. irréversible.
C. d'origine anthropique.
D. d'origine astronomique.

4 L'atténuation consiste à :
A. augmenter l'émission de GES.
B. limiter les dégâts éventuels.
C. anticiper les impacts du réchauffement.
D. diminuer l'émission de GES.

Réponses : 1. A, C et D ; **2.** B et D ; **3.** B et C ; **4.** D.

Protection, adaptation et atténuation des risques

Je retiens

1 Les différences entre risque et aléa

▶ Un **aléa** est la possibilité qu'un phénomène (inondation, cyclone, séisme...) affecte une zone en particulier.

▶ Un **risque** correspond à la possibilité qu'un aléa se produise et entraîne des conséquences pour les humains.

▶ Il existe deux types de risques :

- naturels (volcanisme, glissement de terrain...) ;
- technologiques (accident nucléaire, industriel...).

▶ Les **enjeux** sont les populations, les bâtiments et les équipements qui peuvent être impactés par un risque majeur.

Crue du cours d'eau avec débordement dans le lit majeur. | Personnes, biens, activités économiques... | Inondation de gravité variable selon l'aléa (ampleur de la crue) et l'enjeu (vulnérabilité).

Aléa + Enjeux = Risque

▶ Un **risque majeur** est la possibilité qu'un événement (naturel ou artificiel) survienne et qu'il ait des effets pour un grand nombre de personnes, occasionnant des dommages importants et dépassant les capacités de réaction de la société.

2 La surveillance, la prévention et l'atténuation des risques

▶ La **surveillance** permet d'anticiper :

- la survenue d'un aléa afin de pouvoir informer le plus rapidement possible la population et prendre les mesures adéquates ;
- de faire des **prévisions** ;
- peut consister à poser des sismomètres sur des volcans, utiliser des satellites pour surveiller les phénomènes météorologiques...

▶ **Anticiper un risque**, c'est prendre des mesures de protection limitant les dégâts et le nombre de blessés.

▶ Parmi les mesures de prévention, l'une des plus importantes consiste à **éduquer la population aux comportements à adopter** en cas de crise.

▶ Outre les mesures de prévention, il est possible d'**adopter des mesures d'atténuation** des risques.
▶ Parmi ces mesures, il est envisageable de construire des ouvrages d'art résistants (normes parasismiques, par exemple), en adoptant des zonages (zone inondable non constructible), en adaptant le bâti…

- Surveillance et système d'alerte

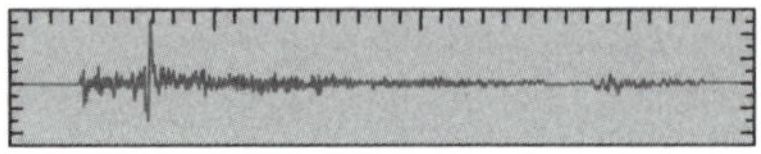

- Formation (sensibilisation et prévention) des populations
- Constructions adaptées (par exemple, digue)
- Normes parasismiques

La prévention et la protection réduisent les risques

Je révise

Parmi les propositions suivantes, choisissez la (ou les) bonne(s) réponse(s)

1 Un risque :
A. est le même partout sur Terre.
B. dépend d'enjeux locaux.
C. dépend d'aléas.
D. dépend du froid.

2 Face à un risque, il est possible de :
A. le surveiller.
B. l'empêcher.
C. l'atténuer.
D. faire de la prévention.

3 Un risque peut être :
A. naturel.
B. technologique.
C. local.
D. global.

4 Une mesure d'atténuation d'un risque peut être :
A. de supprimer le risque.
B. de construire des systèmes de protection.
C. de déplacer des populations.
D. d'éduquer les populations.

Réponses : 1. B et C ; **2.** A, C et D ; **3.** A, B et C ; **4.** B, C et D.

Un exemple d'impact humain sur un écosystème : la déforestation

Fiche 54

Je retiens

1 Les usages des forêts

▶ Les forêts sont exploitées pour des **raisons économiques** (papeterie, fabrication de mobilier, d'artisanat...). En France, la filière bois fournit 440 000 emplois et réalise un chiffre d'affaires de 60 milliards d'euros.

▶ Les forêts ont aussi des **usages récréatifs** comme des activités sportives (randonnées pédestres et à VTT, accrobranche...) ou culturelles.

▶ Elles fournissent également des **services écosystémiques** : protection contre l'érosion des sols, stockage de CO_2 atmosphérique, réservoir de biodiversité...

POUR INFO !

Les forêts occupent près d'un tiers de la surface terrestre et abritent plus de la moitié des espèces terrestres du monde.

2 Des forêts trop souvent surexploitées

▶ La surexploitation conduit à une **déforestation** : plus de 43 millions d'hectares de forêts ont été détruits entre 2004 et 2017 (une superficie équivalente à celle du Maroc). La forêt amazonienne brésilienne a perdu plus de 11 000 km^2 en 2019, soit l'équivalent de plus de 1,5 million de terrains de football.

Plantation de palmiers à huile dans une zone déforestée en Asie du Sud-Est

▶ La majorité de la déforestation mondiale est liée à la **conversion des forêts en zones de culture** (palmiers à huile, hévéas...) **ou de pâturage**.

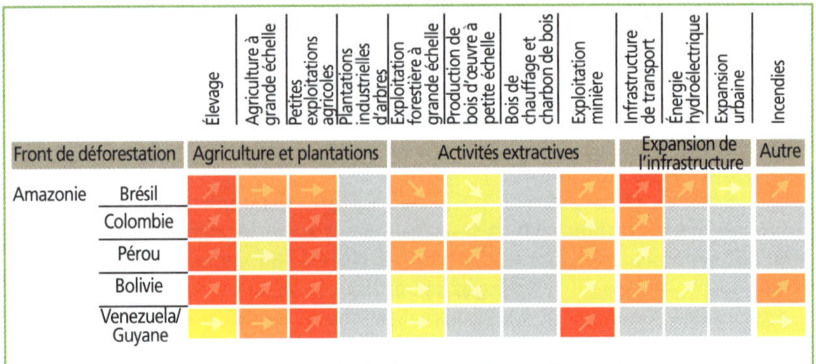

Quelques causes de la déforestation en Amazonie

▶ La surexploitation des forêts a de nombreuses conséquences :

- fragmentation et affaiblissement de la forêt restante ;
- risque de disparition d'espèces (orang-outan...) ;
- fragilisation des sols ;
- baisse de l'accès à l'eau potable...

POUR INFO !

La France métropolitaine connaît un phénomène de reforestation puisque nous sommes passés de 8 millions d'hectares en 1830 à 17 millions en 2018 (soit 31 % du territoire).

3 D'autres choix sont possibles !

▶ L'exploitation forestière reste nécessaire mais il est possible d'en faire une **exploitation durable**.

▶ L'une des possibilités est de **ne pas faire de coupe à blanc** (où tous les arbres sont coupés) et privilégier des coupes permettant une régénération naturelle de la forêt.

▶ Il est possible d'**agir politiquement** en interdisant la vente de bois issu de la déforestation (l'Union européenne en importe 10 %).

▶ En France, l'Office national des forêts tente une gestion durable avec plusieurs objectifs : production de bois, accueil du public, protection de la biodiversité...

Je révise

Parmi les propositions suivantes, choisissez la (ou les) bonne(s) réponse(s)

1 La forêt :
A. apporte des ressources.
B. apporte des services écosystémiques.
C. régresse partout dans le monde.

2 La déforestation est principalement causée par :
A. la construction de routes.
B. l'agriculture.
C. l'exploitation de bois.

3 Pour lutter contre la déforestation :
A. on ne peut rien faire.
B. on peut favoriser une exploitation durable.
C. il est possible de légiférer.

4 En France, la surface des forêts depuis 200 ans est en :
A. augmentation
B. diminution.
C. stagnation

Réponses : 1. A et B ; 2. B ; 3. B et C ; 4. A.

Vers une gestion durable des ressources

Fiche 55

Je retiens

1 Un contexte intenable

▶ L'exploitation actuelle des ressources naturelles est à un niveau sans précédent et continue de croître.

▶ Actuellement, avec notre mode de vie, nous utilisons les **ressources de l'équivalent de 1,6 planète Terre**. Les écosystèmes ne peuvent pas répondre à nos demandes.

▶ Tous les pays n'ont pas le même impact sur la planète : les vingt pays les plus riches sont responsables de 78 % des émissions mondiales de gaz à effet de serre.

▶ Tous les habitants n'ont pas le même impact : les 1 % les plus riches de la population mondiale sont responsables de plus d'émissions de gaz à effet de serre que les 50 % les plus pauvres.

2 Le développement durable, c'est quoi ?

▶ L'expression « **développement durable** » apparaît pour la première fois dans un rapport remis aux Nations unies. Ce concept sera précisé en 1992 lors du Sommet de la Terre de Rio de Janeiro.

▶ Le développement durable est défini comme un développement qui répond aux **besoins du présent sans compromettre la capacité des générations futures** à répondre à leurs propres besoins.

▶ Le développement durable repose sur :

- le pilier environnemental ;
- le pilier social : préservation et amélioration des conditions de vie ;
- le pilier économique : conservation de la croissance et compétitivité économiques.

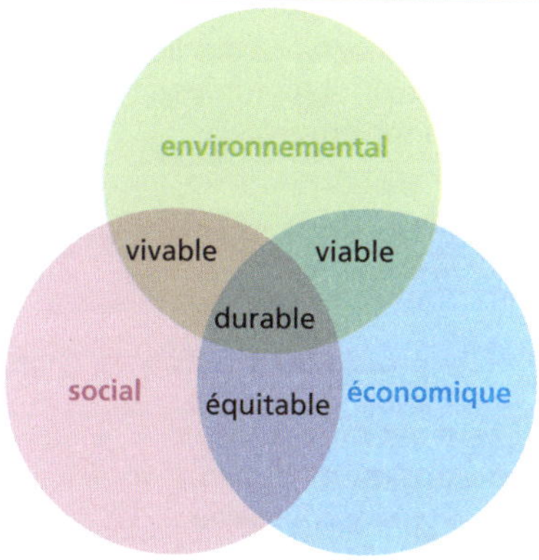

Les trois piliers du développement durable

▶ Le développement durable est un modèle complet qui cherche l'équilibre entre ces trois piliers et ne se limite pas aux questions environnementales.

POUR INFO !

L'un des objectifs de l'éducation au développement durable est de former des citoyens armés intellectuellement pour participer à des débats, faire des choix éclairés en prenant appui sur des connaissances scientifiques solides…

❸ Les 17 objectifs pour sauver le monde

▶ L'ONU incite tous les pays – pauvres comme riches – à agir pour protéger la planète tout en promouvant la prospérité grâce à **17 objectifs de développement durable (ODD)**.

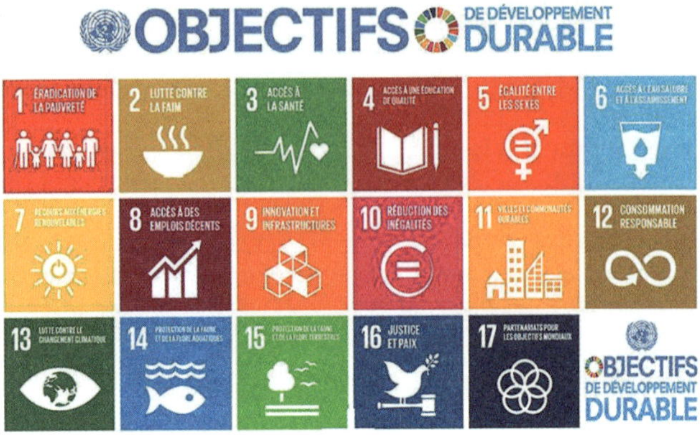

Les 17 objectifs de développement durable (www.un.org)

▶ Ces 17 objectifs s'inscrivent au cœur de l'agenda 2030 et permettent de montrer l'importance des liens entre les différentes thématiques ainsi que la nécessaire mobilisation de l'ensemble des acteurs, institutionnels comme ceux de la société civile.

Je révise

Parmi les propositions suivantes, choisissez la (ou les) bonne(s) réponse(s)

❶ Les trois piliers du développement durable sont :
A. l'égalité entre les sexes.
B. le développement social.
C. le développement économique.
D. la préservation de l'environnement.

❷ Le développement durable, c'est :
A. protéger la biodiversité.
B. répondre aux besoins actuels.
C. répondre aux besoins des générations futures.
D. vivre en harmonie avec la nature.

❸ L'ONU propose :
A. 15 objectifs pour 2035.
B. 15 objectifs pour 2030.
C. 17 objectifs pour 2030.
D. 17 objectifs pour 2035.

❹ Ces objectifs sont :
A. tous liés à l'environnement.
B. tous liés à l'économie.
C. tous liés à la justice sociale.
D. connectés à l'ensemble de ces thèmes.

Réponses : 1. B, C et D ; **2.** B et C ; **3.** C ; **4.** D.

ORGANISATION ET TRANSFORMATION DE LA MATIÈRE

- ☑ Description et constitution des états de la matière
- ☑ Les transformations chimiques

NOTES

Les états de la matière

Je retiens

1 La matière à différentes échelles

▶ À l'échelle **macroscopique** (échelle humaine) :

Propriétés \ États	Solide	Liquide	Gaz
Volume	Incompressible, il possède un **volume propre**.	Incompressible, il possède un **volume propre**.	Compressible, il ne possède **pas de volume propre**.
Forme	Ne se déforme pas facilement. Il possède une **forme propre**.	Prend la forme du récipient qui le contient. Il n'a **pas de forme propre**.	Occupe tout l'espace disponible qu'on lui donne. Il n'a **pas de forme propre**.

▶ À l'échelle **microscopique** (dimension très petite ; particules invisibles à l'œil nu et au microscope) :

État solide

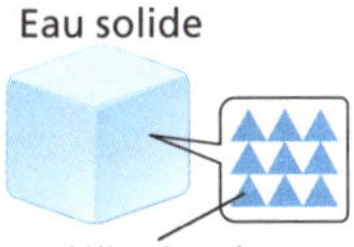

- Molécules proches les unes des autres (volume propre).
- Molécules fixes les unes par rapport aux autres (forme propre).

L'état solide est compact et ordonné.

État liquide

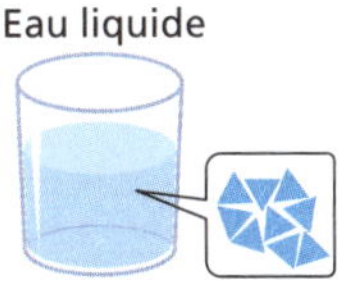

- Molécules proches les unes des autres (volume propre).
- Molécules se déplaçant les unes par rapport aux autres (pas de forme propre).

L'état liquide est compact et désordonné.

État gazeux

- Molécules éloignées les unes des autres (pas de volume propre).
- Molécules se déplaçant dans tout l'espace disponible (pas de forme propre).

L'état gazeux est dispersé et désordonné.

Modélisations des molécules qui composent l'eau

2 Les corps purs et les mélanges

▶ Un **corps pur** est constitué de particules toutes identiques.
▶ Un **mélange** est composé de plusieurs types de particules.

3 Les différents types de mélanges

▶ La **miscibilité** est la capacité de deux liquides à se mélanger.
▶ Deux liquides miscibles forment un **mélange homogène**. Dans le cas contraire, ils forment un **mélange hétérogène**.

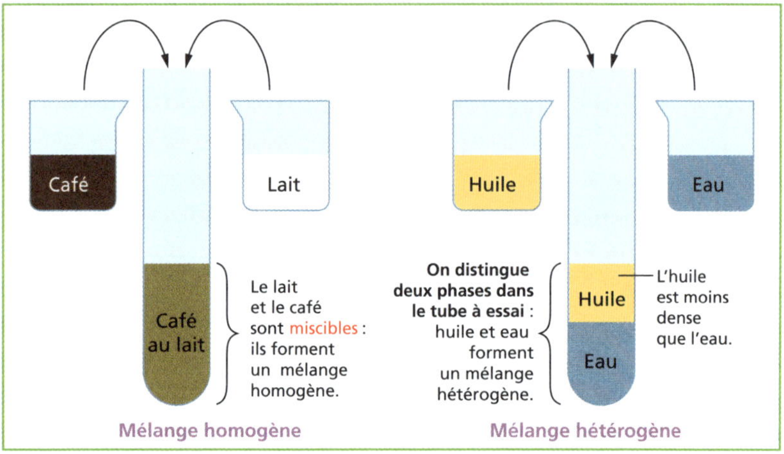

▶ Lorsqu'une substance se dissout dans l'eau, elle forme un mélange homogène. On dit alors qu'elle est **soluble** dans l'eau.

Je révise

Parmi les propositions suivantes, choisissez la (ou les) bonne(s) réponse(s)

1 Un solide possède :
A. uniquement une forme propre.
B. uniquement un volume propre.
C. un volume et une forme propres.
D. aucun des deux.

2 Les molécules d'eau modélisées ci-dessous correspondent à un état :
A. solide.
B. liquide.
C. gazeux.
D. aucun des trois.

3 L'état gazeux est :
A. compact et désordonné.
B. compact et ordonné.
C. dispersé et ordonné.
D. dispersé et désordonné.

4 La capacité de deux liquides à se mélanger se nomme :
A. fusion.
B. miscibilité.
C. solubilité.
D. assimilité.

Réponses : 1. C ; 2. B ; 3. D ; 4. B.

Les propriétés des changements d'état

Fiche 57

Je retiens

1 Le changement d'état

▶ Les modifications de température ou de pression d'un corps peuvent changer son état. Ces **changements d'état** mettent en jeu des **transferts d'énergie**. Il existe trois états :

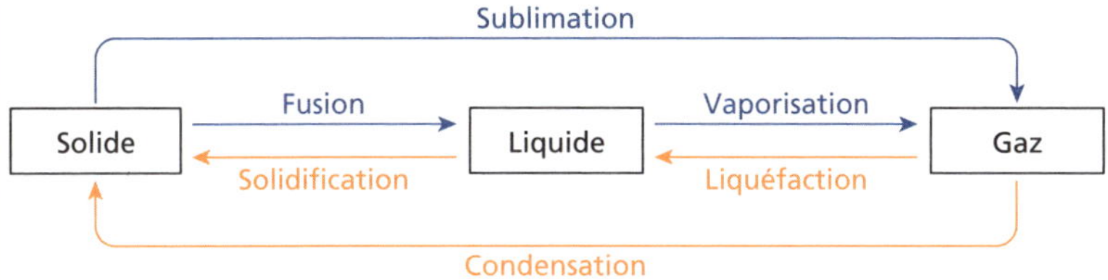

Schéma des transferts d'énergie entre les trois états

▶ La **température de fusion** de l'eau pure est de 0 °C.
▶ La **température de vaporisation** de l'eau pure est de 100 °C.

2 La masse et le volume lors d'un changement d'état

▶ Lors d'un changement d'état, le nombre de particules ne change pas : la masse se conserve.
▶ Lors d'un changement d'état, la distance entre les particules change : le volume change.

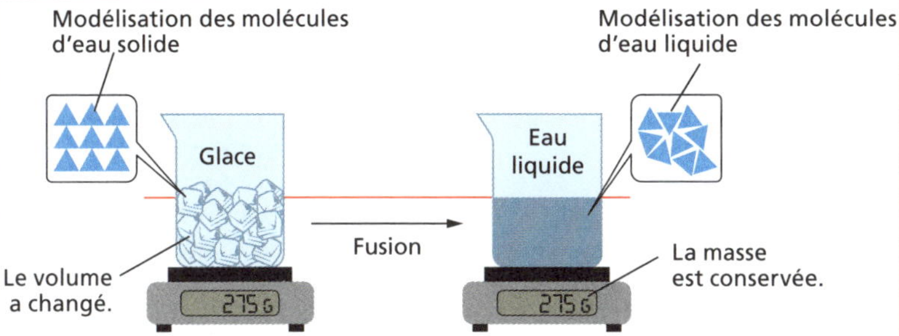

Modélisation de la fusion de la glace

3 La température

▶ La température est une grandeur physique, son unité de mesure est le degré Celsius (°C).
▶ L'appareil de mesure est le thermomètre.

4 La température et le changement d'état

Le changement d'état d'un corps pur s'effectue à température constante (ce n'est pas le cas pour un mélange). Sur un graphique, on repère alors un palier de température lors du changement d'état. C'est la température de changement d'état du corps pur.

DÉFINITION

Un corps pur est un élément ne comportant qu'une seule espèce chimique. L'inverse est un mélange.

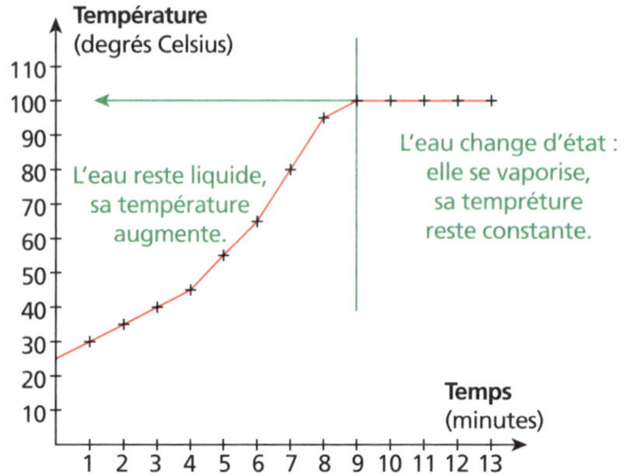

Évolution de l'état de l'eau pure en fonction de la température et du temps

Je révise

Parmi les propositions suivantes, choisissez la (ou les) bonne(s) réponse(s)

1 La liquéfaction est le passage :

A. de l'état liquide à l'état gazeux.
B. de l'état gazeux à l'état liquide.
C. de l'état solide à l'état liquide.
D. de l'état liquide à l'état solide.

2 Lors du changement d'état d'un corps pur :

A. la masse se conserve.
B. la masse varie.
C. le volume est le même.
D. le nombre de particules est identique.

3 La température :

A. est une unité de mesure.
B. se mesure avec un thermomètre.
C. varie lors du changement d'état d'un corps pur.
D. est une grandeur physique.

4 Lorsque l'eau pure passe de l'état liquide à l'état solide :

A. il y a solidification.
B. il y a fusion.
C. la température reste constante.
D. la température augmente.

Réponses : 1. B ; **2.** A et D ; **3.** B et D ; **4.** A et C.

Les solutions aqueuses et la solubilité

Fiche 58

Je retiens

1 Le solvant et la substance

▶ Un **solvant** est une substance (souvent liquide) capable de dissoudre une autre substance nommée **soluté** (solide, liquide ou gazeuse).

▶ Une **substance** pouvant se dissoudre dans un solvant est dite **soluble**.

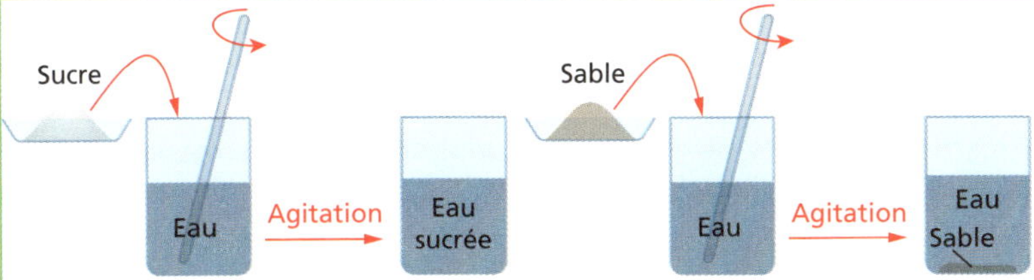

Le sucre est soluble dans l'eau. L'eau et le sucre forment un mélange homogène.

Le sable est insoluble dans l'eau. L'eau et le sable forment un mélange hétérogène.

Schémas d'une substance soluble ou non soluble

3 La solution aqueuse et le dissolution

▶ Une **solution aqueuse** est un mélange liquide entre un solvant et un soluté (espèce chimique). Elle est obtenue par **dissolution** de l'espèce chimique (solide, liquide ou gazeuse) dans l'eau.

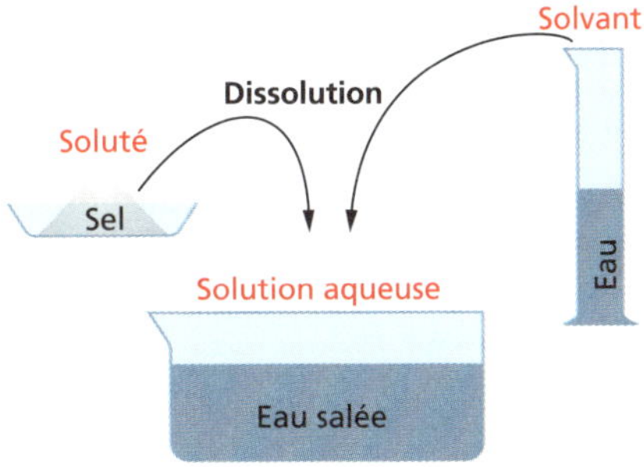

Schéma de la dissolution du sel dans l'eau

▶ Lorsqu'il n'est plus possible de dissoudre le soluté dans le solvant, la solution est dite **saturée**. L'espèce chimique non dissoute reste alors visible dans le récipient.

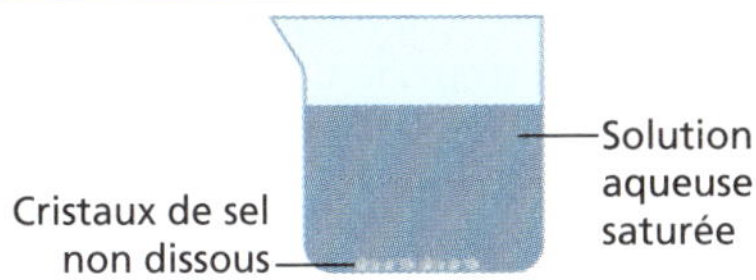

Schéma d'une solution saturée

ORGANISATION ET TRANSFORMATION DE LA MATIÈRE

PROPRIÉTÉ

- Lors de la dissolution, le soluté se décompose en minuscules particules invisibles à l'œil nu. Il ne disparaît pas mais se disperse.
- La masse totale se conserve donc au cours d'une dissolution.

3 La solubilité d'une espèce chimique

▶ La **solubilité *s*** d'une espèce chimique est la masse maximale de cette espèce chimique pouvant se dissoudre dans un liquide afin d'obtenir un litre de mélange.
▶ Comment calculer une solubilité ?

Si, dans un volume V de mélange, on peut dissoudre une masse maximale m_{max}, alors la solubilité s de l'espèce chimique s'obtient par le calcul :

$$s = \frac{m_{max}}{V}$$

- s : solubilité en grammes par litre (g/L ou $g.L^{-1}$)
- m_{max} : masse maximale en grammes (g)
- V : volumes en litres (L)

On écrit aussi : $m_{max} = s \times V$ et $V = \frac{m_{max}}{s}$.

Je révise

Parmi les propositions suivantes, choisissez la (ou les) bonne(s) réponse(s)

1 Une espèce chimique capable de se dissoudre dans l'eau est :

A. un solvant.
B. un soluté.
C. une solution.
D. soluble.

2 Lors de la dissolution :

A. la masse totale varie.
B. la masse totale se conserve.
C. le soluté se disperse dans le solvant.
D. le soluté disparaît.

3 La solubilité s'obtient par la formule :

A. $s = m_{max} \times V$.
B. $s = m_{max} + V$.
C. $s = \frac{V}{m_{max}}$.
D. $s = \frac{m_{max}}{V}$.

4 On peut dissoudre au maximum 7,2 g de sel dans 0,020 L d'eau. La solubilité du sel dans l'eau vaut :

A. 3,6 $g.L^{-1}$.
B. 7,18 $g.L^{-1}$.
C. 7,22 $g.L^{-1}$.
D. 360 $g.L^{-1}$.

Réponses : 1. B et D ; 2. B et C ; 3. D ; 4. D.

La masse volumique

Fiche 59

Je retiens

1 La masse d'un corps

▶ La **masse d'un corps** est liée à la quantité de matière que contient ce corps. La masse se mesure à l'aide d'une **balance** et s'exprime en kilogrammes (kg).

▶ Pour mesurer la masse d'un liquide (ou d'un solide mou), il faut se servir d'un récipient afin de le contenir, puis utiliser la tare de la balance et ajouter le liquide.

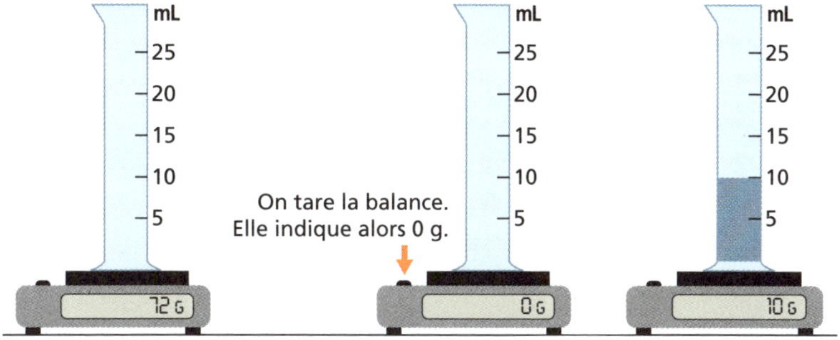

Mesure de la masse d'un corps liquide

▶ Les unités de masse :

kilogramme	hectogramme	décagramme	gramme	décigramme	centigramme	milligramme
kg	hg	dag	g	dg	cg	mg

2 Le volume d'un corps

▶ Le **volume d'un corps** correspond à l'espace que ce corps occupe. Le volume d'un liquide peut se mesurer à l'aide d'une **éprouvette graduée** et s'exprime en litres (L).

▶ Pour mesurer le volume d'un solide, on peut utiliser la technique du déplacement d'eau. On immerge le solide dans un récipient gradué contenant de l'eau. Il déplace un volume d'eau égal à son propre volume.

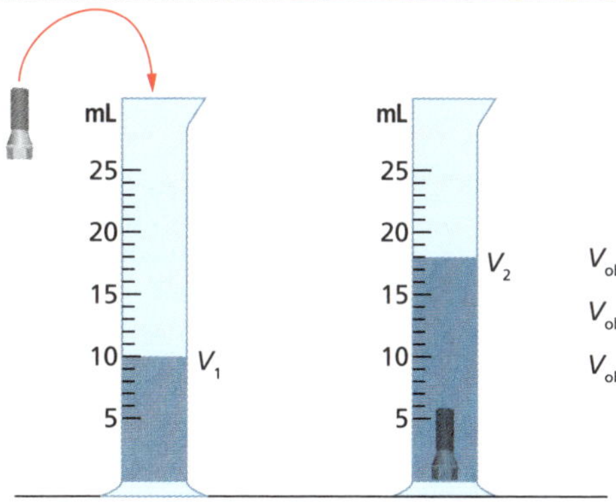

$V_{objet} = V_2 - V_1$

$V_{objet} = 18 - 10$

$V_{objet} = 8$ mL

Mesure du volume d'un solide

▶ Tableau de conversion des unités de volume :

m^3			dm^3			cm^3
	hL	daL	L	dL	cL	mL

▶ Quelques conversions : 1 cm^3 = 1 mL ; 1dm^3 = 1 L ; 1 m^3 = 1 000 L.

3 La masse volumique d'un corps

▶ La masse *m* d'un corps et son volume *V* sont proportionnels. Pour caractériser un corps, on définit alors sa **masse volumique** ρ (lettre grecque qui se prononce rho).

▶ La masse volumique est une grandeur physique qui s'obtient par le quotient de la masse *m* du corps par son volume *V* :

$$\rho = \frac{\boldsymbol{m}}{\boldsymbol{V}}$$

ρ : masse volumique en kilogrammes par litre ($kg.L^{-1}$)
m : masse en kilogrammes (kg)
V : volume en litres (L)

On écrit aussi : $\boldsymbol{m} = \rho \times \boldsymbol{V}$ et $\boldsymbol{V} = \frac{\boldsymbol{m}}{\rho}$.

La masse volumique peut aussi s'exprimer en g/L (ou $g.L^{-1}$), en g/mL (ou $g.mL^{-1}$), en g/cm^3…

Je révise

Parmi les propositions suivantes, choisissez la (ou les) bonne(s) réponse(s)

1 Une masse peut s'exprimer en :
A. grammes.
B. kilogrammes.
C. centimètres cubes.
D. g/cm^3.

2 La masse volumique :
A. se mesure avec une balance.
B. se mesure avec une éprouvette graduée.
C. peut s'exprimer en g/cm^3.
D. est le quotient de la masse d'un corps sur son volume.

3 Un corps de 250 g et de volume 500 mL a une masse volumique de :
A. 0,5 g/mL.
B. 2 g/mL.
C. 125 g/L.
D. 500 g/L.

4 La relation liant masse, volume et masse volumique peut s'écrire :
A. $\rho = \frac{m}{V}$.
B. $V = \frac{m}{\rho}$.
C. $m = \frac{\rho}{V}$.
D. $\rho = m \times V$.

Réponses : 1. A et B ; **2.** C et D ; **3.** A et D ; **4.** A et B.

Les atomes et les molécules

Je retiens

1 Les atomes

▶ La matière est constituée à partir d'**atomes**. Le mot « atome » vient du grec *atomos* qui signifie qu'on ne peut pas couper. À l'époque, les Grecs pensaient que l'atome était le plus petit élément de matière et donc indivisible. Aujourd'hui on sait qu'un atome est lui-même composé d'éléments encore plus petits.

▶ Chaque atome possède un nom (argent, chlore…) et est caractérisé par un **symbole** (Ar, Cl…). L'ensemble de ces symboles est regroupé dans la **classification périodique des éléments**.

1 1,0 H Hydrogène																	2 4,0 He Hélium
3 6,9 Li Lithium	4 9,0 Be Béryllium											5 10,8 B Bore	6 12,0 C Carbone	7 14,0 N Azote	8 16,0 O Oxygène	9 19,0 F Fluor	10 20,2 Ne Néon
11 23,0 Na Sodium	12 24,3 Mg Magnésium											13 27,0 Al Aluminium	14 28,1 Si Silicium	15 31,0 P Phosphore	16 32,1 S Soufre	17 35,5 Cl Chlore	18 39,9 Ar Argon
19 39,1 K Potassium	20 40,1 Ca Calcium	21 45,0 Sc Scandium	22 47,9 Ti Titane	23 50,9 V Vanadium	24 52,0 Cr Chrome	25 54,9 Mn Manganèse	26 55,8 Fe Fer	27 58,9 Co Cobalt	28 58,7 Ni Nickel	29 63,5 Cu Cuivre	30 65,4 Zn Zinc	31 69,7 Ga Gallium	32 72,6 Ge Germanium	33 74,9 As Arsenic	34 79,0 Se Sélénium	35 79,9 Br Brome	36 83,8 Kr Krypton
37 85,5 Rb Rubidium	38 87,6 Sr Strontium	39 88,9 Y Yttrium	40 91,2 Zr Zirconium	41 92,9 Nb Niobium	42 95,9 Mo Molybdène	43 99 Tc Technétium	44 101,1 Ru Ruthénium	45 102,9 Rh Rhodium	46 106,4 Pd Palladium	47 107,9 Ag Argent	48 112,4 Cd Cadmium	49 114,8 In Indium	50 118,7 Sn Étain	51 121,8 Sb Antimoine	52 127,6 Te Tellure	53 126,9 I Iode	54 131,3 Xe Xénon
55 132,9 Cs Césium	56 137,3 Ba Baryum	57-71*	72 178,5 Hf Hafnium	73 180,9 Ta Tantale	74 183,9 W Tungstène	75 186,2 Re Rhénium	76 190,2 Os Osmium	77 192,2 Ir Iridium	78 195,1 Pt Platine	79 197,0 Au Or	80 200,6 Hg Mercure	81 204,4 Tl Thallium	82 207,2 Pb Plomb	83 209,0 Bi Bismuth	84 210 Po Polonium	85 210 At Astate	86 222 Rn Radon
87 223 Fr Francium	88 226 Ra Radium	89-103**	104 267 Rf Rutherfordium	105 268 Db Dubnium	106 269 Sg Seaborgium	107 270 Bh Bohrium	108 277 Hs Hassium	109 278 Mt Meitnérium	110 281 Ds Darmstadtium	111 282 Rg Roentgenium	112 285 Cn Copernicium	113 286 Nh Nihonium	114 289 Fl Flérovium	115 289 Mc Moscovium	116 293 Lv Livermorium	117 294 Ts Tennesse	118 294 Og Oganesson
			57 138,9 La Lanthane	58 140,1 Ce Cérium	59 140,9 Pr Praséodyme	60 144,2 Nd Néodyme	61 145 Pm Prométhium	62 150,4 Sm Samarium	63 152,0 Eu Europium	64 157,3 Gd Gadolinium	65 158,9 Tb Terbium	66 162,5 Dy Dysprosium	67 164,9 Ho Holmium	68 167,3 Er Erbium	69 168,9 Tm Thulium	70 173,0 Yb Ytterbium	71 175,0 Lu Lutétium
			89 227 Ac Actinium	90 232,0 Th Thorium	91 231,0 Pa Protactinium	92 238,0 U Uranium	93 237,0 Np Neptunium	94 242 Pu Plutonium	95 243 Am Américium	96 247 Cm Curium	97 247 Bk Berkélium	98 251 Cf Californium	99 254 Es Einsteinium	100 253 Fm Fermium	101 256 Md Mendélévium	102 254 No Nobélium	103 257 Lr Lawrencium

Classification périodique des éléments (voir p. 224)

▶ Un atome est modélisé par une sphère colorée. On parle alors de **modèle moléculaire**.

Nom de l'atome	Carbone	Oxygène	Hydrogène	Azote	Chlore
Symbole	C	O	H	N	Cl
Représentation					

▶ Lorsque plusieurs atomes se lient entres eux, ils forment une **molécule**.

2 Les formules chimiques

Une molécule est représentée par une **formule chimique** indiquant le symbole et le nombre d'atomes (indiqué en indice) qui la constitue. Elle sera modélisée grâce au modèle moléculaire.

Nom	Composition	Formule chimique	Modélisation
Diazote	2 atomes d'azote	N_2	
Dioxygène	2 atomes d'oxygène	O_2	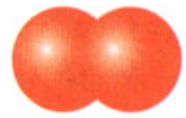
Dihydrogène	2 atomes d'hydrogène	H_2	
Eau	2 atomes d'hydrogène 1 atome d'oxygène	H_2O	
Dioxyde de carbone	2 atomes d'oxygène 1 atome de carbone	CO_2	

Je révise

Parmi les propositions suivantes, choisissez la (ou les) bonne(s) réponse(s)

1 L'étymologie du terme « atome » :

A. signifie « insécable ».
B. signifie « qui peut être coupé ».
C. est en accord avec la connaissance actuelle de l'atome.
D. n'est pas en accord avec la connaissance actuelle de l'atome.

2 Un atome peut être décrit par :

A. sa formule chimique.
B. son symbole chimique.
C. son nom.
D. sa modélisation.

3 Le modèle moléculaire ci-contre :

A. représente un atome de chlore.
B. représente une molécule de chlore.
C. a pour formule chimique Cl_2.
D. a pour formule chimique 2Cl.

4 Une molécule contenant 2 atomes de carbone et 6 atomes d'hydrogène a pour formule chimique :

A. $2C_6H$.
B. C_2H_6.
C. $2CH_6$.
D. $2C + H_6$.

Réponses : 1. A et D ; **2.** B, C et D ; **3.** B et C ; **4.** B.

L'air et ses propriétés

Je retiens

1 La composition de l'air

▶ L'**air** est le gaz qui constitue notre atmosphère. Ce n'est pas un corps pur mais un mélange de plusieurs gaz.
▶ L'air contient une proportion variable de vapeur d'eau.
▶ L'air sec est composé à 78 % de diazote, 21 % de dioxygène et 1 % d'autres gaz (comme l'argon, le dioxyde de carbone, le néon, l'hélium, le méthane…). On établit la **composition simplifiée de l'air** suivante : 80 % de diazote et 20 % de dioxygène.

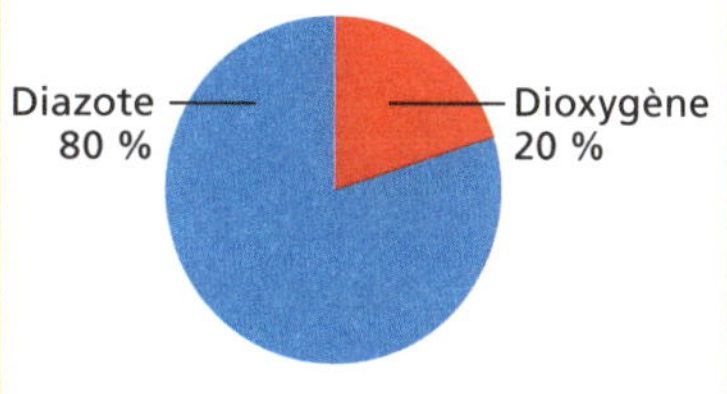

Composition simplifiée de l'air

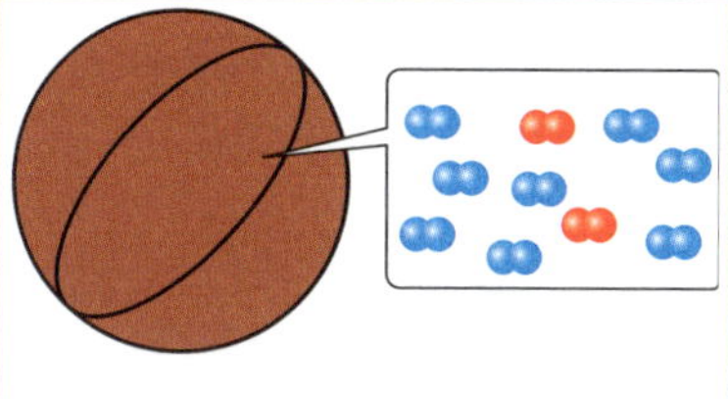
Modélisation de l'air

2 Les polluants de l'air

▶ Les activités humaines sont les principales causes de la pollution de l'air. Les **polluants** peuvent être des particules solides, des gaz, des spores…
▶ On distingue quatre types de polluants :

- Les gaz à effet de serre
- Les métaux lourds
- Les composés organiques et biologiques
- Les particules fines

▶ Le méthane et le dioxyde de carbone sont des polluants à l'origine de l'augmentation de l'effet de serre.
▶ Les oxydes d'azote et de soufre sont des polluants à l'origine des phénomènes de pluies acides.

3 Les propriétés de l'air

▶ L'air, comme tous les gaz, n'a ni volume *V* propre ni forme propre.

L'air peut être décrit par sa **pression *P***. Elle s'exprime en pascals (Pa) et se mesure avec un manomètre.

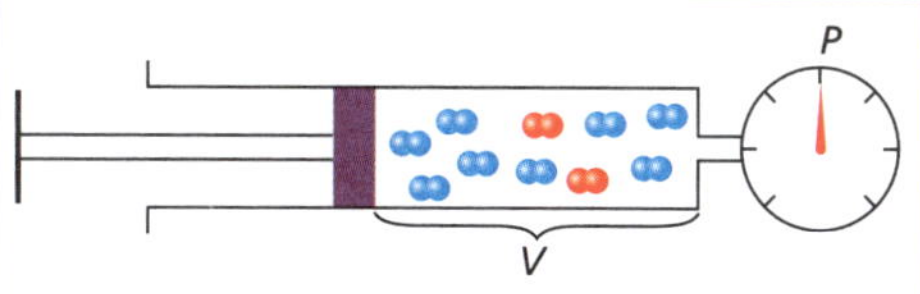

Représentation d'un manomètre

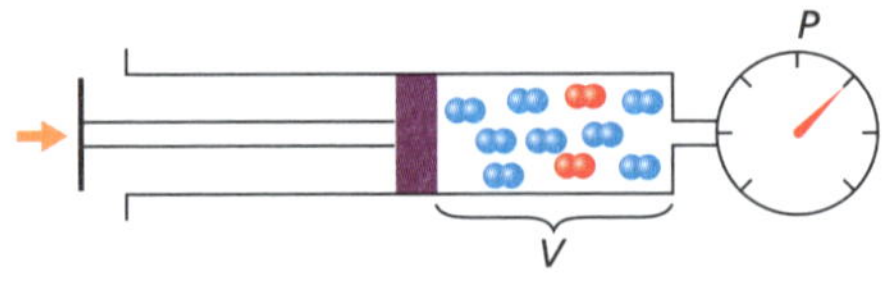

Gaz comprimé

▶ On peut comprimer un gaz : il est **compressible**.

Lorsque le volume du gaz diminue, alors sa pression augmente.

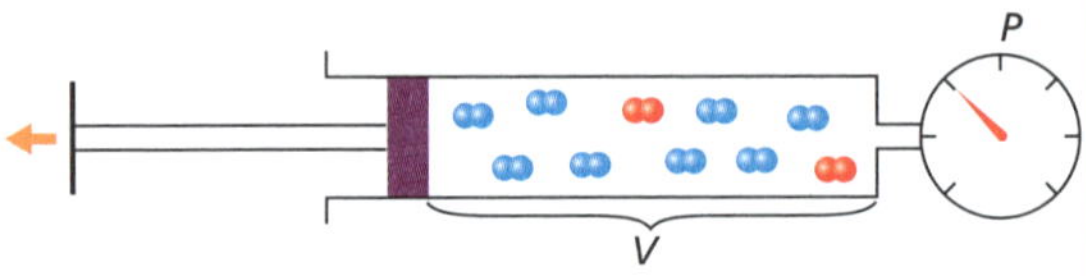

Gaz détendu

▶ On peut détendre un gaz : il est **expansible**.

Lorsque le volume du gaz augmente, alors sa pression diminue.

4 La masse de l'air

▶ Comme tous les gaz, l'air a une masse.

▶ La masse d'un gaz diminue avec la température. Un litre d'air froid est donc plus lourd qu'un litre l'air chaud.

▶ Sous une pression de 1 013 hPa, 1 litre d'air pèse 1,2 g à 20 °C.

Je révise

Parmi les propositions suivantes, choisissez la (ou les) bonne(s) réponse(s)

1 L'air est :

A. un corps pur.
B. un mélange.
C. incompressible.
D. compressible.

2 La composition volumique simplifiée de l'air est :

A. 20 % de diazote et 80 % de dioxygène.
B. 50 % de diazote et 80 % de dioxygène.
C. 80 % de diazote et 20 % de dioxygène.
D. 80 % de diazote et 20 % de vapeur d'eau.

3 Dans 5 L d'air, on trouve :

A. 4 L de diazote et 1 L de dioxygène.
B. 3 L de diazote et 2 L de dioxygène.
C. le diazote est minoritaire.
D. le dioxygène est majoritaire.

4 Un litre d'air à 20 °C :

A. pèse 1,2 g.
B. pèse 1,2 kg.
C. est plus lourd qu'un litre d'air à 30 °C.
D. est moins lourd qu'un litre d'air à 30 °C.

Réponses : 1. B et D ; 2. C ; 3. A ; 4. A et C.

La constitution de l'atome

Fiche 62

Je retiens

1 La constitution de l'atome

▶ Un atome est composé d'un **noyau** constitué de **protons** (chargés positivement) et de **neutrons** (neutres). Ils constituent les **nucléons**.
▶ Autour du noyau gravitent les **électrons** (chargés négativement) dans une zone appelée **nuage électronique** (ou nuage d'électrons).
▶ Le diamètre de l'atome est de l'ordre de 10^{-10} mètre.
▶ Le noyau de l'atome est 100 000 fois plus petit et son diamètre est de l'ordre de 10^{-15} mètre.

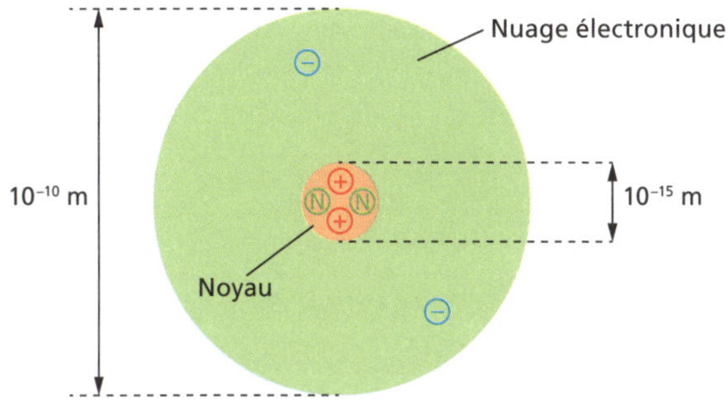

Modélisation d'un atome d'hélium

2 Le noyau de l'atome

▶ Pour décrire un noyau, on donne :
- son **numéro atomique Z** : c'est le nombre de protons ;
- son **nombre de masse A** : c'est le nombre de nucléons (somme des protons et neutrons).

▶ Le **nombre de neutrons** N s'obtient par le calcul A – Z.
▶ Pour représenter un élément chimique, on utilise la notation ci-contre.

$$^{A}_{Z}X$$

Symbole de l'atome

3 La masse d'un atome

Les protons et les neutrons	• possèdent la même masse ; • $m_{proton} = m_{neutron} = 1{,}7 \times 10^{-27}$ kg.
Les électrons	• ont une masse négligeable devant celle des nucléons ; • $m_{électron} = 9{,}1 \times 10^{-31}$ kg $< m_{neutron} = 1{,}7 \times 10^{-27}$ kg.

La quasi-totalité de la masse étant concentrée dans le noyau, **la masse d'un atome est pratiquement égale à celle de son noyau**.

4 L'élément chimique

▶ Un **élément chimique** est identifié par son symbole chimique et par son numéro atomique Z.
▶ Les espèces chimiques (atome ou ion) provenant du même élément chimique possèdent le même numéro atomique.
▶ La **classification périodique** regroupe l'ensemble des éléments, classés par numéro atomique Z croissant.

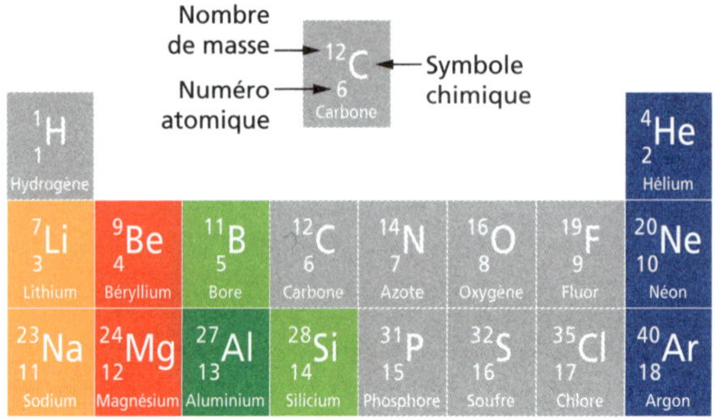

Extrait de la classification périodique simplifiée des 18 premiers éléments

Je révise

Parmi les propositions suivantes, choisissez la (ou les) bonne(s) réponse(s)

1 Un atome est constitué :
A. d'éléments chimiques.
B. de protons.
C. de neutrons.
D. d'électrons.

2 Les constituants du noyau sont :
A. les protons.
B. les neutrons.
C. les électrons.
D. les nucléons.

3 Le noyau d'un atome :
A. est 100 000 fois plus grand que l'atome.
B. est 100 000 fois plus petit que l'atome.
C. a un ordre de grandeur de 10^{-10} mètres.
D. a un ordre de grandeur de 10^{-15} mètres.

4 L'atome de fluor :
A. a pour numéro atomique 9.
B. a pour numéro atomique 19.
C. possède 9 nucléons.
D. est électriquement neutre.

Réponses : 1. B, C et D ; 2. A, B et D ; 3. B et D ; 4. A et D.

Les espèces chimiques et les transformations

Je retiens

1 L'entité chimique

▶ Il existe différents types d'**entités chimiques** : les **atomes**, les **molécules** et les **ions**.
▶ Une entité chimique est décrite par son symbole ou sa formule chimique.

Symbole	He	H_2O	Cl^-
Formule chimique	Atome d'hélium	Molécule d'eau	Ion chlorure

2 L'espèce chimique

▶ On appelle **espèce chimique** un ensemble d'entités chimiques identiques.
▶ Une espèce chimique peut être **atomique** ou **moléculaire**.
▶ Les composés ioniques comportent des ions différents. Ils sont cependant indissociables. Une espèce chimique peut aussi être **ionique**.
▶ Un corps pur est une substance (solide, liquide ou gazeuse) contenant une seule espèce chimique.

Exemple : l'eau distillée est un corps pur car elle ne contient que des molécules d'eau. Sa formule chimique est H_2O.

▶ Un mélange est une substance (solide, liquide ou gazeuse) contenant des espèces chimiques différentes.

Exemple : l'eau sucrée est un mélange car elle contient des molécules d'eau et de sucre.

3 La transformation physique

Lors d'une **transformation physique** (changements d'état : dissolution…), la structure des espèces chimiques n'est pas modifiée. Seules les interactions entres les espèces chimiques changent.

4 La transformation chimique

▶ Une **transformation chimique** est un processus au cours duquel des espèces chimiques sont consommées (**réactifs**) et formées (**produits**). Elle correspond à l'évolution d'un système chimique d'un état initial vers un état final.
▶ Pour chaque état, on distingue le nom des espèces chimiques, leur état physique, la température et la pression.

État initial
Espèce chimique (état)
$T_{initiale}$, $P_{initiale}$

→ Transformation chimique →

État final
Espèces chimiques (état)
T_{finale}, P_{finale}

Description d'un système chimique lors d'une transformation chimique

▶ Lors de la réaction, si le système cède de l'énergie alors la transformation chimique est **exothermique**.

▶ Lors de la réaction, si le système absorbe de l'énergie alors la transformation chimique est **endothermique**.

5 La description d'une transformation chimique

▶ Pour décrire une transformation chimique, on peut écrire un **bilan de réaction**. Celui-ci indique le nom des réactifs et produits formés :

Réactif 1 + Réactif 2 + ... → Produit 1 + Produit 2...

▶ Le bilan peut être modélisé par une **équation de réaction**. Son écriture fait intervenir les formules chimiques des réactifs et des produits ainsi que des coefficients d'ajustement assurant la **conservation des éléments chimiques** et la **conservation de la charge électrique**.

Je révise

Parmi les propositions suivantes, choisissez la (ou les) bonne(s) réponse(s)

1 Une espèce chimique est :
A. composée d'entités chimiques identiques.
B. composée d'entités chimiques différentes.
C. est toujours moléculaire.
D. peut être moléculaire.

2 Une transformation qui absorbe de l'énergie est d'ordre :
A. physique.
B. chimique.
C. endothermique.
D. exothermique.

3 Lors d'une transformation physique :
A. les espèces chimiques changent.
B. les espèces chimiques ne changent pas.
C. les réactifs sont consommés.
D. des produits sont formés.

4 Lors d'une transformation chimique :
A. les espèces chimiques changent.
B. les espèces chimiques ne changent pas.
C. les réactifs sont consommés.
D. des produits sont formés.

Réponses : 1. A et D ; **2.** B et C ; **3.** B ; **4.** A, C et D.

La combustion

Je retiens

1 Le triangle du feu

▶ Une **combustion** est une **transformation chimique** exothermique (qui libère de la chaleur).

▶ Une combustion nécessite un apport d'énergie sous forme de chaleur. On parle du **triangle du feu**.

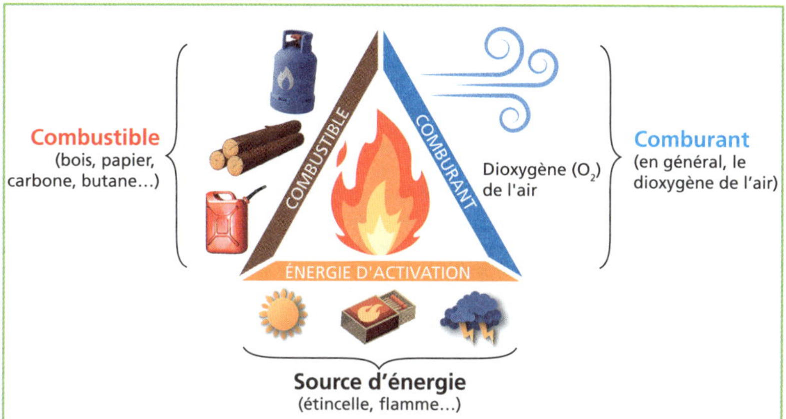

Triangle du feu

▶ Les réactifs sont le **combustible** (ce qui brûle) et le **comburant** (ce qui aide à brûler).

> **Bilan de la combustion :**
>
> Combustible + Comburant → **Produit(s)**

2 Les combustions complète et incomplète

▶ Lorsqu'une combustion ne produit que du dioxyde de carbone (CO_2) et de l'eau (H_2O), alors on dit qu'elle est **complète**.
Le dioxyde de carbone est un des principaux gaz à effet de serre. L'augmentation de sa concentration dans l'atmosphère accentue le réchauffement climatique.

▶ Si la quantité de comburant est insuffisante, alors on dit que la combustion est **incomplète**. Les produits formés sont le monoxyde de carbone (CO), le dioxyde de carbone, des résidus solides et des fumées (cendre, suie, goudron).
Le monoxyde de carbone est un gaz inodore et incolore. Il très toxique à très faible dose.

3 L'identification des produits de la combustion

▶ Le **dioxyde de carbone** peut être mis en évidence grâce à l'**eau de chaux** (liquide incolore). En présence de dioxyde de carbone, l'eau de chaux **se trouble** (apparition d'un précipité blanc).

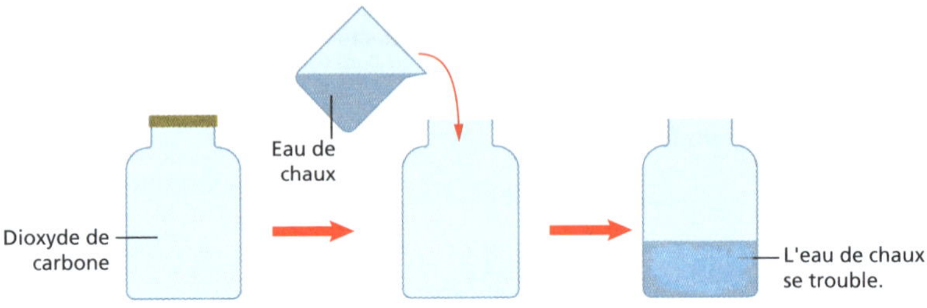

Identification de la présence de CO_2 avec apparition d'un précipité blanc

▶ L'**eau** peut être mise en évidence grâce au **sulfate de cuivre anhydre** (poudre blanche). En présence d'eau, le sulfate de cuivre **bleuit**.

4 La combustion des hydrocarbures

▶ Les **molécules d'hydrocarbures** sont constituées uniquement d'atomes de carbone et d'atomes d'hydrogène. La combustion des hydrocarbures est utilisée pour produire de l'**énergie thermique**.

▶ Dans les **moteurs thermiques** (voiture par exemple), l'énergie libérée par la combustion d'un hydrocarbure (essence) est convertie en énergie mécanique.

Je révise

Parmi les propositions suivantes, choisissez la (ou les) bonne(s) réponse(s)

1 Une combustion est :
A. un mélange.
B. une transformation physique.
C. une transformation chimique.
D. une fusion.

2 Le dioxyde de carbone :
A. est un comburant.
B. est un combustible.
C. peut être mis en évidence avec de l'eau de chaux.
D. peut être mis en évidence avec du sulfate de cuivre anhydre.

3 Un hydrocarbure est :
A. un combustible.
B. un comburant.
C. une source de chaleur.
D. une molécule.

4 Le dioxyde de carbone :
A. est produit lors d'une combustion complète.
B. est produit lors d'une combustion incomplète.
C. est un gaz à effet de serre.
D. est constitué d'atomes de carbone et d'hydrogène.

Réponses : 1. C ; 2. C ; 3. A et D ; 4. A, B et C.

Les équations de réaction

Je retiens

1 La masse et la transformation chimique

▶ Une **transformation chimique** est une transformation de la matière au cours de laquelle les atomes qui constituent les molécules des réactifs se modifient pour former de nouvelles molécules : les produits.
▶ Lors d'une transformation chimique, il y a conservation des atomes : la masse totale est conservée.

Exemple :

Transformation chimique

On fait réagir de l'acide chlorhydrique avec un morceau de craie. Lors de cette transformation chimique, la craie est progressivement rongée et il se forme un gaz. La masse ne varie pas lors de l'expérience : il y a conservation de la masse.

2 Décrire une transformation chimique

Pour décrire une transformation chimique, on peut écrire un **bilan de réaction**. Ce dernier indique le nom des réactifs et des produits formés.

Réactif 1 + Réactif 2 … → Produit 1 + Produit 2…

Exemple de description de la transformation chimique : le méthane brûle dans le dioxygène de l'air. Il se forme du dioxyde de carbone et de l'eau

Réactifs : méthane et dioxygène   Produits : dioxyde de carbone et eau

Bilan de réaction : méthane + dioxygène → dioxyde de carbone + eau

3 L'équation de réaction

▶ Le **bilan** peut être modélisé par une **équation de réaction**. Son écriture fait intervenir les formules chimiques des réactifs et des produits.
▶ Une équation de réaction doit **vérifier la conservation des éléments chimiques**. Il faut le même nombre d'atomes de chaque sorte du côté des réactifs et du côté des produits. Si ce n'est pas le cas, on ajoute des **coefficients** devant les formules sans modifier celles-ci pour ajuster.

MÉTHODE

- ➔ Identifier d'abord le nom des réactifs et des produits de cette transformation chimique.
- ➔ Écrire le bilan de cette transformation.
- ➔ Remplacer les noms des réactifs et des produits par leur formule chimique.
- ➔ Ajouter des coefficients afin de respecter la conservation des atomes.

Exemple de description de la transformation chimique : le méthane brûle dans le dioxygène de l'air. Il se forme du dioxyde de carbone et de l'eau.

Bilan de réaction : méthane + dioxygène ➔ dioxyde de carbone + eau

Équation de réaction : $CH_4 + O_2 \rightarrow CO_2 + H_2O$

Coefficient d'ajustement

Équation de réaction ajustée : $CH_4 + 2O_2 \rightarrow CO_2 + 2H_2O$

Je révise

Parmi les propositions suivantes, choisissez la (ou les) bonne(s) réponse(s)

❶ Lors d'une transformation chimique, il y a :

A. conservation des atomes.
B. conservation des molécules.
C. conservation de la masse totale.
D. non-conservation de la masse totale.

❷ Le bilan d'une transformation chimique peut s'écrire :

A. réactif 1 + produit 1 → réactif 2 + produit 2.
B. réactif 1 + produit 1 = réactif 2 + produit 2.
C. réactif 1 + réactif 2 → produit 1 + produit 2.
D. réactif 1 – réactif 2 → produit 1 + produit 2.

❸ Le carbone brûle dans le dioxygène pour former le dioxyde de carbone. L'équation de réaction est :

A. $2C + O_2 \rightarrow 2CO_2$.
B. $C + O_2 \rightarrow CO_2$.
C. $C + 2O_2 \rightarrow 2CO_2$.
D. carbone + dioxygène → dioxyde de carbone.

❹ On donne l'équation : $S + O_2 \rightarrow SO_2$.

A. Cette équation est ajustée.
B. Cette équation n'est pas ajustée.
C. S et O_2 sont les réactifs.
D. SO_2 est un produit.

Réponses : 1. A et C ; **2.** C ; **3.** B ; **4.** A, C et D.

La formation des ions

Je retiens

1 Les espèces chimiques

▶ Un atome est électriquement neutre mais il peut **perdre** ou **gagner** certains de ses électrons. Il forme alors une nouvelle espèce chimique chargée : l'**ion**.

▶ Un ion provient d'un atome (ou d'un groupe d'atomes) ayant gagné (ou perdu) un (ou plusieurs) électron(s). Un ion est donc **électriquement chargé**. On distingue les **ions positifs** des **ions négatifs**.

Ions positifs

- ion sodium Na^+
- ion hydrogène H^+
- ion cuivre II Cu^{2+}
- ion fer II Fe^{2+}
- ion fer III Fe^{3+}
- ion zinc Zn^{2+}
- ion aluminum Al^{3+}

Ions négatifs

- ion chlorure Cl^-
- ion hydroxyde HO^-
- ion nitrate NO_3^-

Pour modéliser la formation d'un ion, il faut faire apparaître le gain (ou la perte) d'un (ou plusieurs) électron(s).

2 La formation d'un ion positif (cation)

▶ Un **ion positif** provient d'un atome qui a perdu un (ou plusieurs) électron(s).

▶ L'ion cuivre provient d'un atome de cuivre ayant perdu deux électrons. Il forme donc un ion positif ayant pour formule chimique Cu^{2+}.

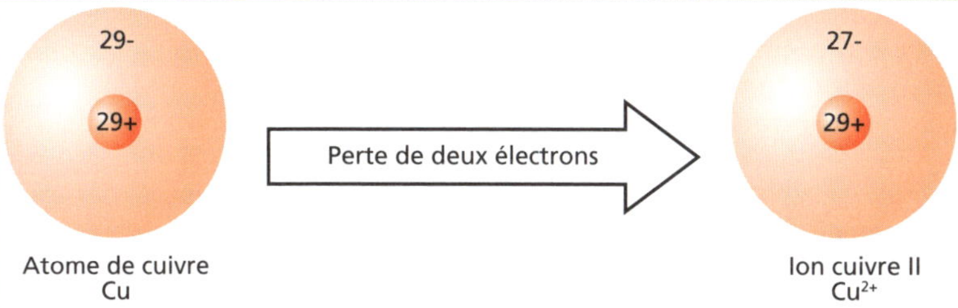

Formation de l'ion cuivre

3 La formation d'un ion négatif (anion)

▶ Un **ion négatif** provient d'un atome qui a gagné un (ou plusieurs) électron(s).

▶ L'ion chlorure provient d'un atome de cuivre ayant gagné un électron. Il forme donc un ion négatif ayant pour formule chimique Cl^-.

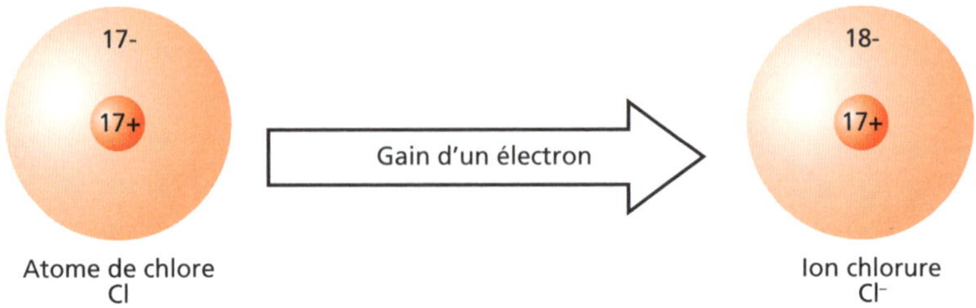

Formation de l'ion chlorure

4 La solution ionique

▶ Une **solution ionique** contient des ions positifs et des ions négatifs. Une solution ionique est conductrice. La charge électrique portée par les ions positifs compense celle portée par les ions négatifs : une espèce chimique ionique est donc électriquement neutre : c'est la **règle d'électroneutralité de la matière**.

▶ La charge d'un ion zinc Zn^{2+} est compensée par la charge de deux ions chlorure Cl^-.

▶ Formule chimique :
$(Zn^{2+}, 2Cl^-)$.

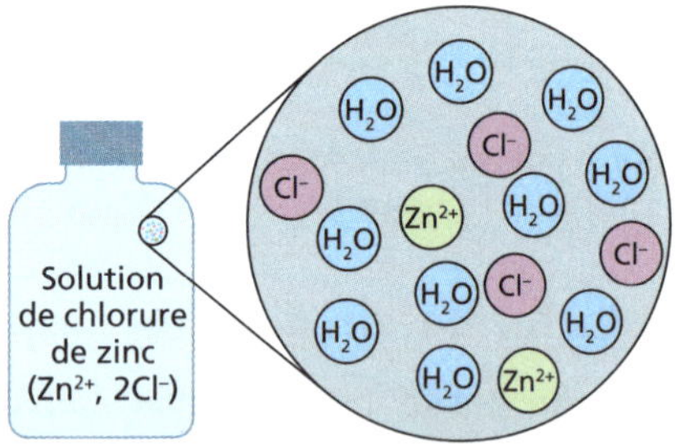

Solution de chlorure de zinc

Je révise

Parmi les propositions suivantes, choisissez la (ou les) bonne(s) réponse(s)

1 Un ion peut se former à partir d'un atome ayant :

A. perdu un proton.
B. perdu un électron.
C. gagné un proton.
D. gagné un électron.

2 L'ion Ca^{2+} :

A. est un cation.
B. est un anion.
C. provient d'un atome ayant perdu deux électrons.
D. provient d'un atome ayant gagné deux électrons.

3 Lorsqu'un atome de sodium (Na) perd un électron :

A. il devient un ion négatif.
B. il devient un ion positif.
C. sa formule chimique devient Na^-.
D. sa formule chimique devient Na^+.

4 Une solution ionique :

A. est électriquement chargée.
B. est électriquement neutre.
C. contient toujours autant d'ions positifs que négatifs.
D. est isolante.

Réponses : 1. B et D ; **2.** A et C ; **3.** B et D ; **4.** B.

L'identification des ions

Fiche 67

Je retiens

1 La mise en évidence d'un ion

▶ Un ion peut être identifié en réalisant une **réaction de précipitation**.
▶ L'ajout de quelques gouttes d'un réactif permet de former un **précipité** (solide) coloré caractéristique de l'ion.

Ions	Cu^{2+} Ion cuivre II	Fe^{2+} Ion fer II	Fe^{3+} Ion fer III	Al^{3+} ion aluminium	Cl^{-} Ion chlorure
Réactif	**soude**	**soude**	**soude**	**soude**	**nitrate d'argent**
Couleur du précipité	bleu	vert	orange	blanc	blanc qui noircit

▶ La **soude** est aussi appelée solution d'hydroxyde de sodium. C'est une solution ionique qui contient des ions hydroxyde HO^{-} et des ions sodium Na^{+}.
- Sa formule chimique est (Na^{+} ; HO^{-}).
- Lors d'une réaction de précipitation à la soude, seuls les ions hydroxyde réagissent.
- Les ions sodium sont dits spectateurs.

▶ Le **nitrate d'argent** contient des ions nitrate NO_3^{-} et des ions argent Ag^{+}.
- Sa formule chimique est (Ag^{+} ; NO_3^{-}).
- Lors d'une réaction de précipitation au nitrate d'argent, seuls les ions argent réagissent.
- Les ions nitrate sont dits spectateurs.

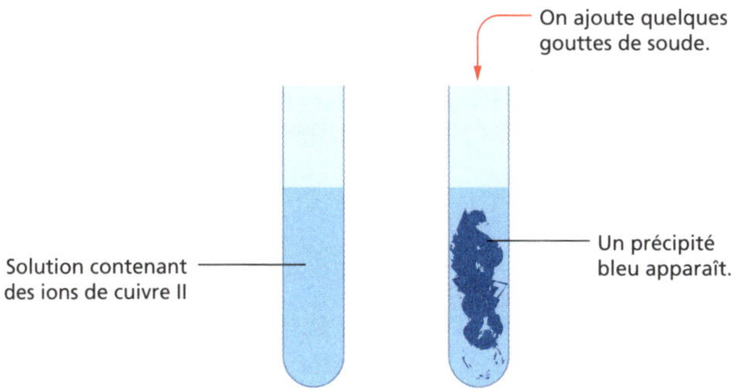

Mise en évidence des ions cuivre par un test à la soude

ORGANISATION ET TRANSFORMATION DE LA MATIÈRE

2 L'équation de réaction

L'**équation de la réaction** de précipitation doit vérifier la conservation des éléments chimiques et des charges électriques. On doit avoir le même nombre d'atomes de chaque sorte du côté réactifs et du côté produits. Pour cela, on ajoute des coefficients devant les formules sans modifier ces dernières.

Exemple de description de la réaction de précipitation des ions cuivre : les ions cuivre réagissent avec les ions hydroxyde pour former l'hydroxyde de cuivre.

Bilan de réaction : ion cuivre + ion hydroxyde → hydroxyde de cuivre

équation de réaction : $Cu^{2+} + HO^- \rightarrow Cu(OH)_2$

équation de réaction ajustée : $Cu^{2+} + 2HO^- \rightarrow Cu(OH)_2$

3 Le test à la flamme

Il est aussi possible d'identifier un ion par un **test à la flamme**. On trempe un fil de fer dans la solution contenant l'ion à identifier. La flamme va prendre une couleur caractéristique de l'ion à identifier.

Ion	Cu^{2+} Ion cuivre	Ca^{2+} Ion calcium	K^+ Ion potassium	Li^+ Ion lithium	Na^+ Ion sodium
Couleur de la flamme	vert/bleu	orangé/ rouge	violet	rose	jaune/ orangé

Je révise

Parmi les propositions suivantes, choisissez la (ou les) bonne(s) réponse(s)

1 Le produit formé lors d'une réaction de précipitation est :
A. le précipité.
B. solide.
C. liquide.
D. gazeuse.

2 En présence de soude, l'ion cuivre :
A. forme un précipité vert.
B. forme un précipité rouille.
C. forme un précipité bleu.
D. ne forme pas de précipité.

3 Le réactif permettant de mettre en évidence les ions chlorure est la solution :
A. de sulfate de cuivre.
B. de nitrate d'argent.
C. d'hydroxyde de sodium.
D. de chlorure de sodium.

4 L'équation de précipitation de l'ion fer II en présence de soude s'écrit :
A. $Fe^{2+} + NO_3^- \rightarrow Fe(NO_3)_2$.
B. $Fe^{2+} + 2NO_3^- \rightarrow Fe(NO_3)_2$.
C. $Fe^{2+} + HO^- \rightarrow Fe(OH)_2$.
D. $Fe^{2+} + 2HO^- \rightarrow Fe(OH)_2$.

Réponses : 1. A et B ; 2. C ; 3. B ; 4. D.

Le pH et les ions

Je retiens

1 Le pH des solutions aqueuses

▶ Une **solution aqueuse** est un liquide contenant de l'eau et une substance dissoute.

▶ Le **pH** est un nombre sans unité, compris entre 0 et 14. Il permet de classer les solutions aqueuses en trois groupes :

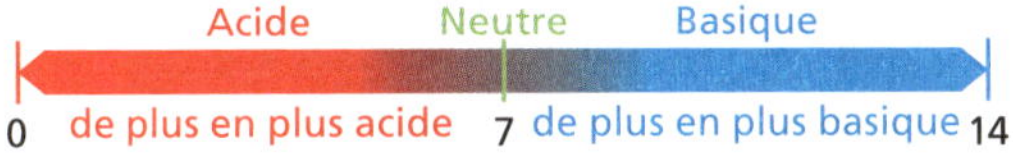

Échelle du pH

▶ La **mesure du pH** d'une solution aqueuse s'effectue avec d'un **papier indicateur de pH** et son nuancier ou à l'aide d'un **pH-mètre** (la précision sera au dixième ou au centième selon l'appareil utilisé).

2 Les ions responsables du pH

▶ L'**ion H^+** (ion hydrogène) est responsable de l'**acidité**.

▶ L'**ion HO^-** (ion hydroxyde) est responsable de la **basicité**.

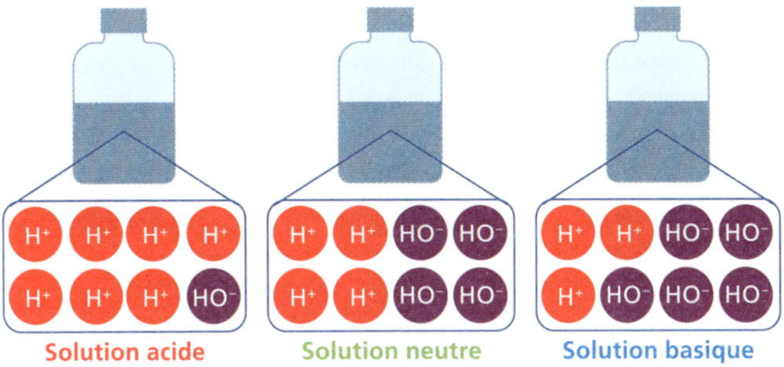

Modélisation des ions en solution

→ Une solution acide contient plus d'ions H^+ que d'ions HO^-.

→ Une solution neutre contient autant d'ions H^+ que d'ions HO^-.

→ Une solution basique contient plus d'ions HO^- que d'ions H^+.

3 L'acide chlorhydrique

L'**acide chlorhydrique** est une solution corrosive. Sa formule chimique est (H^+, Cl^-). C'est l'ion hydrogène qui est responsable de l'acidité de cette solution. L'ion Cl^- n'est pas responsable de l'acidité ; c'est un ion spectateur.

Symbole pour produit corrosif

4 La dilution d'un acide

▶ Il faut toujours verser l'acide dans l'eau et non l'inverse afin d'éviter tout risque de projection.

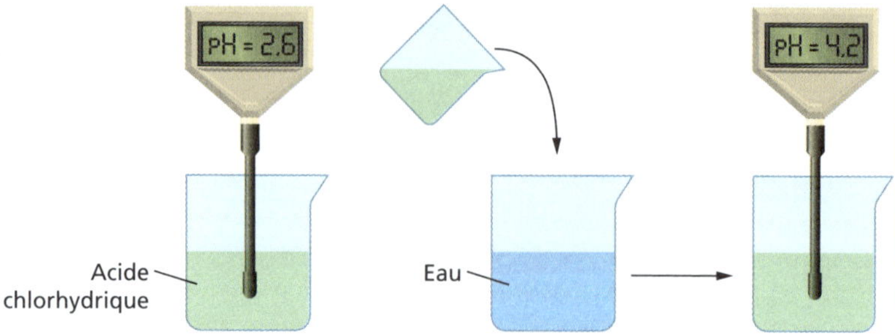

Schéma de la dilution d'un acide

▶ Lorsque l'on dilue une solution acide, son pH augmente et tend vers 7.

5 La réaction entre les solutions acides et les métaux

▶ L'acide chlorhydrique réagit avec l'aluminium (Al), le fer (Fe) et le zinc (Zn) mais ne réagit pas avec le cuivre (Cu).
▶ Lors de la **transformation chimique** entre l'acide chlorhydrique et un métal, les ions H^+ et le métal sont consommés. Il se forme alors un gaz : du **dihydrogène**. Ce gaz produit une détonation en présence d'une flamme. Il se forme aussi des ions métalliques.

Exemple : les ions hydrogène réagissent avec le zinc pour former du dihydrogène et l'ion zinc.
Il y a conservation des éléments et des charges électriques lors de la transformation chimique.

$$2\,H^+ + Zn \longrightarrow H_2 + Zn^{2+}$$

Je révise

Parmi les propositions suivantes, choisissez la (ou les) bonne(s) réponse(s)

1 Le pH d'une solution aqueuse peut être mesuré grâce à :
A. un thermomètre.
B. un pH-mètre.
C. un voltmètre.
D. un papier indicateur de pH.

2 L'ion responsable de l'acidité :
A. est l'ion hydrogène.
B. est l'ion hydroxyde.
C. a pour symbole chimique H^+.
D. a pour symbole chimique HO^-.

3 Dans une solution acide, les ions :
A. H^+ sont minoritaires.
B. H^+ sont majoritaires.
C. HO^- sont majoritaires.
D. HO^- sont minoritaires.

4 Lors de la dilution d'un acide, le pH :
A. ne varie pas.
B. augmente et tend vers 14.
C. diminue et tend vers 0.
D. augmente et tend vers 7.

Réponses : 1. B et D ; **2.** A et C ; **3.** B et D ; **4.** D.

Manipuler en chimie

Je retiens

1 Le matériel de la chimie

On appelle **verrerie** l'ensemble des récipients (en verre ou en plastique) et ustensiles nécessaires à la réalisation d'expériences de chimie.

Tube à essai	Bécher
	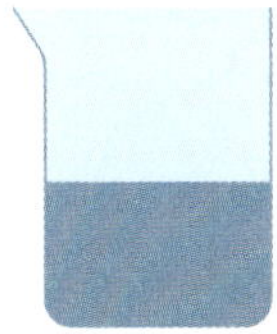

Erlenmeyer	Verre à pied

2 Mesurer un volume à l'aide d'une éprouvette graduée

La surface libre d'un liquide n'est pas plane et horizontale dans les récipients étroits (comme l'éprouvette graduée), elle est incurvée. Il se forme un **ménisque**. La lecture du volume s'effectue au point le plus bas du ménisque en plaçant l'œil au niveau du ménisque.

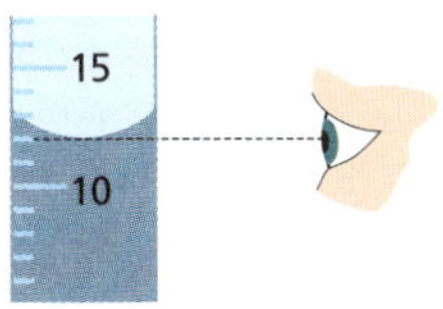

Lecture d'un résultat sur une éprouvette graduée

3 Les pictogrammes de danger

Les produits chimiques dangereux sont identifiés par un **pictogramme**.

Pictogrammes des produits dangereux

Je révise

Parmi les propositions suivantes, choisissez la (ou les) bonne(s) réponse(s)

1 Quel danger présente le pictogramme ?

A. Brûlant.
B. Corrosif.
C. Toxique.
D. Irritant.

2 Le volume contenu dans l'éprouvette est de :

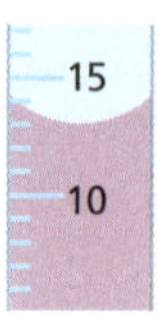

A. 10,6 mL.
B. 12 mL.
C. 13 mL.
D. 14 mL.

3 La surface libre d'un liquide :

A. est toujours plane et verticale.
B. peut être plane et horizontale.
C. peut former un ménisque dans un récipient large.
D. peut former un ménisque dans un récipient étroit.

4 Pour mesurer le volume dans une éprouvette, l'œil doit être placé :

A. au niveau du ménisque.
B. au-dessus du ménisque.
C. en dessous du ménisque.
D. la position de l'œil n'est pas importante.

Réponses : 1. B ; **2.** C ; **3.** B et D ; **4.** A.

MOUVEMENTS ET INTERACTIONS

- ✓ Caractérisation d'un mouvement
- ✓ Action mécanique et modélisation
- ✓ Force de pesanteur

NOTES

La description d'un mouvement

Fiche 70

Je retiens

1 Le système, le référentiel et le mouvement

▶ On appelle **système** l'objet dont on veut étudier le mouvement.

▶ Pour décrire un mouvement, il faut définir le **référentiel**. Le plus souvent, on utilise un point immobile à la surface de la Terre : c'est le **référentiel terrestre**.

▶ En revanche, pour étudier le mouvement des planètes, on se place dans le référentiel lié au centre du Soleil : le **référentiel héliocentrique**.

Exemple : assis sur un banc, l'homme est immobile dans le référentiel terrestre.
Toutefois, comme la Terre tourne autour du Soleil, l'homme est en mouvement dans le référentiel héliocentrique.

▶ Un système peut être en mouvement dans un référentiel et immobile dans un autre. On dit que le mouvement est relatif au référentiel.

2 La trajectoire et le mouvement

La **trajectoire** d'un point d'un solide est l'ensemble des positions occupées par ce point lors de son mouvement.

- Si sa trajectoire est une droite ou une portion de droite, le mouvement est **rectiligne**.
- Si sa trajectoire est un cercle ou une portion de cercle, le mouvement est **circulaire**.
- Si sa trajectoire est une courbe, le mouvement est **curviligne**.

Exemple : la trajectoire du centre de la boule de pétanque est une courbe. Le mouvement est donc curviligne.

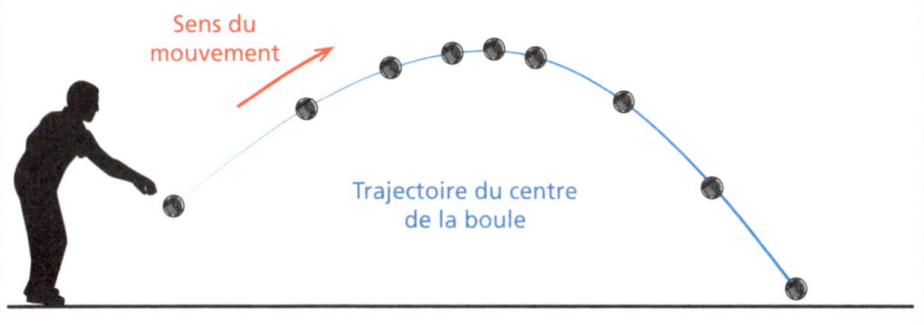

Schéma du mouvement

MOUVEMENTS ET INTERACTIONS

❸ L'allure d'un mouvement

Une **chronophotographie** représente, à intervalles de temps égaux et rapprochés, les positions d'un objet en mouvement. Elle permet de comparer les distances parcourues pendant des intervalles de temps égaux.

- Si les distances parcourues pendant des durées égales sont égales, la vitesse est constante. Le mouvement est uniforme.

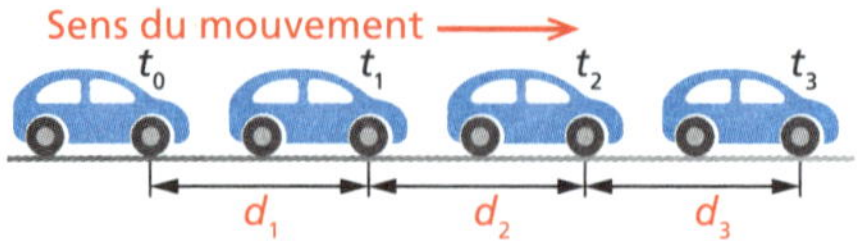

$d_1 = d_2 = d_3$

- Si les distances parcourues pendant des durées égales augmentent, la vitesse augmente. Le mouvement est **accéléré**.

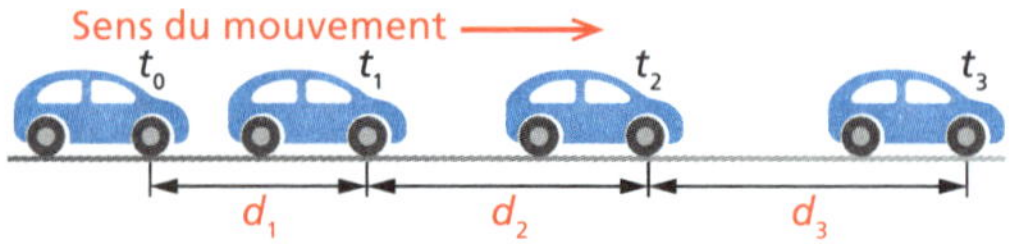

$d_1 < d_2 < d_3$

- Si les distances parcourues pendant des durées égales diminuent, la vitesse diminue. Le mouvement est **ralenti**.

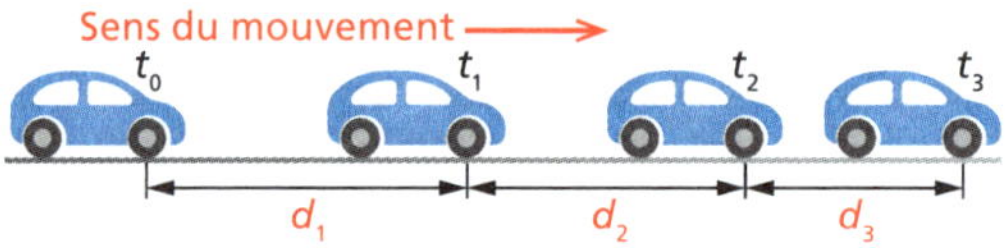

$d_1 > d_2 > d_3$

Je révise

Parmi les propositions suivantes, choisissez la (ou les) bonne(s) réponse(s)

❶ Le système est :
A. l'objet qui sert de référence à l'étude du mouvement.
B. l'objet étudié lors d'un mouvement.
C. le référentiel.
D. l'ensemble des positions prises lors du mouvement.

❷ Si la trajectoire d'un point d'un solide est un arc-de-cercle, le mouvement est :
A. accéléré.
B. rectiligne.
C. curviligne.
D. circulaire.

❸ Sur une chronophotographie, un mouvement est ralenti si les distances entre deux vues successives :
A. sont égales.
B. sont nulles.
C. diminuent.
D. augmentent.

❹ Sur une chronophotographie, si les distances parcourues pendant des durées égales augmentent :
A. le mouvement est accéléré.
B. le mouvement est ralenti.
C. la vitesse augmente.
D. la vitesse diminue.

Réponses : 1. B ; **2.** D ; **3.** C ; **4.** A et C.

La vitesse et le mouvement

Je retiens

1 Le temps et la durée

▶ Un **temps *t*** est un instant présent.
▶ Une **durée Δt** est l'intervalle de temps qui s'est écoulé entre deux instants précis.

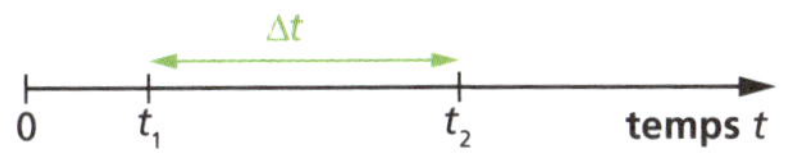

$\Delta t = t_2 - t_1$

Représentation d'une durée

2 La vitesse moyenne d'un objet

▶ La **vitesse** décrit l'allure à laquelle un objet se déplace au cours du temps.

▶ La **vitesse moyenne v_{moy}** d'un objet est le quotient de la distance parcourue *d* par la durée Δt du parcours.

▶ Dans le système international des unités, la vitesse s'exprime en mètres par seconde (m/s) ou en kilomètres par heure (km/h).

▶ La vitesse moyenne d'un objet se calcule par la relation :

$$v_{moy} = \frac{d}{\Delta t}$$

v : vitesse en mètres par seconde (m/s)
d : distance en mètres (m)
Δt : durée du parcours en secondes (s)

▶ Cette relation peut aussi s'écrire : $d = v_{moy} \times \Delta t$ et $\Delta t = \frac{d}{v_{moy}}$.

3 Les conversions usuelles

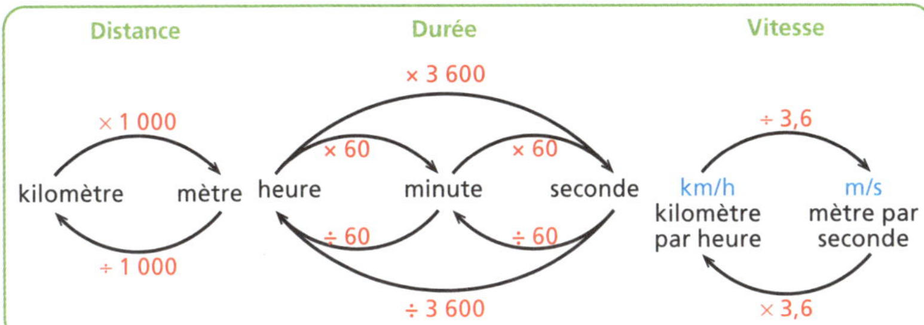

④ La direction et le sens d'une vitesse

Pour décrire une vitesse, on indique sa **direction**, son **sens** et sa **valeur**.

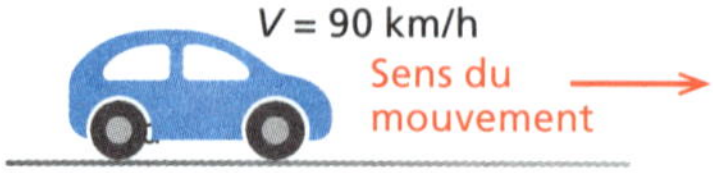

Direction : droite horizontale
Sens : vers la droite
Valeur : 90 km/h

⑤ L'étude graphique de la vitesse

Le graphique représentant la **distance parcourue par un objet en fonction du temps** permet de décrire l'allure du mouvement de cet objet.

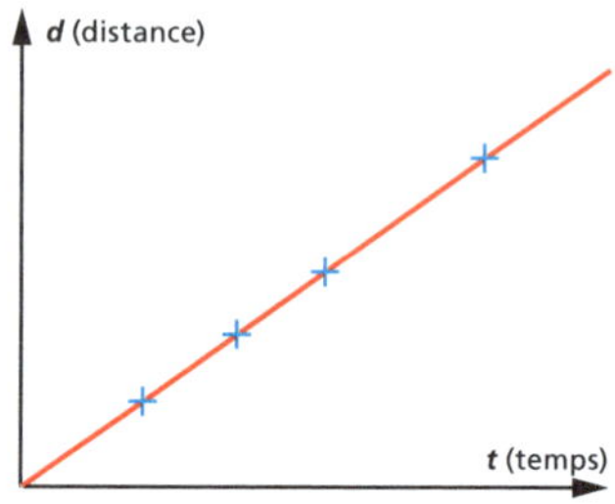

Distance en fonction du temps

Si les points sont alignés et que l'on peut tracer une droite passant par l'origine, alors la distance et le temps sont proportionnels : la vitesse est donc constante.
Le coefficient de proportionnalité de la droite permet de calculer la vitesse.

Je révise

Parmi les propositions suivantes, choisissez la (ou les) bonne(s) réponse(s)

❶ La relation entre distance, durée et vitesse peut s'écrire :

A. $v = \frac{d}{t}$.
B. $v = \frac{d}{\Delta t}$.
C. $d = \frac{v}{\Delta t}$.
D. $d = v \times \Delta t$.

❷ Quelles sont les bonnes conversions ?

A. 45 min = 0,75 h.
B. 25 m/s = 80 km/h.
C. 1 h 15 min = 1,3 h.
D. 108 km/h = 30 m/s.

❸ Un véhicule a parcouru 200 km en 2 h 30. Sa vitesse moyenne est de :

A. v = 80 km/h.
B. v = 87 km/h.
C. v = 90 km/h.
D. v = 97 km/h.

❹ La distance parcourue par un véhicule roulant à la vitesse constante de 80 km/h pendant 15 min est de :

A. 10 km.
B. 15 km.
C. 20 km.
D. 25 km.

Réponses : 1. B et D ; **2.** A et D ; **3.** A ; **4.** C.

La vitesse et l'énergie cinétique

Je retiens

1 La vitesse et la sécurité routière

▶ La **distance d'arrêt** d'un véhicule correspond à la distance parcourue par ce véhicule entre la perception d'un danger par le conducteur et l'arrêt complet du véhicule.

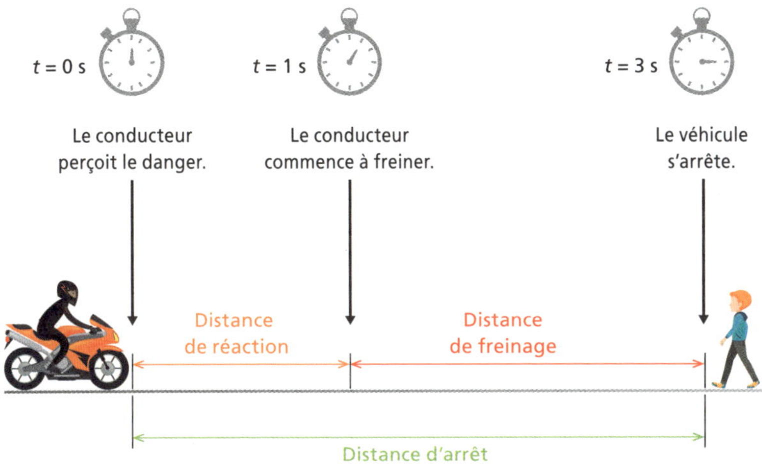

Schéma des distances d'arrêt

▶ La **distance de réaction** est la distance parcourue entre le moment où le conducteur perçoit le danger et qu'il commence à freiner. Cette distance dépend de la vitesse et de la durée de réaction. On peut estimer la durée de réaction à une seconde. Cette durée peut varier selon les réflexes du conducteur (fatigue, alcool, drogue, distraction…) :

$$\boldsymbol{D_r = v \times \Delta t_r}$$

- D_r : distance de réaction en mètres (m)
- v : vitesse en mètres par seconde (m/s)
- Δt_r : durée de réaction en secondes (s)

▶ La **distance de freinage** est la distance parcourue entre le moment où le conducteur commence à freiner et l'arrêt du véhicule. Cette distance dépend du véhicule (masse, charge emportée), de sa vitesse, de l'état de la chaussée (route sèche, route mouillée…), de l'état du véhicule (freins, pneus…).

▶ La **distance d'arrêt** est égale à la somme de la distance de réaction et de la distance de freinage :

$$\boldsymbol{D_a = D_r + D_f}$$

- D_a : distance d'arrêt en mètres (m)
- D_r : distance de réaction en mètres (m)
- D_f : distance de freinage en mètres (m)

MOUVEMENTS ET INTERACTIONS

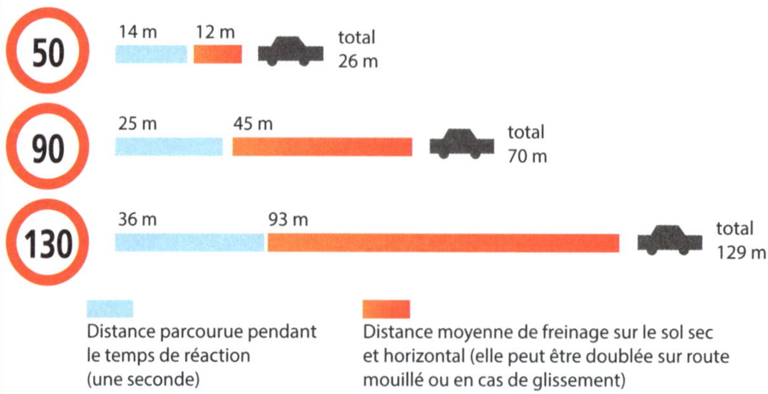

Distance d'arrêt selon la vitesse (www.preventionroutiere.asso.fr)

2 L'énergie cinétique d'un objet

Lorsqu'un corps est en mouvement, il possède de l'énergie. Cette dernière, appelée **énergie cinétique E_C**, dépend de la vitesse du corps et de sa masse. Elle s'obtient par la formule :

$$E_C = \frac{1}{2} m \times v^2$$

- E_C : énergie cinétique en joules (J)
- m : masse du corps en kilogrammes (kg)
- v : vitesse du corps en mètres par seconde (m/s)

L'unité légale de l'énergie est le joule, de symbole J.

Il est aussi possible d'utiliser le kilojoule (kJ). 1 kJ = 1 000 J = 10^3 J.

Je révise

Parmi les propositions suivantes, choisissez la (ou les) bonne(s) réponse(s)

1 La distance de réaction dépend :
A. de l'état du véhicule.
B. de la vitesse du véhicule.
C. du conducteur.
D. de l'état de la chaussée.

2 Un conducteur roulant à 30 km/h a un temps de réaction d'une seconde. À cette vitesse, le freinage s'effectue en 10 m. La distance :
A. de réaction est de 3 m.
B. de réaction est de 8 m.
C. d'arrêt est de 10 m.
D. d'arrêt est de 18 m.

3 La distance de freinage d'un véhicule dépend :
A. de sa vitesse.
B. de sa masse.
C. du conducteur.
D. de l'état de la chaussée.

4 L'énergie cinétique d'une moto de 250 kg roulant à 90 km/h est de :
A. E_c = 3 125 J.
B. E_c = 6 250 J.
C. E_c = 78 125 J.
D. E_c = 156 250 J.

Réponses : 1. B et C ; 2. B et D ; 3. A, B et D ; 4. C.

L'action mécanique et l'interaction

Fiche 73

Je retiens

1 La notion d'action mécanique

▶ En mécanique, lorsqu'un objet agit sur un autre objet, on parle d'**action mécanique**. Celui qui agit est appelé l'acteur, celui qui reçoit le receveur.

▶ Une action mécanique peut :

déformer un objet

mettre en mouvement un objet

modifier la vitesse d'un objet

modifier la trajectoire d'un objet

2 Décrire une action mécanique

Une action mécanique peut être **de contact** ou **à distance**.

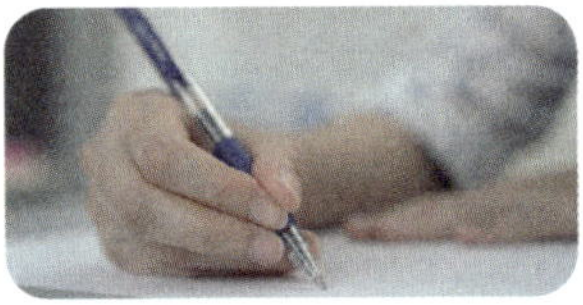

Action de contact

Action à distance

Elle peut être **localisée** en un point ou **répartie** sur une surface.

Action localisée

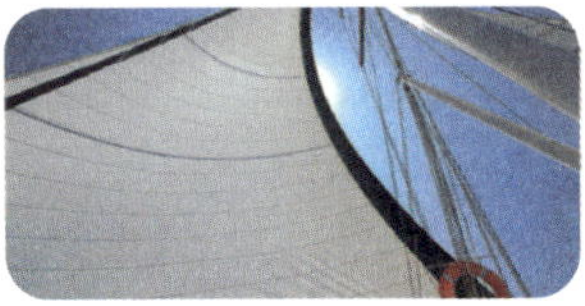

Action répartie

3 L'origine d'une action mécanique à distance

Une action mécanique peut être :

Magnétique

Électrique (électrostatique)

Gravitationnelle

4 Les interactions

Lorsqu'un objet A exerce une action mécanique sur un objet B, alors l'objet B exerce une action mécanique sur l'objet A. Les deux objets A et B sont donc en **interaction**.

5 Le diagramme objet-interaction

Pour étudier les actions mécaniques que subit un objet, on fait l'inventaire des interactions dans lesquelles l'objet est engagé.

L'objet est modélisé par un cercle dans lequel on écrit son nom.	Objet
Les interactions de contact sont représentées par des doubles flèches pleines.	◄──►
Les interactions à distance sont représentées par des doubles flèches en pointillés.	◄- - -►

Je révise

Parmi les propositions suivantes, choisissez la (ou les) bonne(s) réponse(s)

1 Une action mécanique peut :

A. mettre en mouvement un objet.
B. modifier la trajectoire d'un objet.
C. déformer un objet.
D. modifier la vitesse d'un objet.

2 L'action du vent sur la voile d'un bateau est :

A. une action de contact.
B. une action à distance.
C. localisée.
D. répartie.

3 L'action de la Terre sur un objet au voisinage de sa surface est :

A. une action de contact.
B. une action à distance.
C. localisée.
D. répartie.

4 Si un objet A exerce une action mécanique sur un objet B alors :

A. l'objet B exerce une action sur l'objet A.
B. les objets A et B sont forcément en contact.
C. les objets A et B sont en interaction.
D. l'interaction peut être modélisée par une double flèche sur un diagramme objet-interaction.

Réponses : 1. A, B, C et D ; 2. A et D ; 3. B et D ; 4. A, C et D.

Modéliser une action mécanique

Fiche 74

Je retiens

1 La notion de force

▶ L'action mécanique d'un objet (acteur) sur un autre objet (receveur) peut être modélisée par une **force** et se note $\mathbf{F_{A/R}}$ (force exercée par l'acteur sur le receveur).

▶ L'intensité d'une force se mesure avec un **dynamomètre**. Il est constitué d'un ressort qui se déforme selon l'intensité de la force qu'il reçoit.

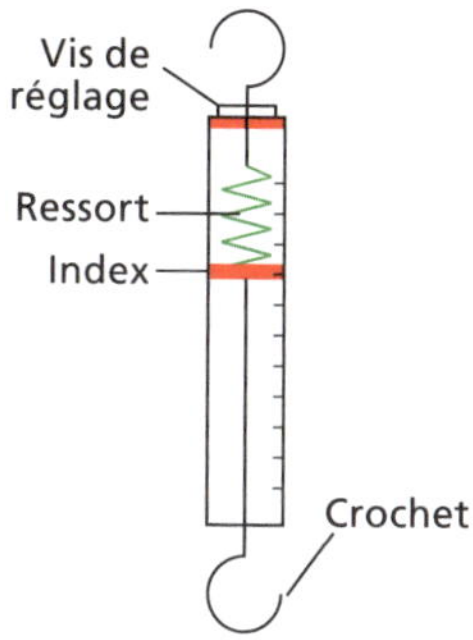

Schéma d'un dynamomètre

▶ L'unité de force est le **newton**, de symbole **N**.

▶ Une force est caractérisée par :

- une **direction** ;
- un **sens** ;
- une **valeur** (en newtons).

2 La représentation d'une force sur un schéma

Sur un schéma, une force sera représentée par une flèche $\vec{F}$ (aussi appelée segment fléché ou **vecteur**).

▶ Elle est caractérisée par une **direction**, un **sens** et une **longueur**.

▶ **La longueur de la flèche est proportionnelle à la valeur de la force**.

Exemple : avec un étau, on exerce une action mécanique verticale, vers le bas, de valeur 2 000 N sur une pièce métallique.

La valeur de la force exercée par la machine sur la pièce est de 2 000 N.	$F_{machine/pièce}$ = 2 000 N
La longueur de la flèche représentant la force avec l'échelle 1 cm = 500 N est de 4 cm.	$\vec{F}_{machine/pièce}$ = 4 cm

Pression de l'étau sur un objet
(échelle non respectée)

MOUVEMENTS ET INTERACTIONS

❸ Les multiples et les sous-multiples du newton

millinewton : 1 mN = 0,001 N = 10^{-3} N.
kilonewton : 1 kN = 1 000 N = 10^{3} N.
mégawatt : 1 MN = 1 000 000 N = 10^{6} N.
gigawatt : 1 GN = 1 000 000 000 N = 10^{9} N.

❹ L'objet en équilibre soumis à deux forces

- Un **objet est en équilibre** lorsque les forces qui s'exercent sur lui se compensent.
- Ces forces :
  - ont la **même direction** ;
  - ont la **même valeur** ;
  - sont de **sens opposé**.

Exemple : le ballon est en équilibre car la force *F* exercée par le doigt et le poids *P* du ballon se compensent.

On peut écrire $\vec{F} = \vec{P}$ (même valeur).

Je révise

Parmi les propositions suivantes, choisissez la (ou les) bonne(s) réponse(s)

❶ Sur le schéma, la flèche modélise l'action de :

A. la balle sur la raquette.
B. la raquette sur la balle.
C. la Terre sur la balle.
D. la balle sur la Terre.

❷ Sur le schéma, la force modélisée par la flèche :

A. a pour direction : verticale.
B. a pour direction : vers le haut.
C. a pour valeur 50 N.
D. est exercée par la Terre.

❸ La valeur d'une force :

A. se mesure avec une balance.
B. se mesure avec un dynamomètre.
C. s'exprime en kilogrammes.
D. s'exprime en newtons.

❹ Lorsqu'un objet soumis à deux forces est en équilibre, alors les deux forces ont même :

A. direction.
B. sens.
C. valeur.
D. acteur.

Réponses : 1. B ; 2. A ; 3. B et D ; 4. A et C.

L'interaction gravitationnelle

Fiche 75

Je retiens

1 La notion d'interaction gravitationnelle

▶ Deux corps A et B, possédant une masse, exercent l'un sur l'autre une **action attractive à distance** qui dépend de la masse des corps et de la distance qui les sépare.
▶ Cette **interaction gravitationnelle** gouverne tout l'Univers. Dans le Système solaire, le Soleil et les planètes s'attirent donc mutuellement.

Exemple : le Soleil attire la Terre et donc la Terre attire la Soleil. Ils exercent, l'un sur l'autre, une action attractive à distance. Cette interaction se nomme gravitation.

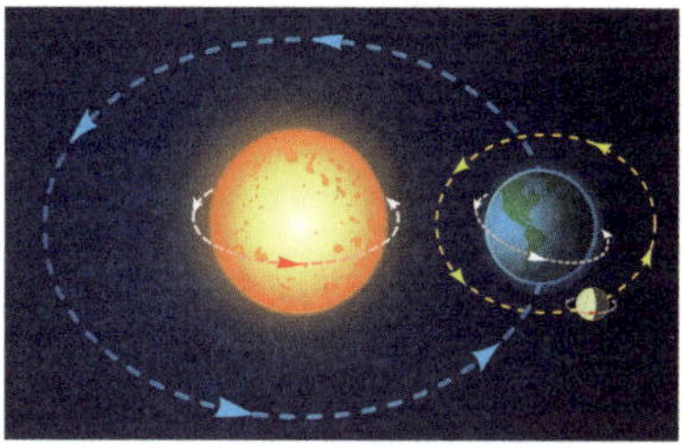

Gravitation du Soleil, de la Terre et de la Lune

2 La modélisation de l'interaction gravitationnelle

▶ L'interaction gravitationnelle entre deux corps A et B peut être modélisée par deux flèches : **$\vec{F}_{A/B}$ et $\vec{F}_{B/A}$**.

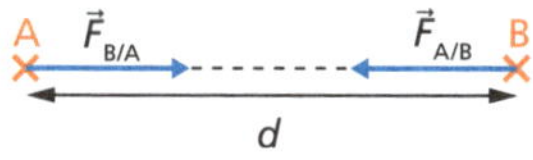

Modélisation des forces gravitationnelles

▶ Les deux forces mises en jeu lors d'une interaction gravitationnelle ont même direction ; **même valeur mais sont de sens opposées**.

Exemple :

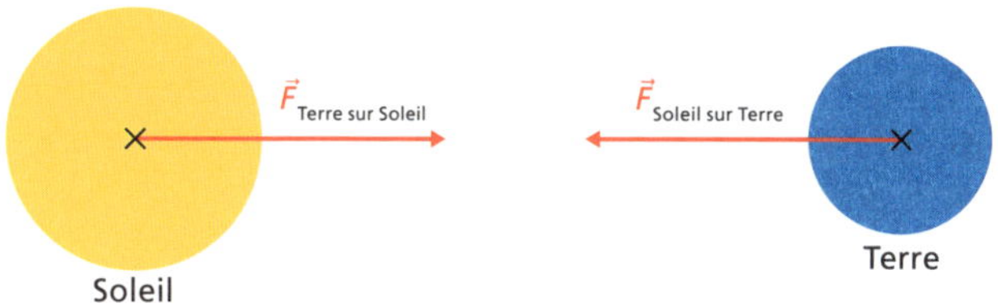

Interaction gravitationnelle entre la Terre et le Soleil

MOUVEMENTS ET INTERACTIONS

3 L'expression de la force d'attraction gravitationnelle

▶ La valeur de cette force d'attraction gravitationnelle est obtenue par :

$$F_{A/B} = G \times \frac{m_A \times m_B}{d^2}$$

m : masse des corps en kilogrammes (kg)
d : distance entre les deux corps en mètres (m)
G : constante de gravitation = $6,67 \times 10^{-11}$
F : en newtons (N)

▶ Cette force est :
- proportionnelle au produit de la masse des corps ;
- inversement proportionnelle au carré de la distance entre les corps.

Exemple de calcul de la force d'attraction gravitationnelle exercée par le Soleil sur la Terre
avec les données :
- masse du Soleil : 2×10^{30} kg
- masse de la Terre : $5,97 \times 10^{24}$ kg
- distance entre le centre du Soleil et le centre de la Terre : $1,5 \times 10^{11}$ m

$$F_{\text{Soleil/Terre}} = \frac{m_{\text{Soleil}} \times m_{\text{Terre}}}{d^2_{\text{Soleil Terre}}}$$

$$F_{\text{Soleil/Terre}} = 6,67 \times 10^{-11} \times \frac{2 \times 10^{30} \times 5,97 \times 10^{24}}{(1,5 \times 10^{11})^2}$$

$$F_{\text{Soleil/Terre}} = 3,5 \times 10^{22} \text{ N.}$$

Je révise

Parmi les propositions suivantes, choisissez la (ou les) bonne(s) réponse(s)

1 La force d'attraction exercée par la Terre sur la Lune est :
A. plus grande que celle exercée par la Lune sur la Terre.
B. plus petite que celle exercée par la Lune sur la Terre.
C. égale à celle exercée par la Lune sur la Terre.
D. se note $F_{\text{Terre/Lune}}$.

2 Les flèches modélisant l'interaction gravitationnelle entre le Soleil et la Terre :
A. ont même direction.
B. ont même sens.
C. ont même valeur.
D. ont même longueur.

3 La force d'attraction gravitationnelle entre deux corps dépend de :
A. la vitesse des corps.
B. la distance entre les deux corps.
C. la température des corps.
D. la masse des corps.

4 L'interaction gravitationnelle entre deux corps est :
A. attractive.
B. répulsive.
C. de contact.
D. à distance.

Réponses : 1. C et D ; **2.** A et D ; **3.** B et D ; **4.** A et D.

Le poids et la masse

Fiche 76

Je retiens

1 La mesure de la masse et du poids d'un corps

▶ La **masse *m*** d'un objet correspond à la quantité de matière qui compose cet objet.

▶ La masse :

- se mesure avec une **balance** et s'exprime en **kilogrammes (kg)** ;
- est invariable et ne dépend pas du lieu de la mesure.

▶ La Terre exerce une action attractive, à distance, sur tous les objets placés à son voisinage. Cette force $F_{\text{Terre/objet}}$ est appelée le **poids P_{objet}** de l'objet.

▶ Le poids :

- se mesure avec un **dynamomètre** et s'exprime en **newtons (N)** ;
- varie selon le lieu de la mesure.

2 La relation entre le poids et la masse

▶ Des objets de différentes masses sont suspendus au crochet d'un dynamomètre afin d'obtenir la valeur de leur poids :

m (kg)	**0**	**0,5**	**1**	**1,5**	**2**
P (N)	0	5	10	15	20
$\frac{P}{m}$ (N/kg)		10	10	10	10

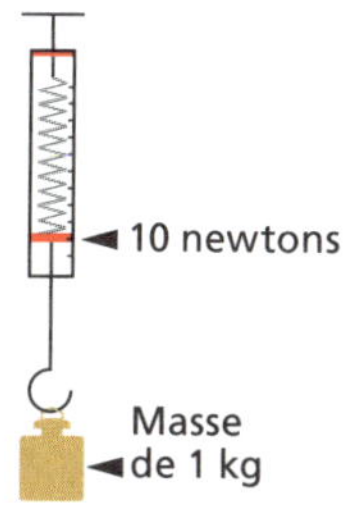

Poids sur un dynanomètre

▶ Le **rapport $\frac{P}{m}$** est donc constant. La masse et le poids d'un corps sont donc **proportionnels**.

▶ Le rapport $\frac{P}{m}$ est appelé **intensité de la pesanteur *g***.

▶ Le graphique représentant l'évolution du poids *P* en fonction de la masse *m* est une droite passant par l'origine. La masse et le poids d'un corps sont proportionnels.

▶ Le **coefficient de proportionnalité** de la droite permet de déterminer l'intensité de la pesanteur.

▶ Le poids et la masse sont liés par la relation :

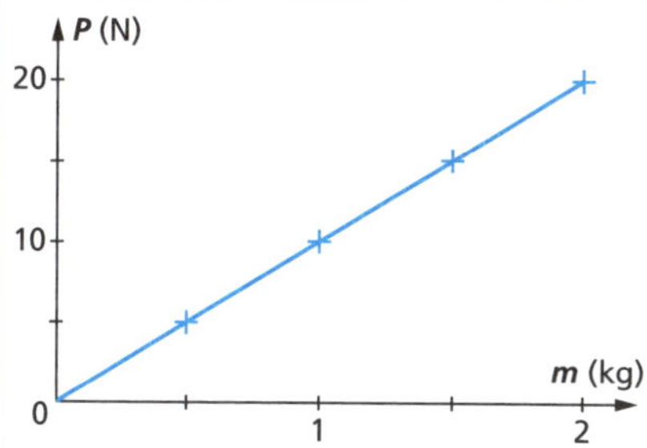

Poids en fonction de la masse

$$\frac{P}{m} = g$$

- *P* : poids en newtons (N)
- *g* : intensité de la pesanteur en newtons par kilogramme (N/kg)
- *m* : masse en kilogrammes (kg)

Cette relation peut aussi s'écrire : $P = m \times g$ ou $m = \frac{P}{g}$.

POUR INFO !

- Sur Terre, la valeur de l'intensité de la pesanteur est g = 9,8 N/kg (on peut arrondir à 10 N/kg).
- Sur la Lune, g = 1,6 N/kg.

▶ L'intensité de la pesanteur varie selon l'astre (Terre, Lune...), selon l'altitude et la latitude du lieu.

3 La modélisation du poids

▶ Sur un schéma, le poids d'un objet peut être représenté par une flèche. Elle a pour point d'application le **centre de gravité** de l'objet.

▶ Cette représentation du poids a :

- la verticale du lieu pour **direction** ;
- le centre de la Terre pour **sens** ;
- une **longueur** proportionnelle à la valeur du poids.

Représentation du poids d'un objet

Je révise

Parmi les propositions suivantes, choisissez la (ou les) bonne(s) réponse(s)

1 Au voisinage de la Terre, le poids d'un objet :

A. correspond à la quantité de matière qui le compose.
B. correspond à la force d'attraction qu'exerce la Terre sur cet objet.
C. s'exprime en kilogrammes.
D. s'exprime en newtons.

2 Un objet pesant 50 kg sur la Terre aura :

A. une masse identique sur la Lune.
B. un poids identique sur la Lune.
C. une masse plus faible sur la Lune.
D. un poids plus faible sur la Lune.

3 La relation liant le poids *P* d'un objet, sa masse *m* et l'intensité de la pesanteur *g* peut s'écrire :

A. $P = m + g$.
B. $P = \frac{P}{g}$.
C. $P = m \times g$.
D. $m = \frac{P}{g}$.

4 Le poids *P* d'un objet de masse *m* = 15 kg, soumis à une pesanteur de valeur *g* = 10 N/kg, est de :

A. P = 0,7 N.
B. P = 1,5 N.
C. P = 25 N.
D. P = 150 N.

Réponses : 1. B et D ; 2. A et D ; 3. C et D ; 4. D.

Examen
décembre
(TOUT)
2023

ÉNERGIE TRANSFERT ET CONVERSION – SIGNAUX, MATÉRIAUX ET OBJETS TECHNIQUES

- ✓ Sources et formes d'énergie
- ✓ Description et lois du circuit électrique
- ✓ Types de signaux
- ✓ Matériaux et objets techniques – Programmation

NOTES

Les sources et les formes d'énergie

Je retiens

1 Les sources d'énergie

▶ Une **source d'énergie** est aussi appelée réservoir d'énergie. C'est une ressource, une matière première, un phénomène naturel… à partir desquels il est possible d'obtenir de l'énergie.

▶ On distingue deux types de sources d'énergie :

– les **sources d'énergie renouvelable** : disponibles sous forme de **flux** et dont l'apport est continuel.

Sources d'énergie renouvelable

– les **sources d'énergie non renouvelable** : disponibles sous forme de **stock** qui diminue avec son utilisation.

Sources d'énergie fossile

▶ L'énergie est stockée dans les sources d'énergie sous différentes formes d'énergie :

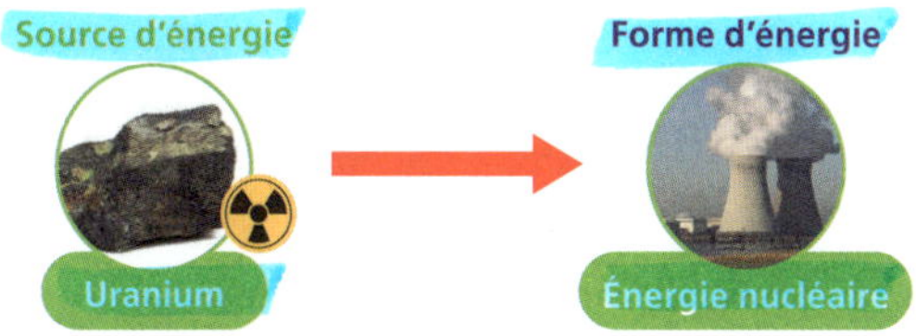

source d'énergie ≠ forme d'énergie

2 Les formes d'énergie

Formes d'énergie	Énergie chimique	Énergie lumineuse	Énergie thermique	Énergie cinétique	Énergie potentielle de position	Énergie nucléaire
Sources possibles	Charbon Gaz Pétrole	Soleil	Chaleur de la Terre	Vent Eau en mouvement	Réserve d'eau en hauteur	Uranium

L'**énergie** se note E et s'exprime en joules (J).

❸ La chaîne d'énergie

▶ La **chaîne énergétique** permet de décrire les conversions d'énergie (voir Fiche 78) réalisées par un **convertisseur**. Elle illustre aussi le principe de la conservation d'énergie.

▶ Une partie de l'**énergie exploitée** (reçue) par le convertisseur est convertie en une **énergie utile**. Une autre partie est perdue, dissipée sous forme d'**énergie thermique**.

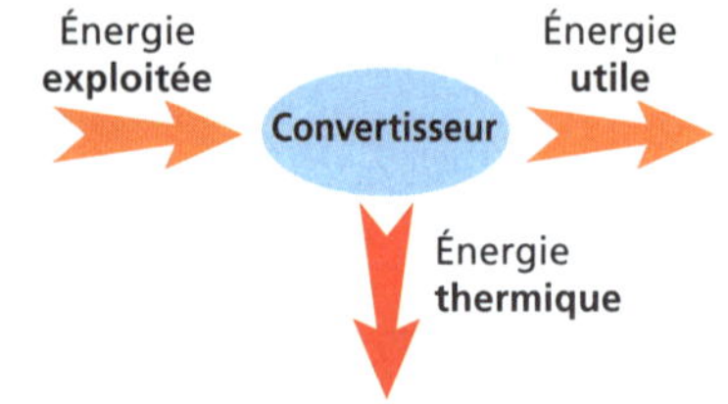

Bilan énergétique :

$E_{exploitée} = E_{utile} + E_{thermique}$

Représentation de la chaîne d'énergie

Exemple : un moteur électrique reçoit de l'énergie électrique qu'il transforme en énergie mécanique. Lors de cette conversion, le moteur chauffe. Une partie de l'énergie reçue est donc dissipée en énergie thermique (chaleur).

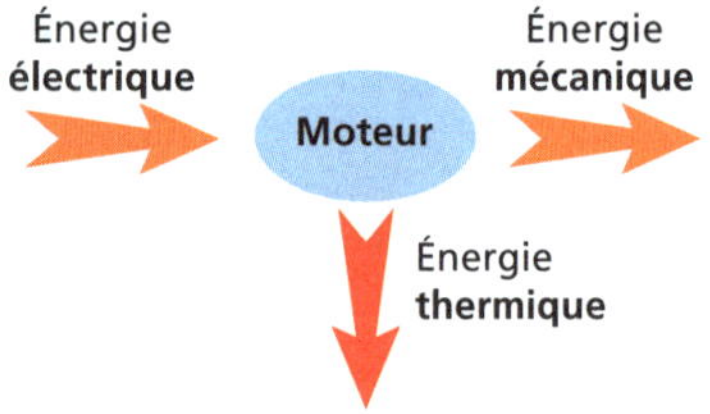

$E_{électrique} = E_{mécanique} + E_{thermique}$

Représentation de la chaîne d'énergie d'un moteur

Je révise

Parmi les propositions suivantes, choisissez la (ou les) bonne(s) réponse(s)

❶ Le vent est :

A. une forme d'énergie renouvelable.
B. une source d'énergie renouvelable.
C. une source d'énergie fossile.
D. une énergie potentielle de position.

❷ Une énergie est renouvelable :

A. si son utilisation entraîne la diminution de sa réserve.
B. si son utilisation n'entraîne pas la diminution de sa réserve.
C. si elle est disponible sous forme de flux.
D. si elle est disponible sous forme de stock.

❸ Les sources possibles d'énergie chimique sont :

A. l'uranium.
B. le pétrole.
C. le Soleil.
D. le charbon.

❹ Un convertisseur :

A. permet de créer de l'énergie.
B. permet de convertir une énergie en une autre.
C. reçoit une forme d'énergie.
D. reçoit une source d'énergie.

Réponses : 1. B ; 2. B et C ; 3. B et D ; 4. B et C.

Le transfert et les conversions d'énergie

Je retiens

1 Le transfert d'énergie

Un **transfert d'énergie** se produit lorsque deux corps échangent la même forme d'énergie.

2 Le transfert d'énergie thermique

▶ Un **transfert d'énergie thermique** (chaleur) s'effectue entre deux corps de températures différentes, du corps le plus chaud vers le corps le plus froid. Le corps le plus chaud cède de l'énergie au corps le plus froid.

▶ Lorsque les deux corps sont à la même température, on dit qu'il y a **équilibre thermique**.

▶ On distingue différents modes de transferts thermiques :

- la **conduction** (transfert par contact) : l'énergie thermique se transmet de proche en proche sans déplacement de matière. Ce mode de transmission concerne principalement les **solides**. Le transfert thermique varie selon la nature du matériau utilisé.

Certains matériaux sont des conducteurs thermiques et d'autres sont des isolants thermiques :

Isolants thermiques			Conducteurs thermiques		
Terre cuite	Polystyrène	Laine de verre	Fer	Aluminium	Cuivre

- la **convection** (transfert par mouvement de fluide) : l'énergie thermique se transmet avec déplacement de matière. Ce mode de transmission concerne les **fluides** (liquide ou gaz) ;
- le **rayonnement** (transfert par onde électromagnétique) : l'énergie thermique se transmet avec un rayonnement électromagnétique. Ce mode de transmission concerne **les solides, les liquides et les gaz**.

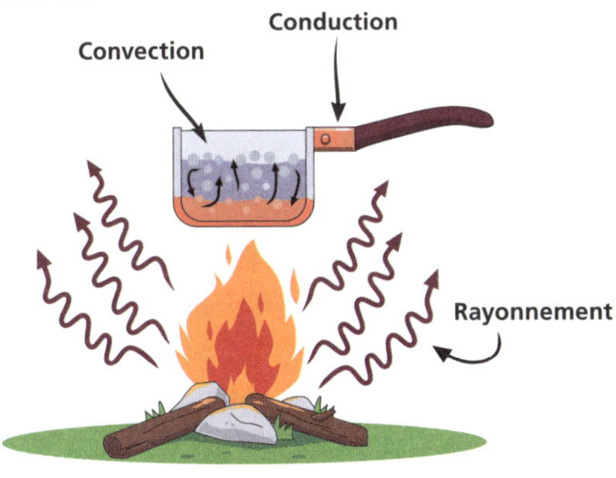

Les différents transferts de chaleur

③ La conversion d'énergie

▶ L'**énergie** ne se crée pas et ne se perd pas, elle **se conserve**. Elle peut être convertie d'une forme à une autre grâce à un **convertisseur**.

Les piles électrochimiques convertissent l'énergie chimique des substances qu'elles contiennent en énergie électrique.

L'alternateur de bicyclette convertit l'énergie mécanique en énergie électrique.

La lampe convertit l'énergie électrique en énergie lumineuse.

▶ Pour décrire le fonctionnement d'un convertisseur, on réalise son **bilan énergétique**. Le convertisseur est représenté par un cercle et les transferts d'énergie par des flèches (voir Fiche 77).

Je révise

Parmi les propositions suivantes, choisissez la (ou les) bonne(s) réponse(s)

① L'énergie dissipée lors d'une conversion d'énergie est perdue sous forme d'énergie :

A. chimique.
B. électrique.
C. mécanique.
D. thermique.

② Une lampe permet de convertir de l'énergie :

A. mécanique en énergie électrique.
B. électrique en énergie lumineuse.
C. cinétique en énergie lumineuse.
D. électrique en énergie mécanique.

③ La conduction est :

A. une conversion d'énergie thermique en énergie chimique.
B. une conversion d'énergie thermique en énergie cinétique.
C. un transfert d'énergie thermique.
D. un transfert d'énergie cinétique.

④ Un convertisseur reçoit une énergie de 500 J. Quelle est la valeur de l'énergie dissipée par ce convertisseur s'il permet d'obtenir 350 J d'énergie utile ?

A. 50 J.
B. 150 J.
C. 350 J.
D. 500 J.

Réponses : 1. D ; 2. B ; 3. C ; 4. B.

Le circuit électrique

Je retiens

1 Le fonctionnement du circuit électrique

▶ Un **circuit électrique** contient un **dipôle générateur** (pile, photopile, batterie, générateur…) relié à des **dipôles récepteurs** (lampe, diode, DEL, moteur…) par des fils de connexion.

▶ Le **dipôle générateur** fournit l'énergie électrique. Il la transfère aux **dipôles récepteurs**. L'énergie électrique reçue par les récepteurs est alors convertie sous d'autres formes d'énergie.

2 Le circuit ouvert ou fermé

▶ L'**interrupteur** permet de commander le circuit :

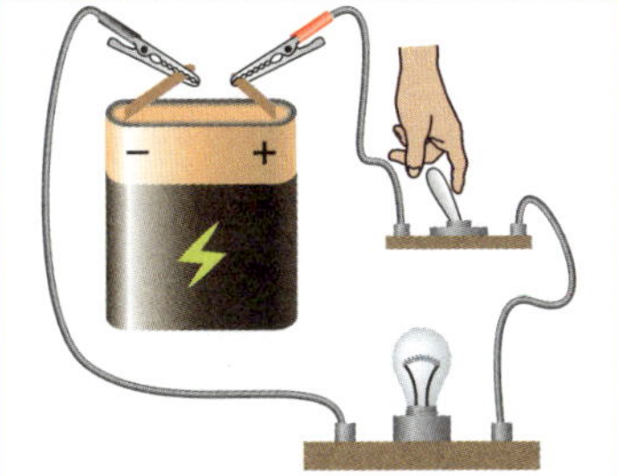

Schéma du circuit interrupteur ouvert

Lorsque l'interrupteur est **ouvert**, le courant ne circule pas. La lampe ne brille pas. L'interrupteur se comporte comme un isolant électrique.

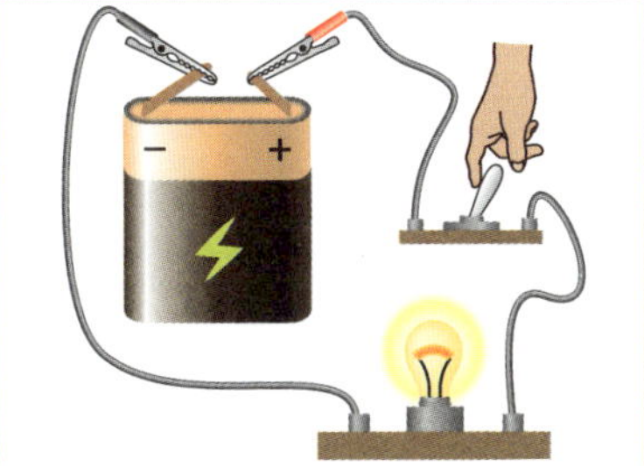

Schéma du circuit interrupteur fermé

Lorsque l'interrupteur est **fermé** le courant circule. La lampe brille. L'interrupteur se comporte comme un conducteur électrique.

3 La schématisation du circuit

▶ On appelle **symbole électrique** la représentation codée d'un dipôle.

▶ Un circuit électrique est représenté par un **schéma**. Il doit être tracé à la règle et avoir une forme rectangulaire.

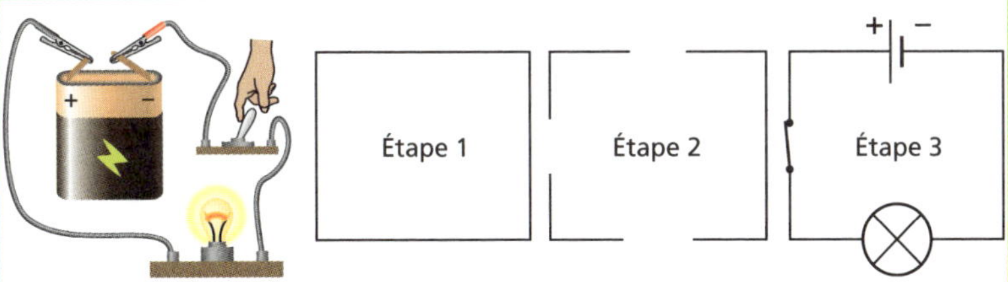

Les étapes de la schématisation d'un circuit électrique

4 Le sens conventionnel du courant

▶ Par convention, on dit que le **courant** sort par la borne positive du générateur. Sur un schéma électrique, on représente le sens du courant par une flèche rouge.

▶ Une **diode** (ou une DEL) est un dipôle qui permet d'imposer le sens du courant dans le circuit. Lorsqu'elle laisse passer le courant, elle est passante. Lorsqu'elle ne laisse pas passer le courant, elle est bloquante.

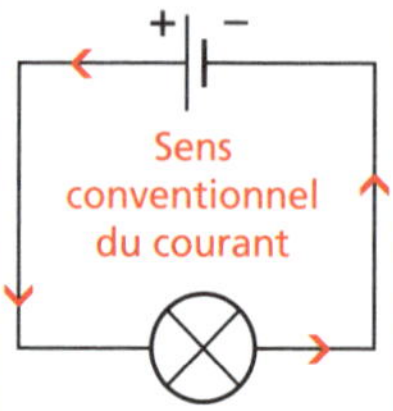

Représentation du sens du courant

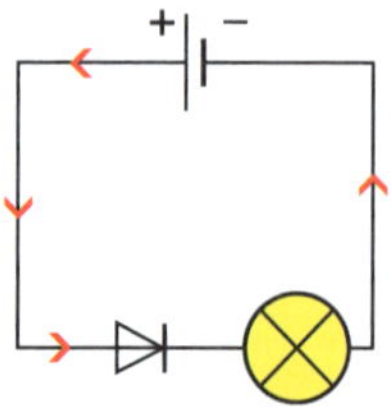

Schéma d'une diode passante

La diode est passante. Il y a un courant électrique qui circule dans le circuit. La lampe brille.

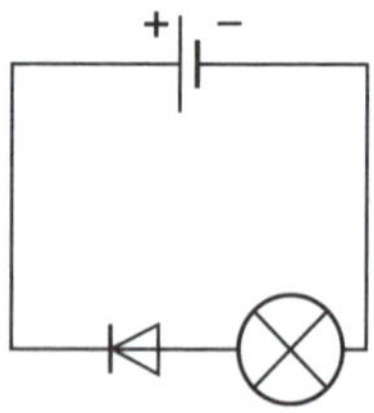

Schéma d'une diode bloquante

La diode est bloquante. Il n'y a pas de courant électrique qui circule dans le circuit. La lampe est éteinte.

Je révise

Parmi les propositions suivantes, choisissez la (ou les) bonne(s) réponse(s)

1 Une pile :

A. est un dipôle récepteur.
B. est un dipôle générateur.
C. est un convertisseur d'énergie.
D. peut être remplacé par un générateur électrique.

2 Dans un circuit électrique contenant une pile, une lampe et un interrupteur, si la lampe brille :

A. le circuit est ouvert.
B. le circuit est fermé.
C. un courant circule dans le circuit.
D. la lampe commande le circuit.

3 La représentation codée d'un circuit se nomme :

A. circuit électrique.
B. dipôle électrique.
C. schéma électrique.
D. convention électrique.

4 Par convention, le courant électrique :

A. sort par la borne positive du générateur.
B. sort par la borne négative du générateur.
C. sort par les deux bornes du générateur.
D. est représenté par une flèche rouge.

Réponses : 1. B, C et D ; 2. B et C ; 3. C ; 4. A et D.

Les deux types de circuits électriques

Je retiens

1 Le circuit série

▶ Un **circuit série** ne comporte qu'une **seule boucle**.

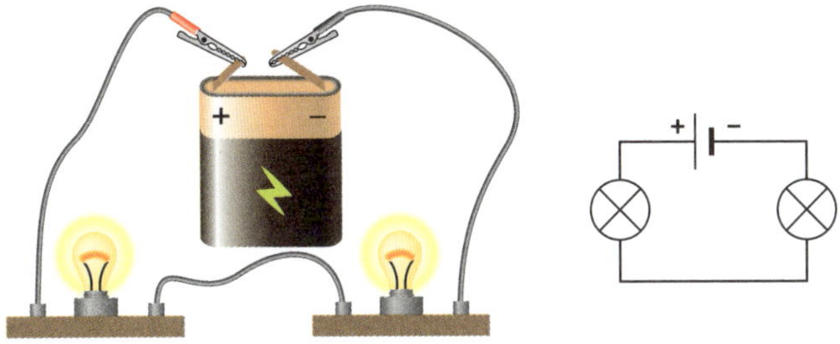

Circuit en série

▶ La pile et les deux lampes sont sur la même boucle, les dipôles sont en série.
▶ Si l'une des lampes grille, alors l'autre ne fonctionne plus.
▶ Si on ajoute une lampe en série, alors l'éclat de toutes les lampes diminue.

2 Le circuit avec dérivations

▶ Un **circuit en dérivation** contient **plusieurs boucles**. Chaque boucle fonctionne indépendamment de l'autre.

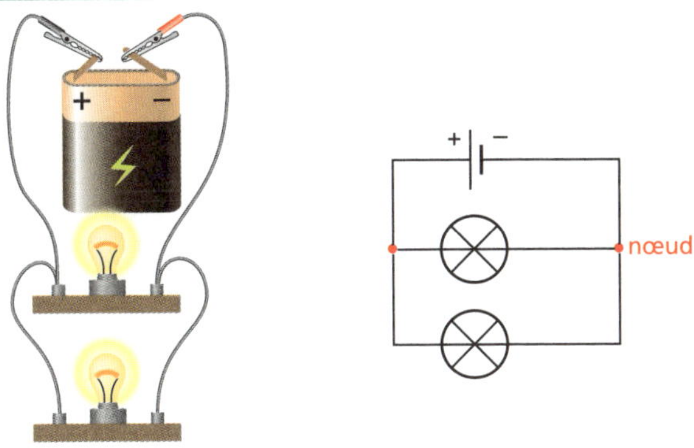

Circuit en dérivation

▶ La pile et les deux lampes ne sont pas sur la même boucle, les dipôles sont en dérivation.
▶ Si l'une des lampes grille, alors l'autre fonctionne encore.
▶ Si on ajoute une lampe en dérivation, alors l'éclat de toutes les lampes reste le même.

③ La description du circuit avec dérivations

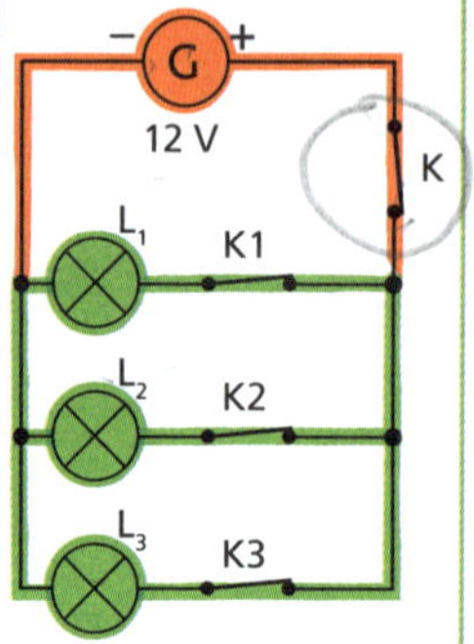

Principe d'un circuit en dérivation

▶ La branche qui contient le générateur est appelée **branche principale**. Les autres branches constituent les **branches dérivées**.

▶ Un interrupteur situé dans la branche principale commande tout le circuit (K).

▶ Un interrupteur placé dans une branche dérivée ne commande que sa propre branche (K1, K2, K3).

④ Les dangers du court-circuit

▶ Lorsque **les deux bornes d'un dipôle sont en contact, cela provoque un court-circuit**.

▶ Le court-circuit d'un générateur entraîne son échauffement, voire sa destruction. Dans une habitation, un court-circuit peut provoquer un incendie.

Exemple dans un circuit en série

la lampe L2 est en court-circuit. Elle va s'éteindre. La lampe L1 va briller davantage et elle risque de griller.

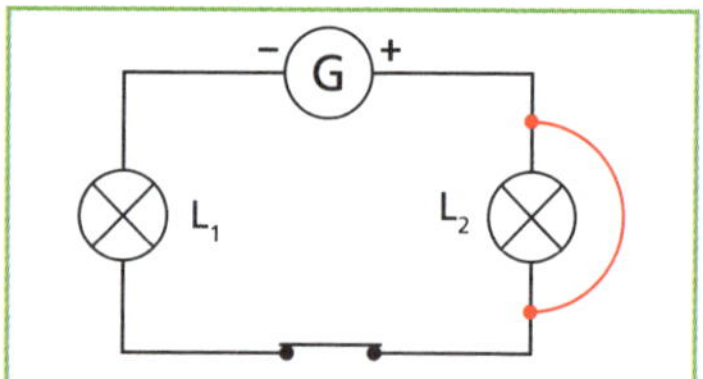

Lampe en court-circuit

Je révise

Parmi les propositions suivantes, choisissez la (ou les) bonne(s) réponse(s)

① Un circuit contenant une seule boucle :

A. est un circuit en dérivation.

B. est un circuit en série.

C. possède des branches dérivées.

D. ne possède pas de branches dérivées.

② Dans un circuit en série contenant une pile et deux lampes, si l'une des lampes grille alors l'autre lampe :

A. brille encore.

B. brille moins.

C. grille.

D. va s'éteindre.

③ Dans un circuit contenant une pile et deux lampes en dérivation, si l'une des lampes grille alors l'autre lampe :

A. brille encore.

B. brille moins.

C. grille.

D. va s'éteindre.

④ Sur quel(s) schéma(s) les branches dérivées sont-elles correctement surlignées ?

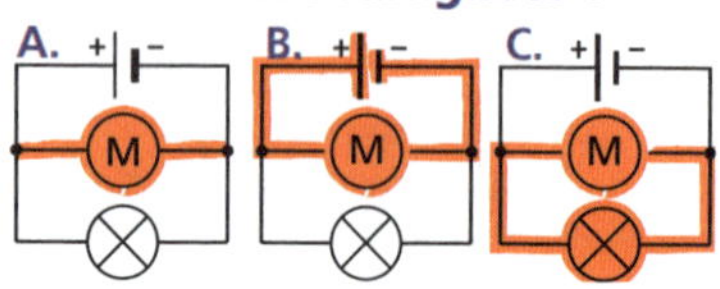

Réponses : 1. B et D ; 2. D ; 3. A ; 4. C.

L'intensité électrique

Je retiens

1 Le courant électrique

▶ Une lampe brille quand elle est parcourue par un **courant électrique** (représenté sur le schéma par une flèche rouge sortant de la borne positive du générateur).

▶ Plus le courant est intense, plus la lampe brille.

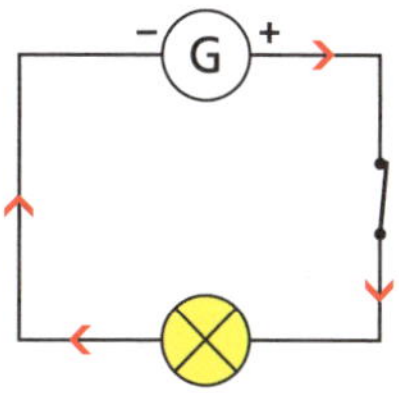

Courant électrique qui circule dans le circuit : la lampe brille

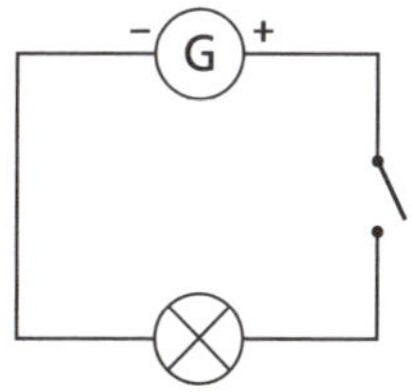

Pas de courant électrique dans le circuit : la lampe ne brille pas

2 La notion de courant électrique

▶ Dans un circuit, le courant électrique est un **mouvement d'électrons** libres. Ce mouvement des électrons libres est opposé au sens conventionnel du courant.

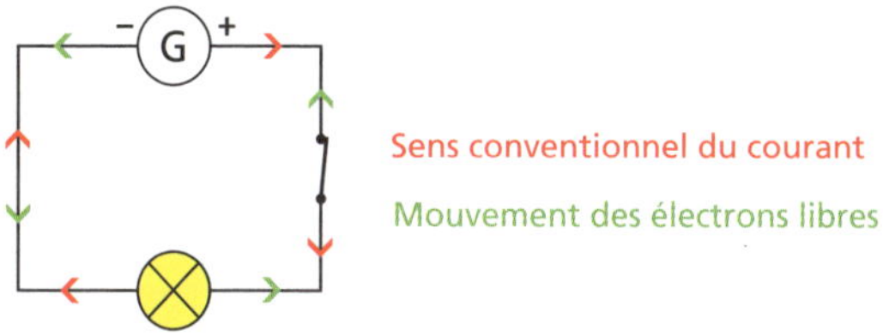

Courant et électrons

▶ On appelle **intensité électrique *I*** la grandeur qui caractérise le courant (donc le mouvement des électrons libres). Son unité est l'**ampère**, de symbole **A**.

▶ L'intensité électrique peut aussi s'exprimer en utilisant un multiple de l'ampère : le kiloampère (kA) ou un sous-multiple de l'ampère : le milliampère (mA).

Exemples de conversion :

$15 \text{ mA} = \frac{15}{1\,000} = 0{,}015 \text{ A}$

$0{,}2 \text{ A} = 0{,}2 \times 1\,000 = 200 \text{ mA}$

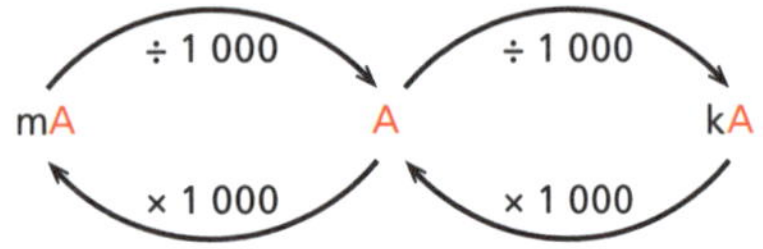

Schéma de conversion

3 La mesure de l'intensité électrique

▶ Pour mesurer l'intensité du courant dans le circuit, on utilise la fonction **ampèremètre** du multimètre.

▶ L'ampèremètre **se branche en série** dans le circuit. On utilise les bornes **COM** et **A**.

▶ La borne COM est reliée vers la borne négative du dipôle générateur, la borne A vers la borne positive.

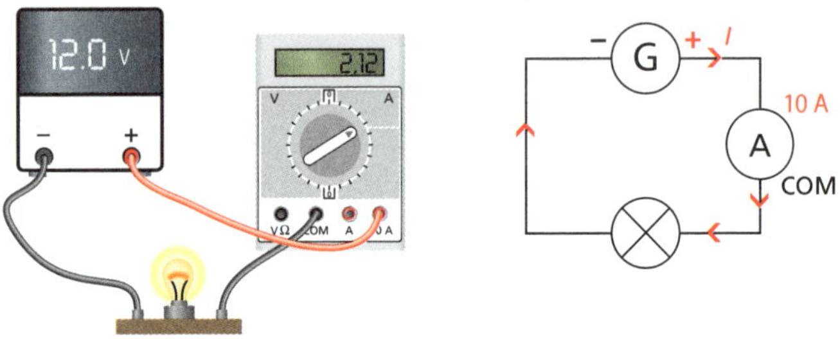

Schéma du branchement de l'ampèremètre

▶ L'intensité dans le circuit est de 2,12 ampères : $I = 2{,}12$ A.

Je révise

Parmi les propositions suivantes, choisissez la (ou les) bonne(s) réponse(s)

1 Dans un circuit électrique, le courant est un déplacement :

A. de protons.
B. de neutrons.
C. d'électrons.
D. d'atomes.

2 L'unité de l'intensité électrique est :

A. le volt, de symbole V.
B. le watt, de symbole W.
C. le joule, de symbole J.
D. l'ampère, de symbole A.

3 L'intensité électrique se mesure avec :

A. un voltmètre branché en série.
B. un voltmètre branché en dérivation.
C. un ampèremètre branché en série.
D. un ampèremètre branché en dérivation.

4 Quelles sont les bonnes conversions ?

A. 5 A = 5 000 mA.
B. 0,12 A = 12 mA.
C. 0,7 kA = 7 000 A.
D. 25 mA = 0,025 A.

Réponses : 1. C ; **2.** D ; **3.** C ; **4.** A et D.

Les lois de l'intensité électrique

Je retiens

1 Dans un circuit en série

On mesure l'intensité du courant dans différents points du circuit :

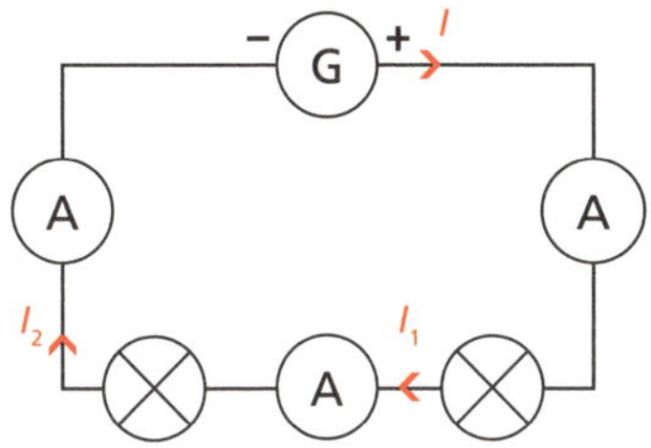

$I = 0,25$ A

$I_1 = 0,25$ A

$I_2 = 0,25$ A

$I = I_1 = I_2$

L'intensité électrique dans un circuit en série

L'intensité du courant est la même en tout point d'un circuit en série.

C'est la **loi d'unicité des intensités**.

2 Dans un circuit avec dérivations

On mesure l'intensité du courant dans les différentes branches du circuit :

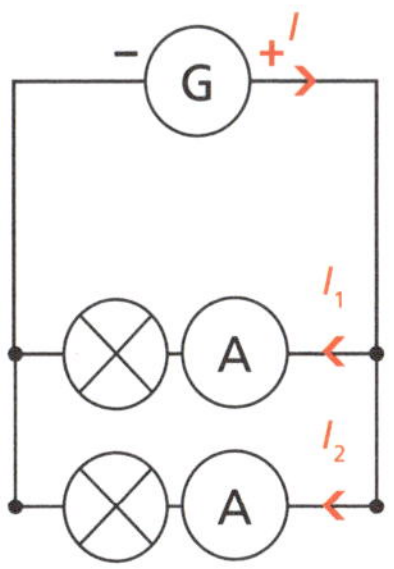

$I = 0,35$ A

$I_1 = 0,15$ A

$I_2 = 0,25$ A

$I = I_1 + I_2$

L'intensité électrique dans un circuit en dérivation

L'intensité du courant dans la branche principale est égale à la somme des intensités des courants dans les branches dérivées.

C'est la **loi d'additivité des intensités**.

3 Les dangers du courant électrique

Le courant électrique est dangereux car le corps humain est un conducteur électrique. Le passage d'un courant électrique dans le corps humain peut provoquer une électrisation (choc électrique), voire une électrocution (la mort), selon l'intensité du courant qui le traverse et la durée de son passage.

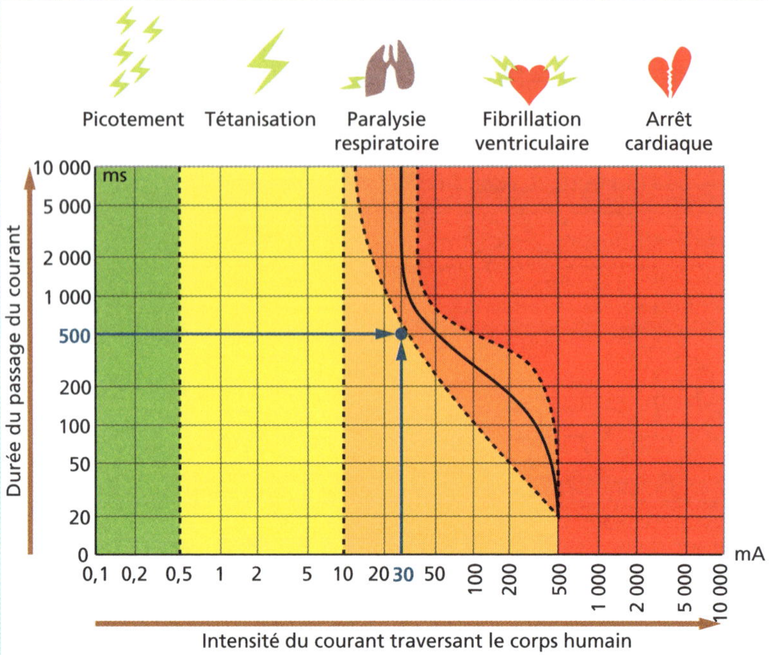

Échelle du danger électrique

Je révise

Parmi les propositions suivantes, choisissez la (ou les) bonne(s) réponse(s)

1 Dans un circuit en série :

A. on peut appliquer la loi d'additivité des intensités.

B. on peut appliquer la loi d'unicité des intensités.

C. le courant est le même partout.

D. un seul ampèremètre suffit.

2 Le courant électrique est dangereux :

A. car le corps humain est conducteur.

B. car le corps humain est isolant.

C. car il peut provoquer une fracture.

D. selon son intensité et la durée de son passage dans le corps humain.

3 Dans un circuit en série contenant un générateur et deux lampes, on peut écrire :

A. $I_{générateur} = I_{lampe1} + I_{lampe2}$.

B. $I_{générateur} = I_{lampe1} - I_{lampe2}$.

C. $I_{lampe1} = I_{lampe2} = I_{générateur}$.

D. $I_{lampe1} = I_{lampe2} - I_{générateur}$.

4 Dans un circuit en dérivation contenant une pile, un moteur et une lampe, on peut écrire :

A. $I_{pile} = I_{lampe} + I_{moteur}$.

B. $I_{pile} = I_{moteur} - I_{lampe}$.

C. $I_{moteur} = I_{lampe} = I_{pile}$.

D. $I_{lampe} = I_{pile} - I_{moteur}$.

Réponses : 1. B, C et D ; **2.** A et D ; **3.** C ; **4.** A et D.

La tension électrique

Je retiens

1 La tension et le courant électrique

▶ Le courant électrique est un mouvement d'électrons (voir Fiche 81). Pour qu'un courant électrique circule dans le circuit, il faut donc mettre en mouvement les électrons. C'est le rôle du **générateur**, il crée une différence de potentiel électrique aux bornes du circuit.

▶ Cette différence électrique est appelée **tension électrique, notée *U***. On la représente par une double flèche sur le dipôle. Elle s'exprime en **volts (V)**.

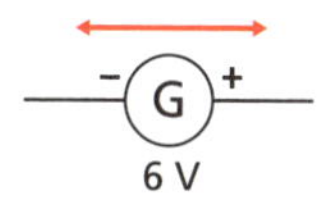

Schéma du générateur

▶ Plus la différence d'état électrique (tension) est grande, plus le générateur pourra faire circuler un courant électrique intense dans le circuit. **Les grandeurs tension et intensité sont donc liées**.

▶ La tension électrique peut aussi s'exprimer en utilisant un multiple du volt : le kilovolt (kV) ou un sous-multiple du volt : le millivolt (mV).

Exemples de conversion :

4,5 V = 4,5 × 1 000 = 4 500 mV

65 mV = $\frac{65}{1\,000}$ = 0,065 V

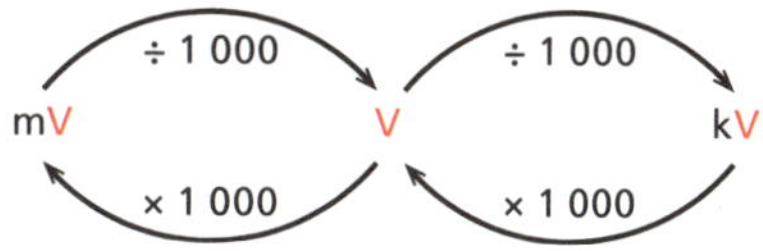

Schéma de conversion

2 La mesure de la tension électrique

▶ Pour mesurer une tension électrique, on utilise la fonction **voltmètre** du multimètre. Le voltmètre **se branche en dérivation** sur le dipôle à étudier. On utilise les bornes **COM** et **V**.

▶ La borne COM est reliée vers la borne négative du dipôle générateur, la borne V vers la borne positive.

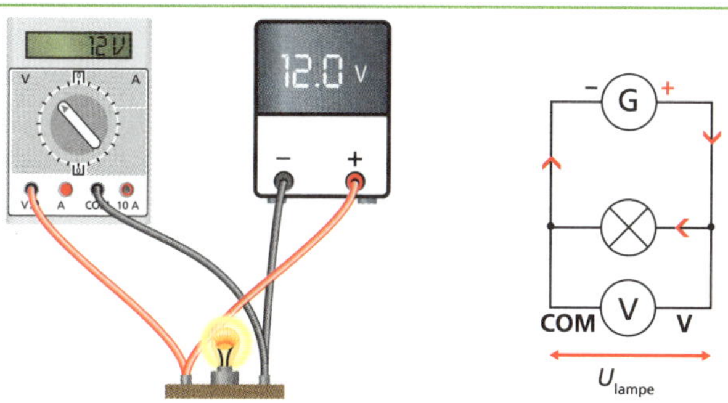

Schéma du branchement du voltmètre

La tension électrique aux bornes de la lampe est de 12 volts : U_{lampe} = 12 V.

3 La tension électrique en circuit ouvert ou fermé.

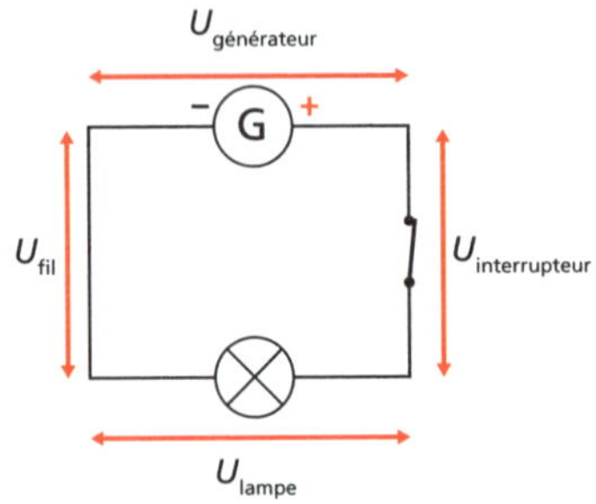

Schéma des tensions aux bornes de chaque dipôle

	Générateur	Fil de connexion	Interrupteur	Dipôle
Circuit ouvert	Il existe toujours une tension à ses bornes. $U_{générateur} \neq 0$ V	La tension est toujours nulle. $U_{fil} = 0$ V	Il existe une tension à ses bornes. $U_{interrupteur} \neq 0$ V	La tension est nulle. $U_{lampe} = 0$ V
Circuit fermé			La tension est nulle. $U_{interrupteur} = 0$ V	Il existe une tension à ses bornes. $U_{lampe} \neq 0$ V

Je révise

Parmi les propositions suivantes, choisissez la (ou les) bonne(s) réponse(s)

1 La tension électrique se note :

A. tension *T*.
B. tension *U*.
C. tension *V*.
D. tension *I*.

2 La tension électrique se mesure avec :

A. un voltmètre branché en série.
B. un ampèremètre branché en série.
C. un voltmètre branché en dérivation.
D. un ampèremètre branché en dérivation.

3 L'unité de la tension électrique est :

A. le volt de symbole V.
B. l'ampère de symbole A.
C. le watt de symbole W.
D. le ohm de symbole Ω.

4 La tension aux bornes d'un interrupteur :

A. est toujours nulle.
B. n'est jamais nulle.
C. peut être nulle.
D. dépend de son état (ouvert ou fermé).

Réponses : 1. B ; 2. C ; 3. A ; 4. C et D.

Les lois de la tension électrique

Fiche 84

Je retiens

1 Dans un circuit en série

On mesure la tension électrique aux bornes de différents dipôles :

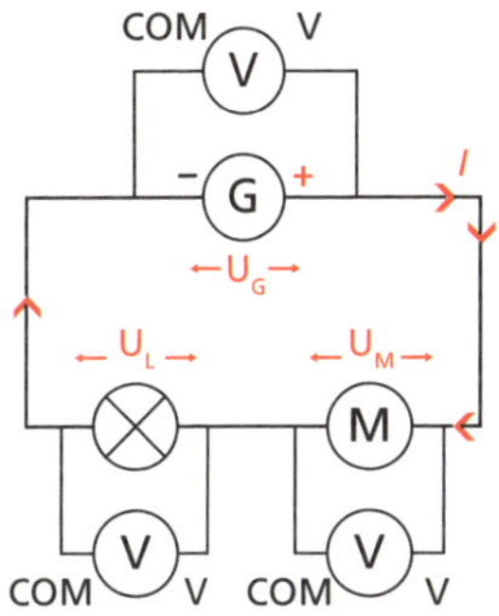

Si $U_{générateur}$ = 6 V
U_{moteur} = 2,5 V
U_{lampe} = 3,5 V
alors

$U_{générateur} = U_{moteur} + U_{lampe}$.

La tension aux bornes du générateur est égale à la somme des tensions aux bornes des récepteurs. C'est la **loi d'additivité des tensions**.

2 Dans un circuit avec dérivations

On mesure la tension électrique aux bornes de différents dipôles :

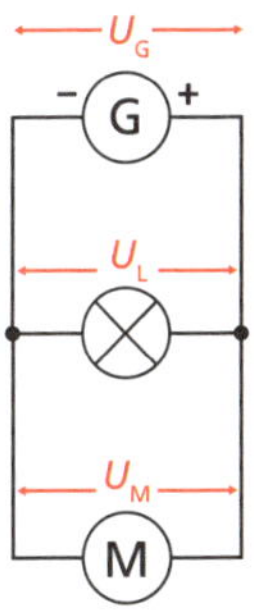

Si $U_{générateur}$ = 6 V
U_{moteur} = 6 V
U_{lampe} = 6 V
alors

$U_{générateur} = U_{moteur} = U_{lampe}$.

La tension est la même aux bornes de dipôles branchés en dérivation.
C'est la **loi d'unicité des tensions.**

3 La tension électrique du secteur

- La **tension du secteur** (délivrée par une prise électrique) est une tension **alternative** de fréquence 50 hertz.
- La **valeur efficace** de cette tension est de 230 volts.

④ La tension nominale d'un appareil électrique

Sur un appareil électrique figurent ses **caractéristiques nominales**. L'indication en volts (V) correspond à la tension que l'appareil doit recevoir pour qu'il fonctionne normalement ; en hertz (Hz) la fréquence du courant électrique et en watts (W) la puissance électrique P (voir Fiche 87) utilisée par l'appareil.

Toasteur
TTLSS
220-240 V~ 50/60 Hz 820-980 W
Darty Holding SAS ©
14 route d'Aulnay 93140 Bondy, France
Made in PRC
1 2 1 7 0 1 3 2 1
CE

Caractéristiques nominales d'un grille pain

⑤ La multiprise

Une multiprise permet d'alimenter plusieurs appareils sur le secteur. Chaque prise délivre une tension de 230 V. **Les appareils sont donc branchés en dérivation sur la multiprise.** Il faut veiller à ne pas dépasser l'intensité maximale pouvant être supportée par la multiprise.

Multiprise
Tension de fonctionnement : 230 V.
Intensité maximale admise : 16 A
Au-delà, la multiprise disjoncte.
Made in PRC
1 2 1 7 0 1 3 2 4
CE

Caractéristiques nominales d'une multiprise

Je révise

Parmi les propositions suivantes, choisissez la (ou les) bonne(s) réponse(s)

① Dans un circuit en série, la tension aux bornes du générateur est égale :
A. à la tension aux bornes de chaque récepteur.
B. au produit de la tension aux bornes des récepteurs.
C. à la somme des tensions aux bornes des récepteurs.
D. à la différence des tensions aux bornes des récepteurs.

② Dans un circuit électrique contenant un générateur G et deux lampes L1 et L2 branchées en série :
A. $U_G = U_{L1} \times U_{L2}$.
B. $U_G = U_{L1} + U_{L2}$.
C. $U_G = U_{L1} - U_{L2}$.
D. $U_G = U_{L1} = U_{L2}$.

③ Dans un circuit comportant des dérivations, la tension aux bornes du générateur est égale :
A. à la tension aux bornes de chaque récepteur.
B. au produit de la tension aux bornes des récepteurs.
C. à la somme des tensions aux bornes des récepteurs.
D. à la différence des tensions aux bornes des récepteurs.

④ Deux appareils sont branchés sur une multiprise reliée à une prise de courant.
A. La multiprise reçoit une tension de 230 V.
B. La multiprise fournit une tension de 230 V à chaque appareil.
C. La multiprise fournit une tension de 115 V à chaque appareil.
D. Les appareils sont branchés en série.

Réponses : 1. C ; 2. B ; 3. A ; 4. A et B.

La résistance électrique et l'intensité

Fiche 85

Je retiens

1 La DEL, un dipôle fragile

▶ Certains dipôles comme la **DEL** (diode électroluminescente) ne peuvent supporter que des courants d'intensité très faible. S'ils reçoivent un courant trop élevé, ils grillent.

▶ Pour protéger la DEL, on place un conducteur ohmique dans son circuit.

DEL

2 Le conducteur ohmique

▶ Le **conducteur ohmique** est un dipôle récepteur que l'on trouve dans la plupart des circuits électroniques.

▶ Il est caractérisé par la grandeur nommée **résistance électrique *R***. L'unité de la résistance électrique est le **ohm**, de symbole Ω.

Résistance

3 Le rôle du conducteur ohmique

Le rôle d'un conducteur ohmique est de **diminuer l'intensité** du courant dans le circuit.

Exemple :

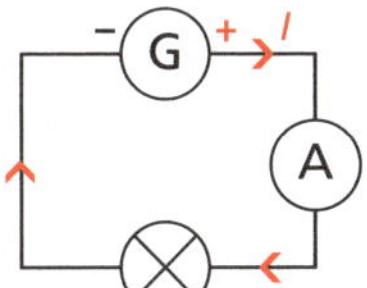

I = 0,25 A

Circuit sans conducteur ohmique

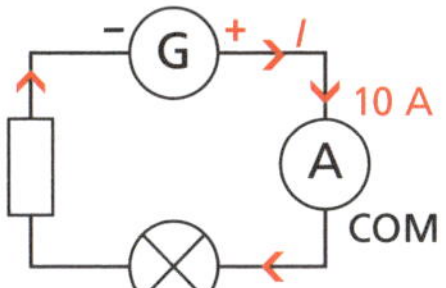

I = 0,12 A

Circuit avec conducteur ohmique

4 La mesure de la résistance électrique d'un conducteur ohmique

La résistance électrique se mesure avec un multimètre utilisé en mode **ohmmètre**. Il se branche sur le dipôle à étudier en dehors du circuit aux bornes COM et Ω.

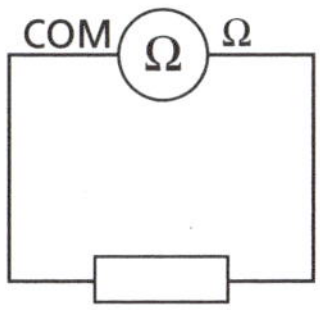

Schéma du branchement de l'ohmmètre

▶ Certaines valeurs de résistance peuvent être très grandes. Il sera donc nécessaire d'utiliser un multiple du ohm :

Exemples de conversion :

- le kiloohm (kΩ) :

  $1\ k\Omega = 1\ 000\ \Omega = 10^3\ \Omega$;
- le mégaohm (MΩ) :

  $1\ M\Omega = 1\ 000\ 000\ \Omega = 10^6\ \Omega$.

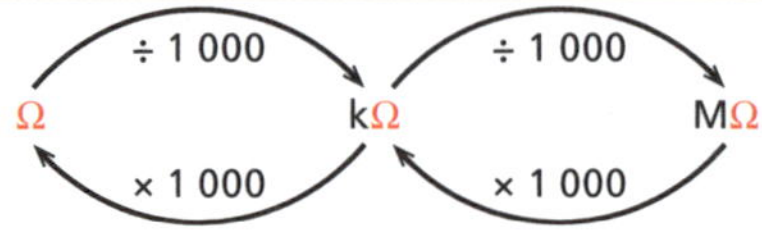

Schéma de conversion

5 La résistance électrique et l'intensité du courant

Dans un circuit en série, **l'intensité du courant diminue quand la résistance électrique du conducteur ohmique augmente**.

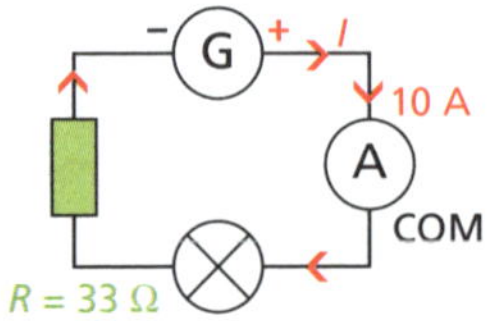

I = 45 mA

Circuit avec R = 33 Ω

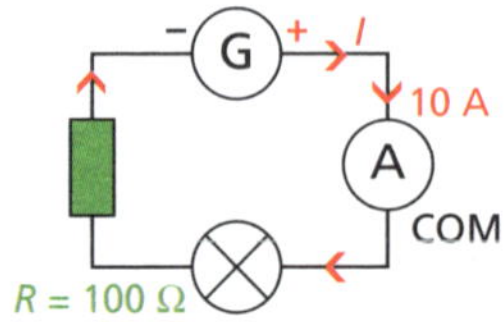

I = 12 mA

Circuit avec R = 100 Ω

Je révise

Parmi les propositions suivantes, choisissez la (ou les) bonne(s) réponse(s)

1 Dans un circuit en série, le rôle d'un conducteur ohmique est :

A. de diminuer l'intensité du courant.
B. de créer un courant électrique.
C. d'augmenter l'intensité du courant.
D. d'ouvrir le circuit.

2 La résistance électrique :

A. s'exprime en volts.
B. se mesure avec un voltmètre.
C. s'exprime en ohms.
D. se mesure avec un ohmmètre.

3 Quelles sont les bonnes affirmations ?

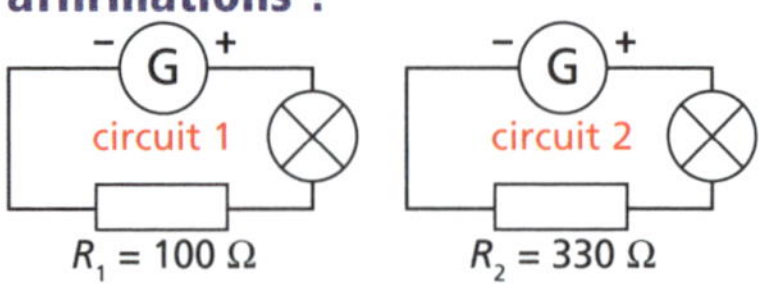

A. L'intensité du courant est plus faible dans le circuit 1.
B. L'intensité du courant est plus faible dans le circuit 2.
C. L'éclat de la lampe est plus fort dans le circuit 1.
D. L'éclat de la lampe est plus fort dans le circuit 2.

4 Un ohmmètre se branche :

A. en série dans le circuit.
B. en dérivation sur le dipôle à étudier.
C. aux bornes du dipôle à étudier en dehors du circuit.
D. entre les bornes V et Ω.

Réponses : 1. A ; 2. C et D ; 3. B et C ; 4. C.

La résistance électrique et la loi d'Ohm

$R = \frac{U}{I}$ $U = R \times I$ $I = \frac{U}{R}$

Je retiens

1 La caractéristique d'un dipôle

La **caractéristique d'un dipôle** est le graphique représentant la tension électrique U aux bornes du dipôle en fonction de l'intensité du courant électrique I qui le traverse. Elle se note : $\boldsymbol{U = f(I)}$.

2 La caractéristique d'un conducteur ohmique

▶ On fait varier la tension aux bornes d'un conducteur ohmique à l'aide d'un générateur réglable et on obtient les valeurs suivantes :

Tension U (en V)	0	1	2	3	4	5	6
Intensité I (en A)	0	0,01	0,02	0,03	0,04	0,05	0,06
Rapport $\frac{U}{I}$		100	100	100	100	100	100

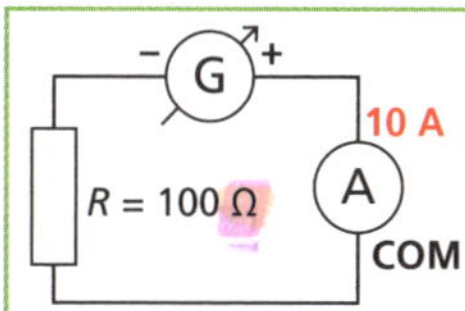

Circuit étudié

▶ Le rapport $\frac{U}{I}$ est constant, les grandeurs **U et I sont proportionnelles**.

Le rapport $\frac{U}{I}$ est égal à la valeur R de la résistance électrique du conducteur ohmique utilisé.

▶ On retrouve graphiquement la proportionnalité car la caractéristique obtenue est une droite passant par l'origine. Le coefficient de proportionnalité est égal à la valeur de la résistance du conducteur ohmique.

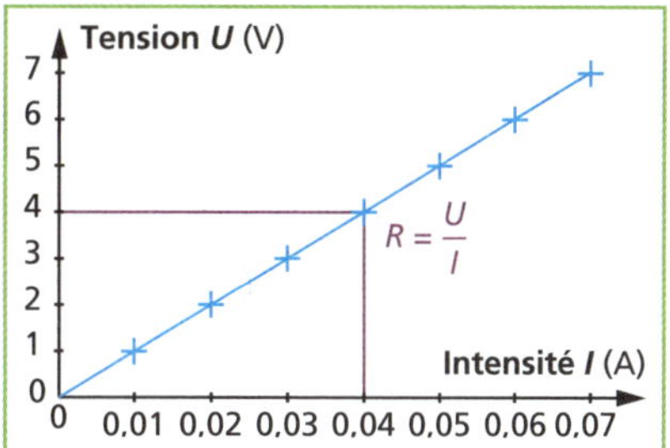

Caractéristique $U = f(I)$

3 La relation entre tension, intensité et résistance pour un conducteur ohmique

▶ La tension électrique U aux bornes d'un conducteur ohmique de résistance R est proportionnelle à l'intensité du courant électrique I qui le traverse. C'est **la loi d'Ohm**.

$\boldsymbol{U = R \times I}$

- U : tension en volts (V)
- R : résistance en ohms (Ω)
- I : intensité en ampères (A)

On peut aussi écrire :

$$R = \frac{U}{I}$$

ou $I = \frac{U}{R}$.

▶ Cette relation n'est valable que pour les dipôles ohmiques (dipôles qui n'utilisent que l'effet thermique du courant).

4 La caractéristique d'une lampe

▶ On fait varier la tension aux bornes d'une lampe à l'aide d'un générateur réglable. On mesure alors l'intensité du courant qui le traverse :

Tension (V)	0	0,25	0,88	1,72	2,16	2,72	3,76	4,72	5,28
Intensité (A)	0	0,018	0,035	0,051	0,058	0,066	0,08	0,089	0,095
Rapport $\frac{U}{I}$		**13,9**	**25,1**	**33,7**	**37,2**	**41,2**	**47**	**53**	**55,6**

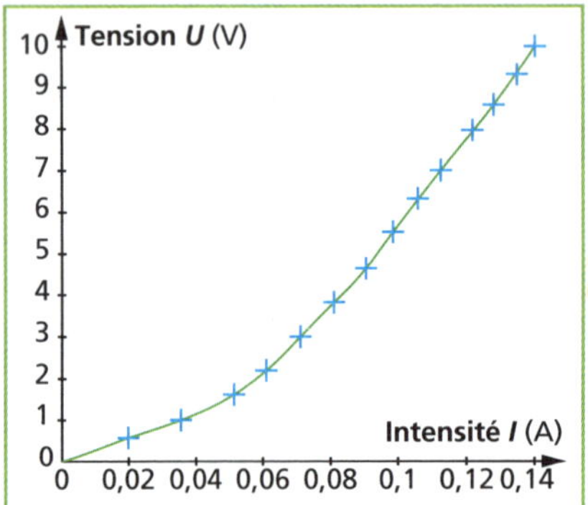

Caractéristique $U = f(I)$

▶ Le rapport $\frac{U}{I}$ varie, les grandeurs ***U* et *I* ne sont pas proportionnelles**.

▶ Sur le graphique, on retrouve également la non-proportionnalité car la caractéristique obtenue est une courbe passant par l'origine.

▶ Pour une lampe, on ne peut pas appliquer la loi d'Ohm.

Je révise

Parmi les propositions suivantes, choisissez la (ou les) bonne(s) réponse(s)

1 La caractéristique d'un dipôle :

A. est le graphique de la tension électrique en fonction de la résistance.

B. est le graphique de la tension électrique en fonction de l'intensité.

C. est la même pour une lampe et un conducteur ohmique.

D. est toujours une droite.

2 La caractéristique d'un conducteur ohmique est :

A. une droite ne passant pas par l'origine.

B. une courbe ne passant pas par l'origine.

C. une droite passant par l'origine.

D. une courbe passant par l'origine.

3 Pour un conducteur ohmique, la loi d'Ohm peut s'écrire :

A. $U = R \times I$.

B. $R = U \times I$.

C. $R = \frac{U}{I}$.

D. $I = \frac{R}{U}$.

4 La tension aux bornes d'un conducteur ohmique de 150 Ω traversé par un courant de 0,010 A est de :

A. $U = 0{,}15$ V.

C. $U = 15$ V.

B. $U = 1{,}5$ V.

D. $U = 150$ V.

Réponses : 1. B ; 2. C ; 3. A et C ; 4. B.

La puissance électrique

Je retiens

1 La notion de puissance électrique

▶ La **puissance électrique *P*** s'exprime en watts (W) et peut être mesurée avec un **wattmètre**.

▶ La puissance électrique correspond à l'énergie électrique échangée (donnée ou reçue) par un appareil pendant la durée d'une seconde. Plus un appareil est puissant et plus il échange de l'énergie.

2 La puissance nominale d'un appareil

▶ Sur un appareil électrique figurent ses **caractéristiques nominales**.

▶ L'indication en watts correspond à sa **puissance nominale**. C'est la puissance que doit recevoir l'appareil pour qu'il fonctionne normalement.

▶ L'appareil doit recevoir une tension égale à sa tension nominale. L'intensité qui le traverse alors est aussi nominale. L'intensité nominale est rarement indiquée sur un appareil électrique.

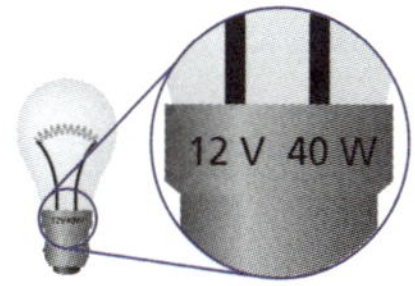

Caractéristiques nominales d'une lampe

Exemple : étude d'une lampe de caractéristiques 12 V 40 W.

Tension reçue par la lampe (en V)	6	12	16
Intensité du courant traversant la lampe (en A)	1,8	3,3	4,2
Éclat de la lampe	faible	normal	fort
Puissance *P* reçue	$P = 6 \times 1{,}8$ $P \approx 11$ W	$P = 12 \times 3{,}3$ $P \approx 40$ W	$P = 16 \times 4{,}2$ $P \approx 67$ W
Description de son fonctionnement	La lampe est en **sous-tension**. Son éclat est faible.	La lampe est alimentée par sa **tension nominale**. Son éclat est normal	La lampe est en **surtension**. Son éclat est fort. La lampe peut griller.

3 Les multiples et sous-multiples du watt

Milliwatt :	1 mW	= 0,001 W	= 10^{-3} W
Kilowatt :	1 kW	= 1 000 W	= 10^{3} W
Mégawatt :	1 MW	= 1 000 000 W	= 10^{6} W
Gigawatt :	1 GW	= 1 000 000 000 W	= 10^{9} W

4 La relation entre tension, intensité et puissance

La **puissance** s'obtient par le produit de la tension aux bornes du dipôle par l'intensité du courant qui le traverse.

$P = U \times I$	P : puissance en watts (W) U : tension en volts (V) I : intensité en ampères (A)

On peut aussi écrire : $U = \frac{P}{I}$ et $I = \frac{P}{U}$.

5 La puissance reçue par une installation électrique

La **puissance fournie** par une installation est égale à la somme des puissances des appareils en fonctionnement.

Exemple : chaque lampe possède une puissance nominale de 10 W.

La puissance fournie par le générateur est donc de :

$P_{totale} = P_{L1} + P_{L2} + P_{L3} = 30$ W.

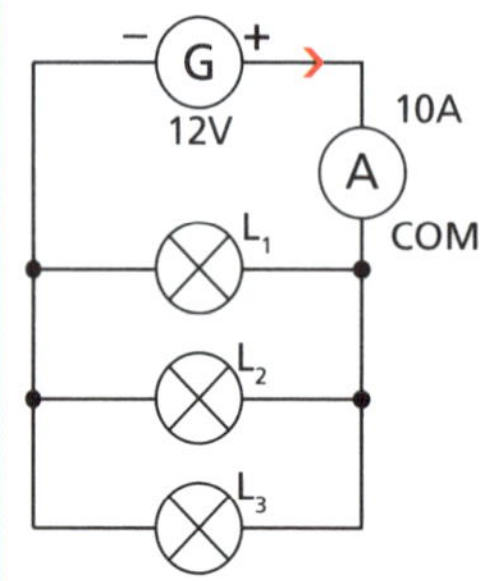

Circuit de trois lampes en dérivation

Je révise

Parmi les propositions suivantes, choisissez la (ou les) bonne(s) réponse(s)

1 Sur un appareil électrique figurent les indications suivantes : 220 V, 350 W, 50 Hz. Il s'agit :

A. de ses caractéristiques nominales.
B. des valeurs minimales de fonctionnement.
C. des valeurs normales de fonctionnement.
D. des valeurs maximales de fonctionnement.

2 Pour une même durée de fonctionnement, quel appareil utilisera le plus d'énergie ?

A. Une bouilloire de 1 500 W.
B. Un four de puissance 2,2 kW.
C. Une télévision de 250 W.
D. Un radiateur de 2 000 W.

3 La puissance reçue par une installation électrique est égale :

A. au produit des puissances des appareils en fonctionnement.
B. à la somme des puissances des appareils en fonctionnement.
C. au quotient des puissances des appareils en fonctionnement.
D. à la différence des puissances des appareils en fonctionnement.

4 Quelle est la puissance reçue par une lampe alimentée par un générateur de 6 V et parcourue par un courant de 0,2 A ?

A. 1,2 W.
B. 6,2 W.
C. 12 W.
D. 30 W.

Réponses : 1. A et C ; 2. B ; 3. B ; 4. A.

L'énergie électrique

Fiche 88

Je retiens

1 L'énergie électrique

L'**énergie électrique** E transférée à un appareil dépend de la puissance P de l'appareil et de la durée d'utilisation Δt. Elle s'obtient par la relation :

$$E = P \times \Delta t$$

On peut aussi écrire : $P = \frac{E}{\Delta t}$ et $\Delta t = \frac{E}{P}$.

2 Les unités d'énergie

▶ L'unité légale de l'énergie est le **joule** (J).

$E = P \times \Delta t$	E : énergie électrique en joules (J) P : puissance en watts (W) Δt : durée en secondes (s)

On peut aussi utiliser le kilojoule (kJ) : 1 kJ = 1 000 J = 1×10^3 J.

▶ Une énergie de 1 J est l'énergie transférée à un appareil de puissance 1 W fonctionnant pendant 1 seconde.

▶ L'énergie électrique est usuellement exprimée en **wattheures** (Wh).

$E = P \times \Delta t$	E en wattheures (Wh) P en watts (W) Δt en heures (h)

On peut aussi utiliser le kilowattheure (kWh) : 1 kWh = 1 000 Wh = 1×10^3 Wh.

▶ Conversions : 1 Wh = 3 600 J = $3{,}6 \times 10^3$ J
et 1 kWh = 3 600 000 J = $3{,}6 \times 10^6$ J.

3 L'effet joule

▶ Lorsqu'un appareil électrique est traversé par un courant électrique, une partie de l'énergie électrique est convertie en énergie thermique. Cette perte sous forme de chaleur se nomme **effet Joule**. Il est d'autant plus important que l'intensité du courant traversant l'appareil est élevée.

▶ Certains appareils utilisent l'effet Joule pour produire de la chaleur (grille-pain, bouilloire électrique, radiateur électrique, lisseur…).

4 Facturer l'énergie électrique

▶ La **facture électrique** est établie à partir des relevés du compteur électrique. Le montant de la consommation est égal au produit de l'énergie consommée par le prix du kWh plus le prix de l'abonnement, les taxes locales et la TVA.

▶ L'unité utilisée pour facturer l'énergie électrique est le kilowattheure.

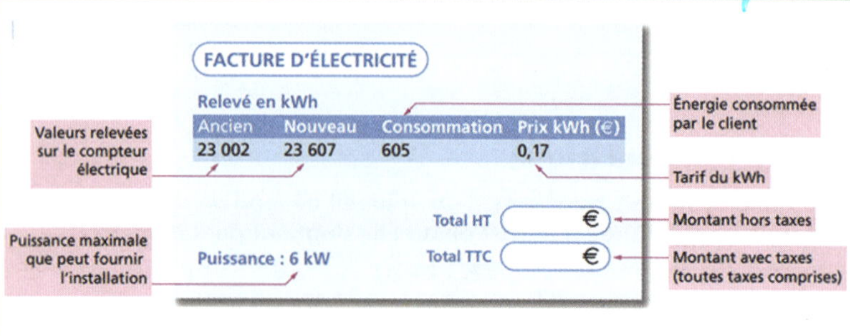

Extrait d'une facture d'électricité

▶ Pour informer le consommateur des caractéristiques et performances énergétiques d'un produit et ainsi faciliter le choix parmi différents modèles, chaque produit possède une **étiquette énergie**. Cette classification permet de comparer les produits selon leur efficacité énergétique notée de A à G.

Représentation d'une étiquette énergie

Je révise

Parmi les propositions suivantes, choisissez la (ou les) bonne(s) réponse(s)

1 L'énergie transférée *E* à un appareil électrique de puissance *P* pendant une durée de fonctionnement Δt s'obtient par la relation :

A. $E = \frac{P}{\Delta t}$.

B. $E = P \times \Delta t$.

C. $E = \frac{\Delta t}{P}$.

D. $E = R \times \Delta t$.

2 L'énergie reçue *E* par une télévision de 250 W fonctionnant pendant 4 h est de :

A. E = 1 000 J.

B. $E = 10^3$ W.

C. E = 1 000 Wh.

D. $E = 3{,}6 \times 10^3$ J.

3 Lorsqu'un appareil électrique fonctionne, la perte d'énergie électrique sous forme d'énergie thermique se nomme :

A. effet doppler.

B. effet watt.

C. effet ampère.

D. effet Joule.

4 Parmi les fours électriques suivants, lequel possède la meilleure efficacité énergétique ?

A. four de classe énergétique A.

B. four de classe énergétique C.

C. four de classe énergétique D.

D. les fours possèdent la même efficacité énergétique.

Réponses : 1. B ; 2. C ; 3. D ; 4. A.

La production d'électricité

Fiche 89

Je retiens

1 De l'induction électromagnétique à l'alternateur

Au XIXe siècle, les travaux de recherche scientifique fondamentale de **Faraday** et **Maxwell** ont mis en évidence l'**induction électromagnétique** (production d'un courant électrique par magnétisme). Leurs travaux ont conduit à l'invention de l'**alternateur**.

2 L'alternateur de bicyclette

▶ **Un alternateur est un convertisseur d'énergie**. Il utilise le principe de l'induction électromagnétique.

▶ L'alternateur est composé de deux parties :

- le stator : partie fixe de l'alternateur qui est composée d'une bobine ;
- le rotor : partie mobile de l'alternateur qui est composée d'un aimant.

▶ Le mouvement (rotation) de l'aimant devant une bobine induit un **courant électrique alternatif** aux bornes de la bobine.

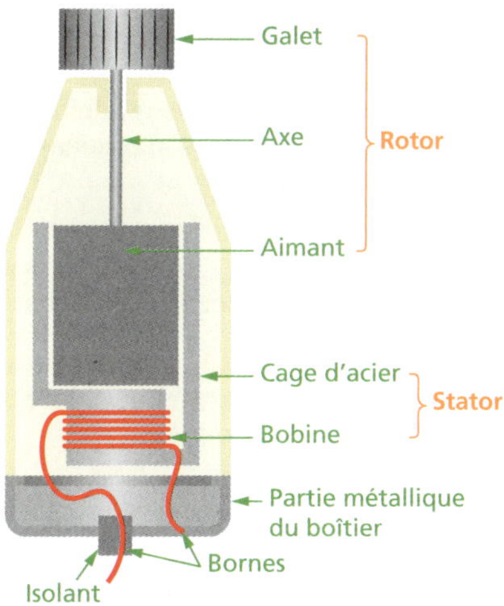

Schéma de l'alternateur

Pour mettre en mouvement l'aimant, on utilise une source primaire d'énergie.

Exemple : lorsque la roue de vélo tourne, le galet frotte sur la roue et tourne à son tour. Il fait tourner l'aimant devant la bobine. L'alternateur convertit donc de l'énergie mécanique en énergie électrique.
C'est un convertisseur d'énergie.

ÉNERGIE TRANSFERT ET CONVERSION – SIGNAUX, MATÉRIAUX ET OBJETS TECHNIQUES

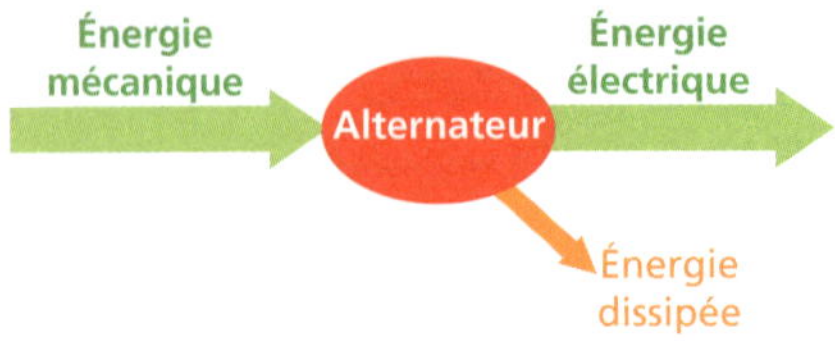

Chaîne énergétique

▶ L'énergie mécanique non transformée en énergie électrique est appelée énergie dissipée. L'énergie peut être dissipée sous forme d'énergie mécanique (frottement) et sous forme d'énergie thermique (effet Joule).

3 Le rendement d'un alternateur

▶ Le **rendement d'un alternateur, noté** η, est le rapport de l'énergie utile qu'il fournit sur l'énergie mécanique qu'il reçoit (il peut aussi être calculé par un rapport de puissance).

$$\eta = \frac{E_{\text{utile}}}{E_{\text{reçue}}} = \frac{E_{\text{électrique}}}{E_{\text{mécanique}}} = \frac{P_{\text{utile}}}{P_{\text{reçue}}}.$$

▶ L'énergie s'exprime en Joules (J). La puissance s'exprime en watts (W). Le rendement est un nombre sans unité, compris entre 0 et 1 (il peut aussi s'exprimer en pourcentage).

▶ La vitesse de rotation du rotor influence le rendement d'un alternateur. Lorsqu'il fonctionne de manière optimale, son rendement est proche de 1.

Je révise

Parmi les propositions suivantes, choisissez la (ou les) bonne(s) réponse(s)

1 Un alternateur fonctionne sur le principe de l'induction :

A. thermique.
B. électromagnétique.
C. électronique.
D. mécanique.

2 Un alternateur permet de convertir de l'énergie :

A. mécanique en énergie chimique.
B. électrique en énergie mécanique.
C. mécanique en énergie électrique.
D. thermique en énergie chimique.

3 Le rendement d'un alternateur s'obtient avec la relation :

A. $\eta = \frac{E_{\text{utile}}}{E_{\text{reçue}}}$.
B. $\eta = \frac{E_{\text{utile}}}{E_{\text{dissipée}}}$.
C. $\eta = E_{\text{électrique}} \times E_{\text{mécanique}}$.
D. $\eta = \frac{E_{\text{électrique}}}{E_{\text{mécanique}}}$.

4 Un alternateur possède un rendement de 0,4. Quelle est la valeur de l'énergie utile produite s'il reçoit une énergie de 450 J ?

A. 80 J.
B. 180 J.
C. 380 J.
D. 1 125 J.

Réponses : 1. B ; 2. C ; 3. A et D ; 4. B.

Les signaux sonores

Je retiens

1 La nature du son

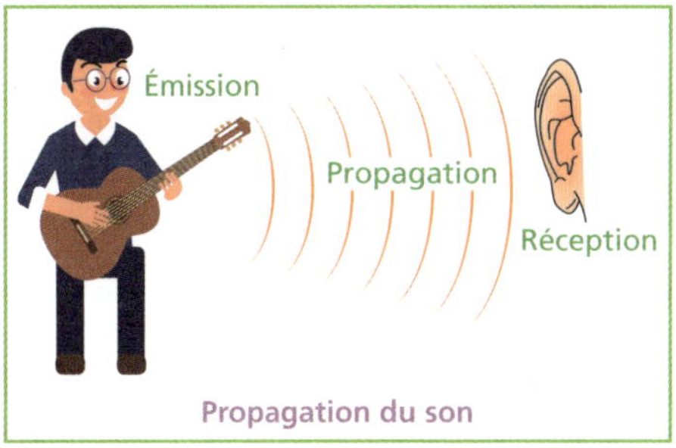

Propagation du son

▶ Lorsqu'un objet vibre (corde vocale, diapason, corde de guitare...), il fait vibrer les molécules d'air qui l'entourent. Cette **vibration** se transmet aux molécules de proche en proche mais il n'y a pas de déplacement global de matière.

▶ Quand la vibration arrive jusque dans notre oreille, elle devient un **son**.

▶ Un son a besoin d'un milieu matériel (solide, liquide ou gazeux) pour se propager. Le son ne peut donc pas se propager dans le vide.

2 La vitesse du son

▶ La **vitesse du son** (aussi appelée **célérité**) dépend du milieu dans lequel il se propage ainsi que de la température de ce milieu. Le son se propage plus rapidement dans les solides et les liquides que dans les gaz.

Dans l'air, le son se propage à 340 m/s (à 20 °C)	Dans l'eau, le son se propage à 1 500 m/s.	Dans l'acier, le son se propage à 5 500 m/s.

▶ La vitesse du son se calcule par la relation :

$$v = \frac{d}{\Delta t}$$

v : vitesse en mètres par secondes (m/s)
d : distance en mètres (m)
Δt : durée du parcours en secondes (s)

▶ Cette relation peut aussi s'écrire : $d = v \times \Delta t$ et $\Delta t = \frac{d}{v}$.

3 La fréquence sonore

▶ La **vibration** produite lors de l'émission d'un son se reproduit un certain nombre de fois par seconde. C'est la **fréquence du son**.

▶ La fréquence s'exprime en **hertz (Hz)** et peut se mesurer avec un **fréquencemètre**.

▶ L'oreille humaine est sensible aux sons compris entre 20 Hz (son grave) et 20 000 Hz (son aigu).

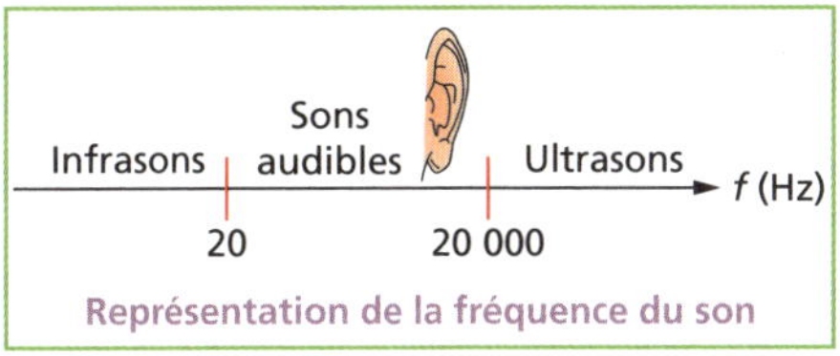

Représentation de la fréquence du son

- Lorsque la fréquence est basse, le son est grave ($f < 500$ Hz).
- Lorsque la fréquence est élevée, le son est aigu ($f > 3\,000$ Hz).

4 L'intensité acoustique

La sensation auditive perçue par l'oreille humaine dépend de l'**intensité acoustique** du son émis. Elle varie en fonction de la puissance acoustique *P* du son ainsi que de la surface *S* du récepteur.

5 Le niveau d'intensité acoustique.

▶ La sensation auditive n'étant pas proportionnelle à l'intensité acoustique, on définit alors une nouvelle grandeur permettant mieux d'en rendre compte : **le niveau d'intensité acoustique *L***.

▶ Le niveau d'intensité acoustique s'exprime en **décibels (dB)**. Il se mesure avec un **sonomètre**.

▶ Un bruit trop intense peut provoquer une perte auditive. Les risques auditifs sont donc liés au niveau d'intensité acoustique mais aussi à la durée d'exposition au bruit. Pour s'en protéger, il faut porter des protections auditives.

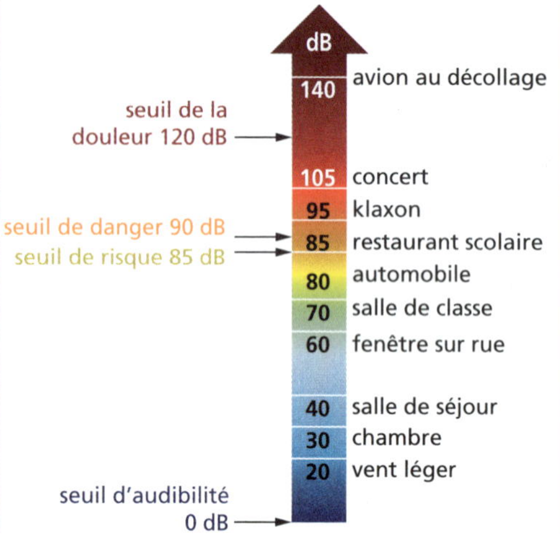

Échelle des intensités

Je révise

Parmi les propositions suivantes, choisissez la (ou les) bonne(s) réponse(s)

1 Un son ne peut pas se propager dans :
A. un solide.
B. le vide.
C. un liquide.
D. un gaz.

2 Dans l'air à 20 °C, le son se propage à la vitesse :
A. $v = 34$ m/s.
B. $v = 340$ m/s.
C. $v = 340$ km/s.
D. $v = 1\,224$ km/h.

3 Un son de fréquence 25 000 Hz est :
A. inaudible pour l'oreille humaine.
B. audible pour l'oreille humaine.
C. un ultrason.
D. un infrason.

4 Le niveau d'intensité acoustique :
A. a pour unité le décibel.
B. a pour unité le mètre par seconde.
C. se mesure avec un fréquencemètre.
D. se mesure avec un sonomètre.

Réponses : 1. B ; **2.** B et D ; **3.** A et C ; **4.** A et D.

Les signaux lumineux

1 Les sources de lumière

▶ Une **source primaire** produit la lumière qu'elle émet.
▶ Un **objet diffusant** (ou source secondaire) ne produit pas sa propre lumière. Il diffuse une partie de la lumière qu'il reçoit.

Sources primaires

- le Soleil
- les étoiles
- une lampe
- un laser
- la flamme d'une bougie

Sources ~~primaires~~ secondaires

- les planètes
- la Lune
- un écran
- un livre
- un crayon

2 Les conditions de visibilité d'un objet

Pour qu'un **objet soit visible**, il faut qu'il soit éclairé par une source de lumière et que la lumière qu'il diffuse parvienne jusqu'aux yeux de l'observateur sans rencontrer d'obstacles opaques.

3 La propagation de la lumière

▶ Dans un milieu transparent et homogène (comme l'air, l'eau, le vide, le verre...), la lumière se propage en ligne droite.
▶ Dans le vide ou dans l'air, la **vitesse (célérité) de la lumière** est environ égale à 300 000 km/s.
▶ Pour écrire la vitesse, on peut aussi utiliser les puissances de 10 :

$$c = 3 \times 10^8 \text{ m/s.}$$

4 La modélisation de la lumière

▶ La lumière ne se voit pas. Pour la représenter, on utilise le **modèle du rayon lumineux**.
▶ Un rayon lumineux est représenté par une **demi-droite fléchée** qui indique le sens de propagation de la lumière.
▶ Un ensemble de rayons lumineux est appelé **faisceau lumineux**.

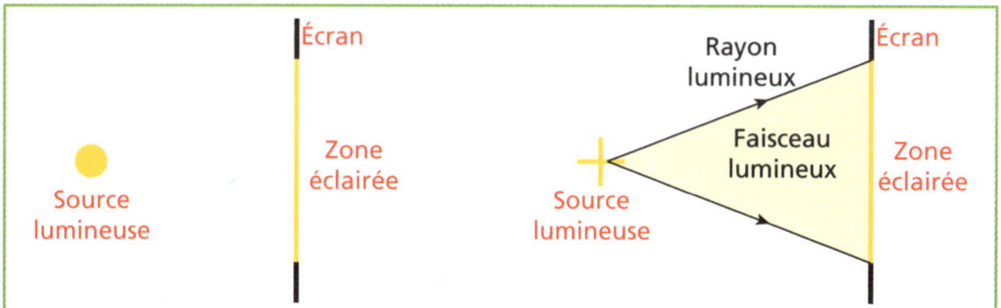

Lampe éclairant un mur — Modélisation de la lumière

5 La lumière et l'énergie

▶ La lumière visible constitue une partie des différents types des **rayonnements**.
▶ Certains rayonnements lumineux comme les **infrarouges (IR)** ou les **ultraviolets (UV)** sont invisibles pour l'œil humain.
▶ L'énergie peut se transférer par rayonnement. Certains de ces rayonnements peuvent être dangereux pour l'homme, comme les micro-ondes, les rayons X et les rayons gamma.

Je révise

Parmi les propositions suivantes, choisissez la (ou les) bonne(s) réponse(s)

1 Une étoile :
A. produit la lumière qu'elle émet.
B. ne produit pas la lumière qu'elle émet.
C. est une source primaire.
D. est un objet diffusant.

2 Dans un milieu transparent et homogène :
A. la propagation de la lumière est rectiligne.
B. la propagation de la lumière est curviligne.
C. la lumière se propage à 3×10^8 m/s.
D. la lumière se propage à 340 m/s.

3 Les rayonnements lumineux :
A. sont toujours visibles pour l'œil humain.
B. peuvent être visibles pour l'œil humain.
C. peuvent être invisibles pour l'œil humain.
D. peuvent être dangereux.

4 La lumière peut se propager dans :
A. l'eau.
B. le bois.
C. le vide.
D. l'air.

Réponses : 1. A et C ; 2. A et C ; 3. B, C et D ; 4. A, C et D.

La transmission d'informations

Je retiens

1 Les différents modes de transmission

La **transmission d'information** d'un émetteur vers un récepteur s'appuie sur l'émission et la réception d'une onde. On distingue plusieurs modes de transmission d'un signal :

La transmission par onde sonore
- Le son nécessite un milieu matériel pour se propager comme l'air, l'eau...

La transmission par onde électromagnétique
- Wifi, Bluetooth, téléphone...
- Une onde électromagnétique ne nécessite pas de milieu matériel pour se propager.

La transmission par câble conducteur
- Ethernet,
- CPL...

La transmission par fibre optique

2 Les différents types de transmission

▶ La **transmission libre** s'effectue dans toutes les directions (l'onde se propage dans toutes les directions). Cette transmission s'effectue sans fil.

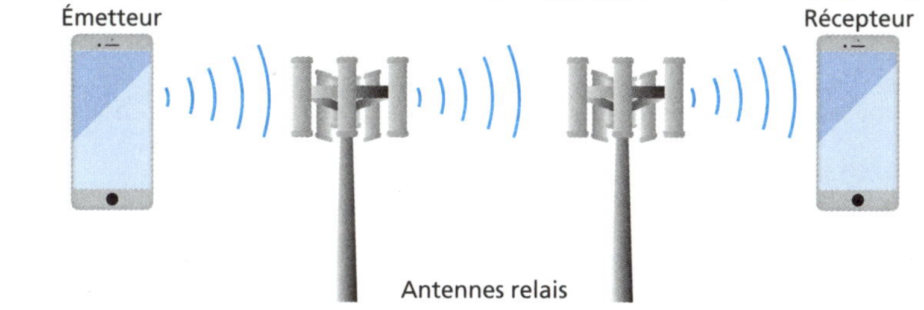

Transmission par onde électromagnétique

▶ La **transmission guidée** est contrainte par un câble (conducteur électrique, fibre optique).

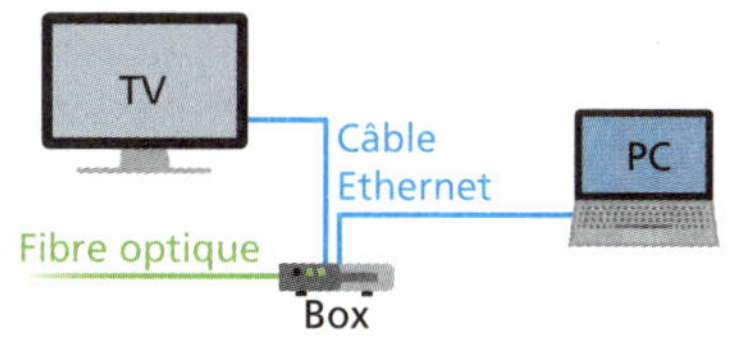

Transmission par fibre optique et câble Ethernet

3 La chaîne de transmission d'information

Une **chaîne de transmission** regroupe l'ensemble des dispositifs permettant le transport d'une information de la source jusqu'au destinataire. Elle peut être schématisée par le diagramme ci-dessous :

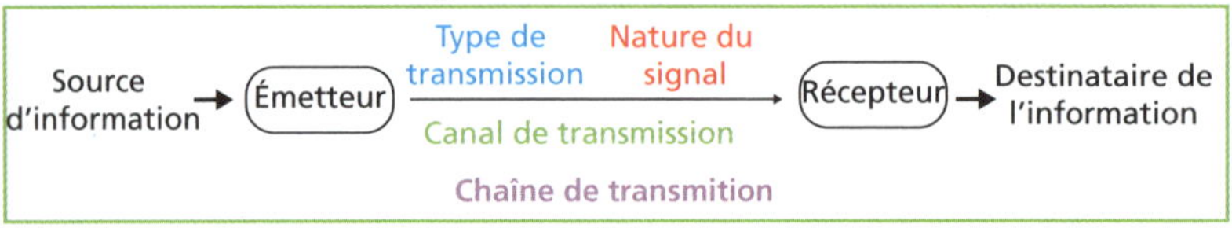

Exemple : conversation entre deux personnes (A et B) par téléphone.

Émetteur : téléphone A
Type de transmission : libre
Nature du signal : onde électromagnétique
Canal de transmission : air
Récepteur : téléphone B

4 La fibre optique

▶ Une **fibre optique** est constituée de faisceaux de fibres de verre dans lesquels la lumière (laser) peut se propager. L'information est transportée sous forme d'impulsions lumineuses.

▶ Le débit est beaucoup plus important par fibre (250 Mo/s) que par transmission filaire classique (Ethernet 2,5 Mo/s).

▶ Le fonctionnement d'une fibre optique repose sur le phénomène de réflexion totale.

Je révise

Parmi les propositions suivantes, choisissez la (ou les) bonne(s) réponse(s)

1 Une information peut être transmise par :
A. un signal sonore.
B. un signal lumineux.
C. une onde électromagnétique.
D. la pensée.

2 La transmission par fibre optique :
A. utilise un signal sonore.
B. utilise un signal lumineux.
C. est une transmission libre.
D. est une transmission guidée.

3 Le système de communication wifi :
A. est une onde sonore.
B. est une onde lumineuse.
C. est une onde électromagnétique.
D. nécessite un milieu matériel pour se propager.

4 Lorsque deux personnes se parlent de vive voix :
A. la transmission est libre.
B. la transmission est guidée.
C. le mode de transmission est une onde sonore.
D. le mode de transmission est une onde lumineuse.

Réponses : 1. A, B et C ; 2. B et D ; 3. C ; 4. A et C.

Les matériaux et leurs propriétés

Je retiens

1 Les familles de matériaux

Un **matériau est une matière** (naturelle ou artificielle) que l'être humain utilise pour fabriquer des objets. Il existe plusieurs familles de matériaux :

- **Les métaux**
  - **Purs :** fer, cuivre, plomb aluminium, acier, or…
  - **Alliages** (métal + autres éléments) : acier (fer, carbone), bronze (cuivre, étain), or jaune (or, cuivre, argent)…
- **Les minéraux**
  - roches, quartz, céramiques, verres…
- **Les matières organiques**
  - **D'origine végétale :** bois, liège, papier, carton, coton…
  - **D'origine animale :** cuir, laine…
  - **D'origine synthétique :** polystyrène, PVC, nylon…
- **Les composites (assemblages de plusieurs matériaux)**
  - alliages, fibre de carbone, fibre de verre, béton armé…

2 Les propriétés des matériaux

Le choix des matériaux est important dans la fabrication d'un objet. Un matériau se caractérise par différentes propriétés :

- sa masse volumique ;
- ses propriétés physiques ;
- son aptitude à l'usinage et au formage ;
- ses propriétés chimiques ;
- son impact environnemental.

3 La masse volumique d'un matériau

La **masse volumique** ρ s'obtient par le quotient de la masse *m* du corps par son volume *V*.

$$\rho = \frac{m_{max}}{V}$$

- ρ : masse volumique en kilogrammes pas litre (kg/L)
- m_{max} : masse du corps en kilogrammes (kg)
- V : volume du corps en litres (L)

La masse volumique peut aussi s'exprimer en g/L, g/mL ou g/cm^3…

4 Les propriétés physiques des matériaux

Propriété électrique (conducteur ou isolant électrique)	Conductibilité électrique du matériau.
Propriété thermique (conducteur ou isolant thermique)	Conductibilité thermique du matériau.
Propriété mécanique	Élasticité (aptitude à se déformer), résistance aux chocs du matériau.
Propriété optique	Indice de réfraction du matériau.
Propriété magnétique	Magnétisme du matériau.

Exemples : les métaux sont de bons conducteurs électriques et thermiques. Les céramiques, les verres et les plastiques sont des isolants électriques et thermiques.

5 Les propriétés chimiques des matériaux

- Résistance du matériau à l'oxydation.
- Résistance du matériau à la combustion.

Je révise

Parmi les propositions suivantes, choisissez la (ou les) bonne(s) réponse(s)

1 L'or jaune qui compose les bijoux :

A. fait partie de la famille des céramiques.
B. fait partie de la famille des métaux.
C. est un corps pur.
D. est un mélange.

2 Un matériau possédant une bonne conductivité électrique fait partie de la famille des :

A. céramiques.
B. verres.
C. métaux.
D. plastiques.

3 Le béton armé contient du béton et de l'acier, il est considéré comme :

A. un matériau composite.
B. une céramique.
C. un métal.
D. une matière organique.

4 Lorsqu'on réalise un test d'élasticité sur un matériau, on étudie ses propriétés :

A. thermiques.
B. chimiques.
C. mécaniques.
D. électriques.

Réponses : 1. B et D ; **2.** C ; **3.** A ; **4.** C.

Les objets techniques

Fiche 94

Je retiens

1 Les fonctions techniques d'un objet

▶ Un **objet technique** créé par l'homme répond à un besoin : c'est sa **fonction d'usage**.

Pour déterminer une fonction d'usage, on pose la question :

« À quoi sert l'objet ? »

Exemples :

Fonction d'usage du vélo : se déplacer.

Fonction d'usage de l'appareil : prendre des photos.

▶ La **fonction d'estime** d'un objet est l'ensemble des caractéristiques de l'objet (prix, couleur, forme, esthétisme) qui dépendent du goût de l'utilisateur.

Pour déterminer une fonction d'estime, on pose la question :

« L'objet me plaît-il ? »

Exemple : pour plaire à l'utilisateur, le fabricant de protections pour smartphones propose différents modèles.
La couleur est une fonction d'estime.

▶ La **fonction technique** correspond à l'ensemble des moyens mis en œuvre pour assurer la fonction d'usage (fonctionnement) de l'objet.

Pour déterminer une fonction technique, on pose la question :

« Quelles actions doit remplir l'objet ? »

Exemple : la perceuse sans fil.

Fonctions techniques	Solutions techniques
Percer Fournir de l'énergie Éclairer	Moteur électrique Batterie électrique Lampe à LED

2 La réalisation d'un objet technique

▶ Pour savoir si un objet technique a une utilité, on peut utiliser une **méthode de questionnement**.

Si on peut répondre simplement à toutes les questions, le besoin sera validé (le produit aura donc une utilité).

Qui ? : Quelles sont les personnes concernées par ce besoin ?
Quoi ? : De quel besoin s'agit-il ?
Où ? : À quel endroit le besoin est-il ressenti ?
Quand ? : À quel moment le besoin est-il ressenti ?
Comment ? : Sous quelle forme le besoin est-il mis en œuvre ?
Pourquoi ? : Pour quelle raison le besoin est-il ressenti ?

POUR INFO !

La méthode de questionnement peut aussi s'appeler la méthode des **W**.
Qui ? : **W**ho
Quoi ? : **W**hat
Où ? : **W**here
Quand ? : **W**hen
Comment ? : Ho**W**
Pourquoi ? : **W**hy

▶ La réalisation d'un objet technique est soumise à des **contraintes** qui limitent les solutions techniques pouvant être utilisées.
▶ Un **cahier des charges** permet de formaliser le besoin ainsi que les spécifications de l'objet technique.
▶ Pour exprimer le besoin, on utilise un **diagramme** appelé « **bête à cornes** ». Il répond à trois questions :

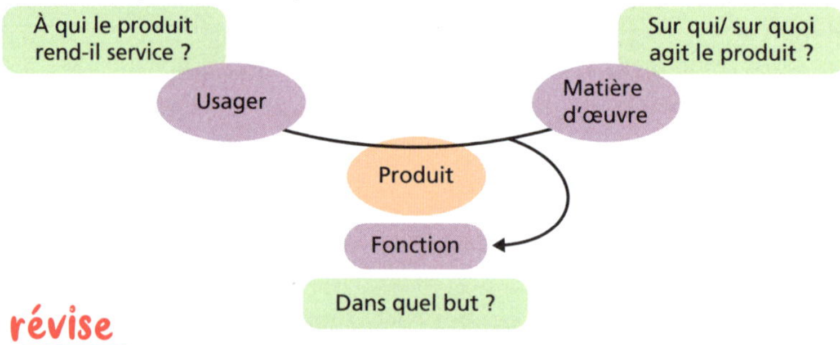

Je révise

Parmi les propositions suivantes, choisissez la (ou les) bonne(s) réponse(s)

1 Pour identifier la fonction d'usage d'un objet technique, on peut poser la question :
A. À quoi sert-il ?
B. Quelle est sa fonction ?
C. Quel est son prix ?
D. Quel est son design ?

2 Pour identifier la fonction d'estime d'un objet technique, on peut poser la question :
A. À quoi sert-il ?
B. Quelle est sa fonction ?
C. Quel est son prix ?
D. Quel est son design ?

3 Pour une pile, fournir de l'énergie est :
A. sa fonction d'estime.
B. sa fonction d'usage.
C. sa fonction technique.
D. le cahier des charges.

4 La conception d'un objet technique :
A. est indépendante des contraintes techniques.
B. est soumise à des contraintes techniques.
C. doit répondre au cahier des charges.
D. peut être modélisée par un diagramme.

Réponses : 1. A ; 2. C et D ; 3. B ; 4. B, C et D.

La description d'un système automatisé

Je retiens

1 La notion de système automatisé

Un **système automatisé** est un ensemble d'éléments programmés qui exécutent des actions sans intervention humaine et est composé d'une **partie commande (chaîne d'information)** et d'une **partie opérative (chaîne d'énergie)**.

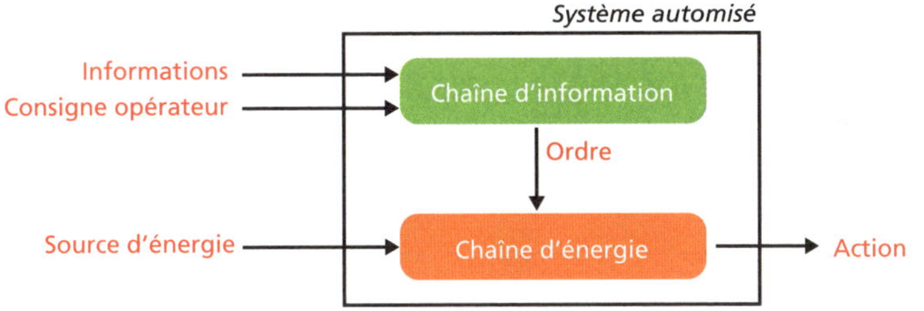

Schéma d'un système automatisé

La **partie commande** est composée d'une carte électronique contenant le programme, les informations reçues et les consignes données par l'opérateur.

La **partie opérative** est composée :

- de **capteurs** qui recueillent des informations (température, mouvement, luminosité…) ;
- d'**actionneurs** qui produisent une action physique (moteur, voyant, buzzer…).

2 La chaîne d'information d'un objet technique

▶ La **chaîne d'information** d'un objet technique est composée de plusieurs **blocs fonctionnels**.

▶ Ces blocs permettent de transmettre un ordre reçu à la chaîne d'énergie. Il existe les blocs :

- **Acquérir :** prélèvement d'une information, d'une consigne par un capteur ;
- **Traiter :** traitement de l'information par la partie commande (circuit électronique) ;
- **Communiquer/transmettre :** communication d'une information pour l'utilisateur.

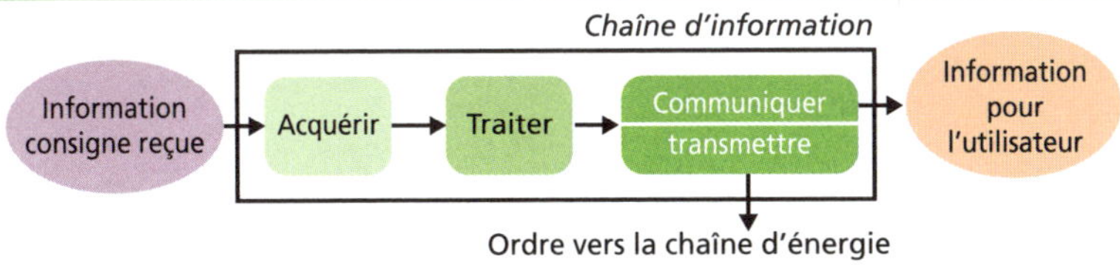

Représentation d'une chaîne d'information

3 La chaîne d'énergie d'un objet technique

▶ La **chaîne d'énergie** d'un objet technique est composée de quatre blocs fonctionnels :

- **Alimenter/stocker :** adaptation de la source d'énergie en énergie utilisable par l'objet (transformateur…) ;
- **Distribuer :** distribution de l'énergie à la pièce recevant l'information (contacteur, interrupteur…) ;
- **Convertir :** conversion de l'énergie électrique par l'actionneur (moteur, vérin) ;
- **Transmettre :** transmission de mouvement ou d'effort par des organes mécaniques (courroies, engrenages…).

Ces blocs permettent de faire le lien entre la source d'énergie reçue par l'objet et l'action réalisée par l'objet.

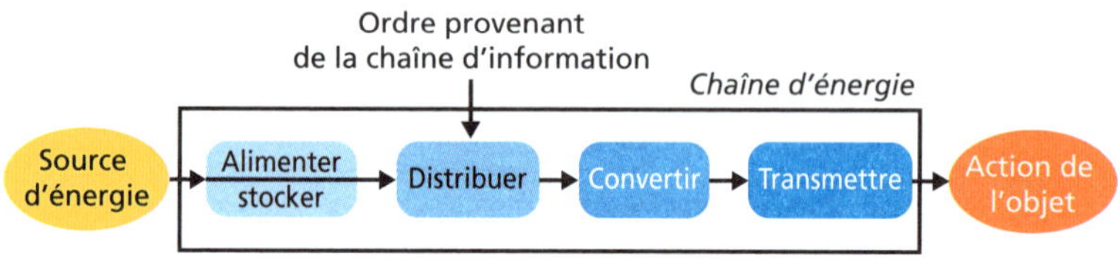

Représentation d'une chaîne d'énergie

Je révise

Parmi les propositions suivantes, choisissez la (ou les) bonne(s) réponse(s)

1 Le schéma technique d'un système automatisé contient :
A. la chaîne d'énergie.
B. la chaîne de transmission.
C. la chaîne d'information.
D. la chaîne énergétique.

2 Un moteur électrique contenu dans un système automatisé :
A. est un capteur.
B. est un actionneur.
C. se trouve dans la partie commande.
D. se trouve dans la partie opérative.

3 Les blocs fonctionnels de la chaîne d'information sont :
A. alimenter.
B. acquérir.
C. traiter.
D. communiquer/transmettre.

4 Le bloc fonctionnel recevant un ordre de la chaîne d'information est :
A. alimenter/stocker.
B. distribuer.
C. convertir.
D. transmettre.

Réponses : 1. A et C ; 2. B et D ; 3. B, C et D ; 4. B

L'environnement numérique

Fiche 96

Je retiens

1 De l'automate à l'ordinateur

▶ Jusqu'au début du xxe siècle, certaines machines étaient capables d'automatiser des tâches à l'aide de cartes perforées, mais leurs fonctions étaient limitées.

▶ Le mathématicien anglais Alan Turing introduit alors le concept d'une machine universelle, capable d'effectuer des calculs. Ce modèle abstrait sera matérialisé dix ans plus tard avec les premiers ordinateurs programmables.

2 L'architecture d'un ordinateur

Un environnement numérique est composé :

- de **périphériques d'entrée** (clavier, souris…) pour saisir des données ;
- de **périphériques de sortie** (écran, imprimantes) pour restituer les données sous différentes formes (impression, affichage écran) ;
- d'un **processeur** composé d'une **unité de contrôle (UC)** et d'une **unité de traitement** aussi appelée unité arithmétique et logique **(UAL)** ;
- d'une **mémoire vive** (RAM : *Random Access Memory*) et volatile pour stocker temporairement les informations pour le fonctionnement d'un programme (vide au démarrage de l'ordinateur elle se remplie progressivement en fonction des programmes lancés) ;
- d'une **mémoire morte** (ROM : *Read Only Memory*) et non volatile pour stocker de manière permanente les informations (logiciel responsable du démarrage de l'ordinateur…).

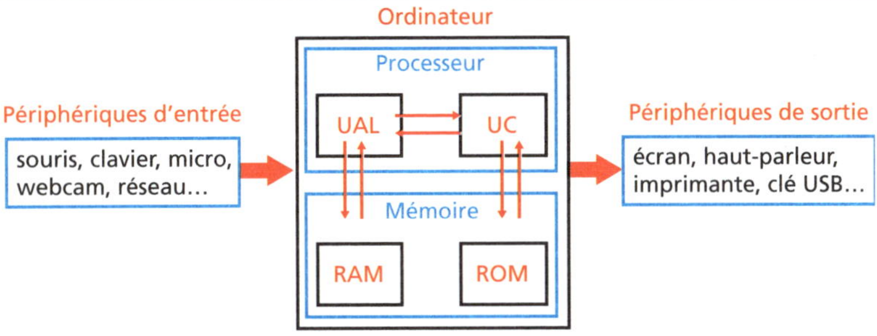

Représentation d'un environnement numérique

3 Les langages de programmation

▶ Un programme informatique décrit des actions à réaliser sur des données. Il est écrit dans un **langage de programmation** qui peut être traduit en **instructions**.

SIGNAUX, MATÉRIAUX ET OBJETS TECHNIQUES

▶ On distingue différents types de langages :

Langage machine
Les programmes sont uniquement lisibles par la machine.
C'est une suite de bits (de 0 et de 1).

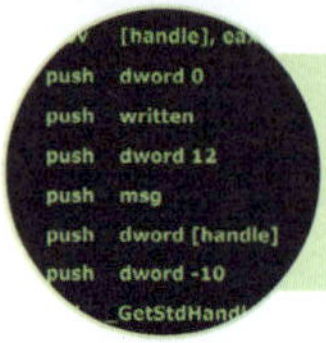

Langage bas niveau
- Les programmes sont difficilement lisibles par l'homme.
- Les langages se nomment assembleur, C, C++... Ils sont utilisés pour réaliser des pilotes et/ou systèmes d'exploitation...

Langage haut niveau
- Les programmes sont plus facilement lisibles par l'homme.
- Les langages les plus utilisés sont Python, PHP, Java... Ils permettent d'écrire des programmes en utilisant des mots usuels et des symboles mathématiques familiers. Ainsi, on peut réaliser des applications, des sites web...

POUR INFO !
Pour programmer rapidement, on peut utiliser un langage de programmation graphique : VPL (*Visual Programming Language*), voir Fiche 97.

4 La taille d'un fichier

▶ Un **octet** est une unité de mesure des données informatiques. Un octet est composé de 8 bits et est une suite de 0 et de 1.

Exemple : « CRPE » se code 01000011 01010010 01010000 01000101. Il utilise donc 4 octets de stockage.

Je révise

Parmi les propositions suivantes, choisissez la (ou les) bonne(s) réponse(s)

1 Un ordinateur, c'est au moins :
A. un processeur.
B. une mémoire.
C. des périphériques d'entrée.
D. des périphériques de sortie.

2 La mémoire ROM :
A. est une mémoire volatile.
B. est une mémoire non volatile.
C. stocke temporairement des données.
D. stocke de manière permanente des instructions.

3 Le langage Python est :
A. un langage machine.
B. un langage bas niveau.
C. un langage haut niveau.
D. un environnement de développement graphique.

4 Un écran d'ordinateur est :
A. un périphérique d'entrée.
B. un périphérique de sortie.
C. une RAM.
D. une ROM.

Réponses : 1. A, B, C et D ; **2.** B et D ; **3.** C ; **4.** B.

Les algorithmes et la programmation

Je retiens

1 Les algorithmes et les organigrammes

▶ Un **algorithme** est la description, sous forme de phrases, d'une suite d'actions permettant la réalisation d'une tâche.

▶ Un **organigramme** est un mode de représentation graphique de l'algorithme.

2 La mise en œuvre d'un organigramme

L'organigramme se compose de différents symboles possédant une fonction précise :

Début	indique le début ou la fin de l'organigramme.
Action	décrit une action, un ordre à effectuer.
? non oui	propose deux possibilités de réponses : OUI ou NON. Selon la réponse obtenue, on suit la branche oui ou non.

Exemple : un couloir est équipé d'un éclairage automatique.

Algorithme

Si le capteur détecte le mouvement d'une personne, alors la lampe s'allume.

La minuterie d'éclairage s'enclenche pour une durée de 45 secondes.

Si le capteur ne détecte pas de mouvement, alors la lampe reste éteinte.

Organigramme

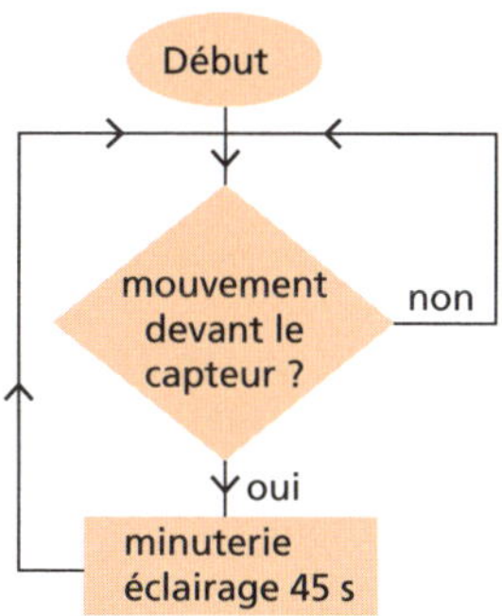

3 L'environnement de développement graphique

Pour traduire l'organigramme sous la forme d'un programme, on peut utiliser un VPL (*Visual Programming Language*). C'est un **langage de programmation graphique** composé de briques à assembler comme le logiciel Scratch, mBlock, Vittascience…

Exemple : programmer l'allumage d'une DEL en appuyant sur un bouton.

Algorithme

Si le bouton poussoir est pressé :
allumer la DEL en vert,
sinon allumer la DEL en rouge.

Organigramme

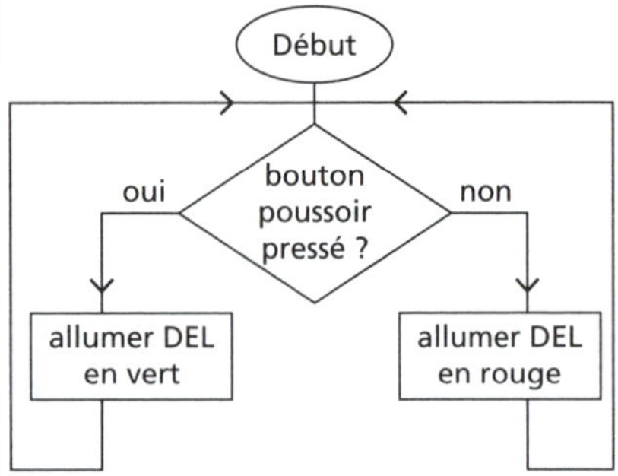

Programmation avec mBlock

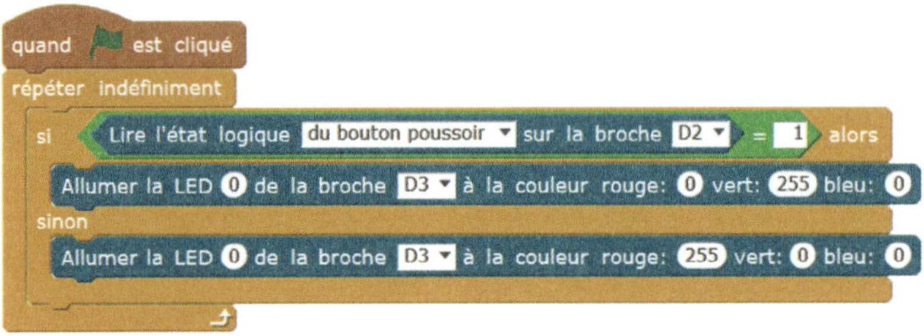

Je révise

Parmi les propositions suivantes, choisissez la (ou les) bonne(s) réponse(s)

1 Un algorithme est :
A. un mode de représentation graphique.
B. un logiciel de programmation graphique.
C. une description d'actions sous forme de phrases.
D. un losange dans lequel figure une question.

2 Un organigramme est :
A. un mode de représentation graphique.
B. un logiciel de programmation graphique.
C. une description d'actions sous forme de phrases.
D. un rectangle dans lequel figure une action.

3 Dans un organigramme, une action est représentée par :
A. un cercle.
B. un triangle.
C. un losange.
D. un rectangle.

4 Pour traduire un organigramme sous la forme d'un programme, on peut utiliser :
A. un logiciel de programmation.
B. un algorithme.
C. un logiciel de traitement de données (tableur).
D. un logiciel de traitement de texte.

Réponses : 1. C ; **2.** A ; **3.** D ; **4.** A.

L'utilisation d'un microcontrôleur

Fiche 98

Je retiens

1 La composition d'un microcontrôleur

Un **microcontrôleur** est un composant électronique, un circuit intégré, sorte de mini-ordinateur. Il est composé de quatre parties :

Un processeur → Une mémoire morte (ROM et flash) → Une mémoire vive (RAM) → Des périphériques d'entrée/sortie

Il est capable de mémoriser et d'exécuter un programme. Il se programme à l'aide d'un ordinateur.

2 La carte Arduino

▶ Une **carte Arduino** est un circuit imprimé sur lequel se trouve un microcontrôleur. Elle permet d'effectuer des tâches diverses comme piloter un robot…

▶ La carte possède des broches (pins) pour brancher des composants et utiliser facilement le microcontrôleur. La carte reçoit alors des données provenant de capteurs et communique des ordres vers les périphériques de sortie.

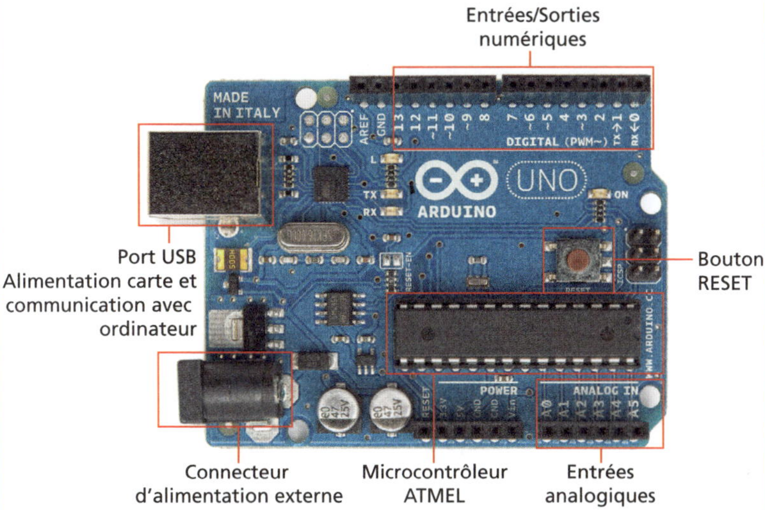

Description de la carte Arduino

3 La communication de la carte vers l'extérieur avec le *shield*

▶ La carte peut être équipé d'un *shield* (bouclier) pour faciliter les branchements et éviter les courts-circuits. Les connecteurs digitaux (numériques) sont notés D et les connecteurs analogiques A.

- Les broches principales sont les suivantes :
  - l'**entrée/sortie digitale D2, D3... D8** reçoit ou envoie un niveau logique 0 ou 1 (le niveau logique 0 correspondant à une tension de 0 V et le niveau logique 1 à une tension de 5 V sur la broche) ;
  - l'**entrée analogique A0, A1, A2 et A3** accepte une tension variant de 0 à 5 V qui pourra être utilisée par un programme ;
  - le **connecteur I2C** permet de connecter des modules comme un écran LCD ;
  - le **port USB** permet de communiquer avec l'ordinateur (téléchargement de programmes, transfert de données) et d'alimenter électriquement la carte en 5 V.

4 Les langages de programmation graphique

On peut utiliser un VPL comme mBlock, Ardublock, Vittascience...

Exemple : faire clignoter une DEL branchée sur la sortie numérique D2.

Montage

Programme

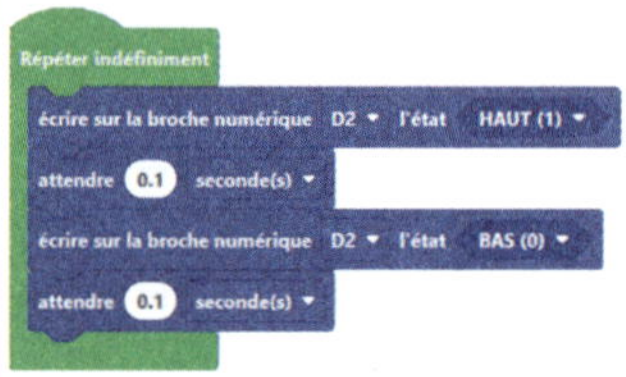

Je révise

Parmi les propositions suivantes, choisissez la (ou les) bonne(s) réponse(s)

1 Un microcontrôleur est :
A. un capteur de mouvement.
B. un composant électronique.
C. un programme informatique.
D. programmable.

2 Sur la carte Arduino, le connecteur A0 :
A. est un connecteur analogique.
B. est un connecteur numérique.
C. peut recevoir une tension comprise entre 0 et 5 V.
D. peut recevoir une tension de 0 ou 5 V.

3 Pour simplifier l'utilisation et la programmation d'une carte Arduino, on peut :
A. utiliser un VPL.
B. utiliser un langage de programmation bas niveau.
C. enlever le *shield*.
D. utiliser un *shield*.

4 Dans le programme ci-dessus, lorsque l'état de la broche D2 est haut :
A. la tension fournie par la broche est de 0 V.
B. la tension fournie par la broche est de 5 V.
C. la DEL brille.
D. la DEL ne brille pas.

Réponses : 1. B et D ; **2.** A et C ; **3.** A et D ; **4.** B et C.

Les grandeurs physiques et les calculs

Fiche 99

Je retiens

1 La notion de grandeur physique

▶ On appelle **grandeur physique**, ou simplement **grandeur**, toute propriété d'un phénomène, d'un corps qui peut être mesurée ou calculée et dont la valeur s'accompagne d'une unité de mesure.

▶ Le système international (SI) comporte **sept grandeurs de base** associées à sept unités de base.

Grandeur physique	Unité	Symbole de l'unité
Longueur l	mètre	m
Masse m	kilogramme	kg
Temps t	seconde	s
Intensité du courant électrique I	ampère	A
Température T	kelvin	K
Quantité de matière n	mole	mol
Intensité lumineuse I_l	candela	cd

▶ Les **grandeurs dérivées** dans le système international sont obtenues en effectuant un calcul (produit, quotient, puissance de 10) sur des grandeurs de base.

Exemples : la tension, la puissance, la résistance, l'énergie, le poids, la fréquence…

2 Décrire une grandeur physique

▶ Une grandeur peut se décrire par :

Son **nom** (et son symbole) → Son **unité** (et le symbole de son unité) → L'**appareil** qui permet d'effectuer la mesure de la grandeur

▶ Pour exprimer une grandeur, il est parfois utile d'utiliser les multiples et sous-multiples de l'unité.

Téra T	Giga G	Méga M	Kilo k	Milli m	Micro µ	Nano n	Pico p
10^{12}	10^{9}	10^{6}	10^{3}	10^{-3}	10^{-6}	10^{-9}	10^{-12}

3 Arrondir la valeur d'une grandeur physique

▶ Une valeur arrondie est une **valeur approchée** d'un nombre.

▶ Une mesure expérimentale doit souvent être arrondie.

▶ Pour arrondir à l'unité, on regarde le chiffre des dixièmes :
- s'il est inférieur à 5, on garde le chiffre des unités ;
- s'il est égal à 5, 6, 7, 8 ou 9, on ajoute 1 au chiffre des unités.

Exemples : l'arrondi au dixième de 7,3 est 7 ; l'arrondi au dixième de 7,6 est 8.

4 Les chiffres significatifs

▶ Les chiffres significatifs (CS) sont tous les chiffres de la valeur sauf les zéros à gauche.
▶ La puissance de 10 n'est pas prise en compte.

Exemples :

d = 0,**42** m (2 chiffres significatifs)	m = **3,004** × 10^{-3} kg (4 chiffres significatifs)	I = 0,00**2** A (1 chiffre significatif)	n = **1,25** V (3 chiffres significatifs)

5 Les opérations et les chiffres significatifs

Le résultat ne peut pas être plus précis que les données qui ont permis de l'obtenir.

Multiplication et division	Addition et soustraction	Conversion
Le résultat aura le même nombre de chiffres significatifs que la donnée qui en a le moins dans le calcul.	Le résultat doit avoir autant de décimales (chiffres après la virgule) que la donnée qui en a le moins.	Le résultat conserve le même nombre de chiffres significatifs.

Je révise

Parmi les propositions suivantes, choisissez la (ou les) bonne(s) réponse(s)

1 La masse est :
A. une unité de base.
B. une unité dérivée.
C. une grandeur physique de base.
D. une grandeur physique dérivée.

2 Le préfixe milli correspond à la puissance :
A. 10^{-6}.
B. 10^{-3}.
C. 10^{3}.
D. 10^{6}.

3 L'arrondi au centième de 14,735 est :
A. 15.
B. 14,7.
C. 14,73.
D. 14,74.

4 La valeur 0,025 possède :
A. 1 CS.
B. 2 CS.
C. 3 CS.
D. 4 CS.

Réponses : 1. C ; **2.** B ; **3.** D ; **4.** B.

Formulaire pratique

1 Les symboles des dipôles

Dipôle	Symbole
Pile	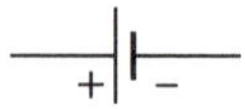
Générateur	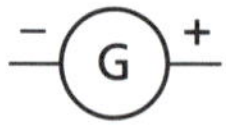
Lampe	
Loteur	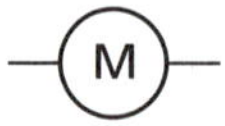
Résistance	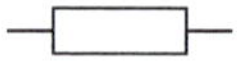
Diode	
DEL	
Interrupteur ouvert	
Interrupteur fermé	

2 Classification périodique

Légende

4 9,0 Be Béryllium

Numéro atomique → 4 ; Masse atomique en g.mol⁻¹ → 9,0 ; Symbole → Be ; Nom → Béryllium

noir = solide (sauf Br et Hg : liquide) ; bleu = gaz ; vert = préparé par synthèse

période ↓

I	1 1,0 H Hydrogène																	2 4,0 He Hélium
II	3 6,9 Li Lithium	4 9,0 Be Béryllium											5 10,8 B Bore	6 12,0 C Carbone	7 14,0 N Azote	8 16,0 O Oxygène	9 19,0 F Fluor	10 20,2 Ne Néon
III	11 23,0 Na Sodium	12 24,3 Mg Magnésium											13 27,0 Al Aluminium	14 28,1 Si Silicium	15 31,0 P Phosphore	16 32,1 S Soufre	17 35,5 Cl Chlore	18 39,9 Ar Argon
IV	19 39,1 K Potassium	20 40,1 Ca Calcium	21 45,0 Sc Scandium	22 47,9 Ti Titane	23 50,9 V Vanadium	24 52,0 Cr Chrome	25 54,9 Mn Manganèse	26 55,8 Fe Fer	27 58,9 Co Cobalt	28 58,7 Ni Nickel	29 63,5 Cu Cuivre	30 65,4 Zn Zinc	31 69,7 Ga Gallium	32 72,6 Ge Germanium	33 74,9 As Arsenic	34 79,0 Se Sélénium	35 79,9 Br Brome	36 83,8 Kr Krypton
V	37 85,5 Rb Rubidium	38 87,6 Sr Strontium	39 88,9 Y Yttrium	40 91,2 Zr Zirconium	41 92,9 Nb Niobium	42 95,9 Mo Molybdène	43 99 Tc Technétium	44 101,1 Ru Ruthénium	45 102,9 Rh Rhodium	46 106,4 Pd Palladium	47 107,9 Ag Argent	48 112,4 Cd Cadmium	49 114,8 In Indium	50 118,7 Sn Étain	51 121,8 Sb Antimoine	52 127,6 Te Tellure	53 126,9 I Iode	54 131,3 Xe Xénon
VI	55 132,9 Cs Césium	56 137,3 Ba Baryum	57 138,9 La Lanthane	72 178,5 Hf Hafnium	73 180,9 Ta Tantale	74 183,9 W Tungstène	75 186,2 Re Rhénium	76 190,2 Os Osmium	77 192,2 Ir Iridium	78 195,1 Pt Platine	79 197,0 Au Or	80 200,6 Hg Mercure	81 204,4 Tl Thallium	82 207,2 Pb Plomb	83 209,0 Bi Bismuth	84 210 Po Polonium	85 210 At Astate	86 222 Rn Radon
VII	87 223 Fr Francium	88 226 Ra Radium	89 227 Ac Actinium	104 267 Rf Rutherfordium	105 268 Db Dubrium	106 269 Sg Seaborgium	107 270 Bh Bohrium	108 277 Hs Hassium	109 278 Mt Meitnérium	110 281 Ds Darmstadtium	111 282 Rg Roentgenium	112 285 Cn Copernicium	113 286 Nh Nihorium	114 289 Fl Flérovium	115 289 Mc Moscovicum	116 293 Lv Livernorium	117 294 Ts Tennesse	118 294 Og Oganesson

VI	58 140,1 Ce Cérium	59 140,9 Pr Praséodyme	60 144,2 Nd Néodyme	61 145 Pm Prométhium	62 150,4 Sm Samarium	63 152,0 Eu Europium	64 157,3 Gd Gadolinium	65 158,9 Tb Terbium	66 162,5 Dy Dysprosium	67 164,9 Ho Holmium	68 167,3 Er Erbium	69 168,9 Tm Thulium	70 173,0 Yb Ytterbium	71 175,0 Lu Lutétium
VII	90 232,0 Th Thorium	91 231,0 Pa Protactinium	92 238,0 U Uranium	93 237,0 Np Neptunium	94 242 Pu Plutonium	95 243 Am Américium	96 247 Cm Curium	97 247 Bk Berkélium	98 251 Cf Californium	99 254 Es Einsteinium	100 253 Fm Fermium	101 256 Md Mendélévium	102 254 No Nobélium	103 257 Lr Lawrencium